Guttentagsche Sammlung
Nr. 124. Deutscher Reichsgesetze. Nr. 124.
Textausgabe mit Anmerkungen und Sachregister.

Die Bundesratsbekanntmachung

über die

Todeserklärung Kriegsverschollener

vom 18. April 1916

erläutert von

Professor Dr. J. Partsch,
Mitglied des Großherzogl. Badischen Landgerichts Freiburg i. B.

Berlin 1917.
J. Guttentag, Verlagsbuchhandlung.
G. m. b. H.

Vorwort.

Als deutscher Jurist, als badischer Richter und als Leiter des Badischen Landesausschusses für Vermißtenauskunft und Gefangenenfürsorge des Landesvereines vom Roten Kreuz hatte ich seit den ersten Kriegstagen Gelegenheit, über die rechtlichen Gestaltungen des Verschollenheitsrechts der Kriegsverschollenen nachzudenken. So war es mir eine wissenschaftliche Pflicht, die wichtige Bundesratsbekanntmachung, die als erstes der Kriegsgesetze an das Bürgerliche Gesetzbuch rührt, zu erläutern.

Meinen verehrten Kollegen, Herrn Geheimen Rat Professor Lenel in der Freiburger Fakultät und Herrn Landgerichtsdirektor Hink am hiesigen Landgerichte, sage ich meinen herzlichen Dank für fruchtbare Erörterungen bei der Korrektur, die sie freundlich mitlasen.

Wenn ich die Dankesschuld, die ich für nachhaltige Anregungen der Kriegsjahre schulde, in einer Widmung zum Ausdruck bringen dürfte, gebührte sie zwei Herren im Königlich Preußischen Kriegsministerium, Herrn General Friedrich, Departementsdirektor des Unterkunftsdepartements und Herrn Oberstleutnant Noël im Zentralnachweisebüro.

Freiburg i. B., September 1916.

J. Partsch.

Inhaltsverzeichnis.

I. Der Erlaß der Bundesratsbekanntmachung vom 18. April 1916.

In Nr. 77 des Reichsgesetzblattes vom 19. April 1916 wurde die Bundesratsbekanntmachung über die Todeserklärung Kriegsverschollener verkündet. In Nr. 96 des Reichsanzeigers vom 22. April 1916 ist die Begründung der Bundesratsvorlage vollständig abgedruckt. Im Zusammenhang mit dieser Begründung, die Vollständigkeit ihres Abdruckes bestätigend, steht die Darstellung des Geheimen Oberregierungsrates und vortragenden Rates im Reichsjustizamt Ernst Dronke in der Juristischen Wochenschrift 1916, S. 632. Also fehlen zum neuen Gesetz auch ausführliche „Motive" nicht.

Daß eine solche besondere Regelung der Todeserklärung Kriegsverschollener im nächsten großen Kriege notwendig sein würde, hatten schon die Motive des ersten Entwurfes zum BGB. vorausgesehen (1, 39), und während des Krieges war der Erlaß einer gesetzlichen Regelung schon mehrfach gefordert worden. So verlangte Isay (Juristische Wochenschrift 1915, S. 471) eine Regelung für diejenigen Fälle, in denen zwar die Vermutung dafür spricht, daß der Todesfall eingetreten sei, in denen sich aber ein strikter Nachweis nicht führen läßt. Er wollte, insoweit der Schutz der Hinterbliebenen in Fällen wie § 569 BGB. in Frage kommt, eine ganz kurze Frist, ähnlich der in § 35 ALR. I, jedoch nicht vom Friedensschluß, sondern von der Nachricht über die Gefangenschaft oder das Vermißtsein an gerechnet. Für die übrigen Fälle dachte er an andere Regelungen. Aus der Praxis der Vermißtensuche heraus, auf Grund der Erfahrungen bei der Badischen Gefangenenfürsorge des Landesvereins vom Roten Kreuz, machte Lenel (Deutsche Juristen Zeitung 1916, S. 28ff.) den Vorschlag, eine richterliche Todeserklärungsbehörde, die bei den Zentralnachweisebureaus der Kriegsministerien einzurichten sei, zu schaffen, und durch diese von Amts wegen feststellen zu lassen, welche Vermißte als tot und an welchen Zeitpunkten sie als gestorben zu gelten hätten. Es war ein Gedanke, der schon ganz ähnlich dem alten Preußischen Gesetz vom 25. April 1822 zugrunde gelegen hatte, das solche Listen der vermißten Kriegsteilnehmer von 1812 mit der Kraft eines vollständigen Beweises ausgestattet hatte, „dergestalt, daß der darin bezeugte Tod eines Vermißten für erwiesen zu erachten ist und es behufs der Todeserklärung keines weiteren Verfahrens, sondern nur eines Todesscheines seitens der Gerichte, bei denen die Meyerschen Listen niedergelegt sind, bedarf". Der Gedanke, den Lenel ohne Anknüpfung an das alte preußische Beispiel fand, ist trotz der Unterstützung, die er von berufener amtlicher Stelle erfuhr, zunächst nicht durchgedrungen. Statt der neuen Schöpfung wurde eine Anpassung des geltenden Rechts an die Kriegsbedürfnisse versucht. Gedanken aus Bayern scheinen einflußreich gewesen zu sein[1]). Die Bundesratsbekanntmachung erging auf Grund der Ermächtigung des Bundesrats, die im Gesetz vom 4. August 1914

[1]) Riezler, Zeitschr. f. Rechtspflege in Bayern 1916, 161 und Weyl, Jur.-Ztg. 1916, 618 weisen darauf hin.

§ 3 vorlag. Zweifel daran, ob die Ermächtigung die Bekanntmachung wirklich deckt, werden vielleicht nicht ausbleiben, aber sie wären sicher nicht gerechtfertigt, da gerade die Erleichterung der Todeserklärung in Fällen der Kriegsverschollenheit eine der wichtigsten gesetzlichen Maßnahmen sein muß, welche sich zur Abhilfe wirtschaftlicher Schädigungen als unumgänglich erweisen. Die große Zahl der Fälle, in denen der Tod gewiß, aber nicht urkundlich zu erfassen ist, hat das Rechtsleben vor Fragen und Gefahren gestellt, denen nur auf diesem Wege abgeholfen werden konnte. Selbst wer dem Richter die Nachprüfung darüber zuspricht, ob die einzelne Bundesratsbekanntmachung wirklich vom Ermächtigungsgesetz gedeckt ist, müßte diese Frage für die Bundesratsbekanntmachung bejahen.

II. Die Stellung der Bundesratsbekanntmachung zum alten Kriegsverschollenheitsrecht.

Daß die neue Bundesratsbekanntmachung sich an das preußische Gesetz vom 2. April 1872 (S. 341) anlehnt, ist unverkennbar. Der § 2 jenes Gesetzes, nach welchem für die Todeserklärung das Gericht zuständig ist, bei welchem der Vermißte während des Krieges zuletzt seinen allgemeinen Gerichtsstand gehabt hat, ist im § 3 der Bekanntmachung nachgebildet. Den Verfassern der Bundesratsbekanntmachung lag nahe, daß die Aufgebotsverfahren ebenso wie nach dem Kriege 1870/71 in den Amtsgerichten, welche für den bürgerlichen Wohnsitz des Kriegsteilnehmers zuständig waren, stattfinden sollten. Zu diesem Ergebnis führt die Auslegung des § 9 BGB. für unser modernes Kriegsrecht (vgl. unten zu § 3) nicht notwendig.

Daneben fußt die Bundesratsbekanntmachung auf den allgemeinen Grundlagen unseres bürgerlichen Todeserklärungsrechtes. Dadurch wurzelt auch die Auslegung der modernen Kriegsverschollenheitsordnung in den Erfahrungen, welche während der gesamten Entwicklung unseres deutschen Todeserklärungsrechtes seit Friedrich dem Großen gemacht worden sind. Denn das BGB. hat sein Todeserklärungsrecht bekanntlich dem preußischen Landrecht entlehnt, das seinerseits wieder im Friderizianischen Rechte das Vorbild hat. Die altpreußischen Erfahrungen sind für die Auslegung der modernen Bundesratsbekanntmachung von größerem Interesse als die Begründung der Bundesratsvorlage es sich eingestanden hat. Denn mit den Verhältnissen dieses Krieges sind nicht die Feldzüge von 1864, 1866, 1870/71 zu vergleichen, sondern nur die Zustände des siebenjährigen Krieges und die Feldzüge von 1806, 1807, 1812, 1813, 1814. Dronke in seinen Erläuterungen zur Bundesratsbekanntmachung steht noch auf dem Standpunkte des allgemeinen alten preußischen Todeserklärungsverfahrens, in welchem eine Todeserklärung nicht möglich war, wenn der Richter zur Feststellung kam, daß der Tod als gewiß zu erachten sei. Aber gerade für diesen Fall hatten die alten preußischen Spezialgesetze gesorgt. Bei der Auslegung des § 2 der Bundesratsbekanntmachung werden wir einerseits auf das Preußische Edikt von 1764, das die Todeserklärung nach dem siebenjährigen Kriege regelte, verweisen können, andererseits auf das Gesetz vom Jahre 1822. Beide trafen besondere Vorsorge für den Fall, daß der Tod als gewiß zu erachten und doch nicht urkundlich zu erfassen war. In dieser Beziehung ist es wichtig, daß wir nicht nur auf der altpreußischen Rechtsvergangenheit fußen, sondern neben ihr auch aus der Entwicklung Nutzen ziehen, welche die Gesetzgebungsgeschichte des BGB. herbeigeführt hat. Dieses brach mit der altpreußischen Todeserklärung, welche den Zeitpunkt des Todes und die Sicherheit des Todes nicht im Todeserklärungsverfahren festzustellen suchte, sondern den Tod auf die Rechtskraft der Todeserklärung datierte. Das BGB. hat im § 18 nach einer allerdings bestrittenen Auslegung die Möglichkeit geschaffen, daß der Richter im Todeserklärungsverfahren die Gewißheit des Todes und den Zeitpunkt, zu welchem nach den realen Verhältnissen der Tod erfolgt sein muß, auch im Todeserklärungsurteil zum Ausdruck bringt. Und gerade darin sehen wir — anders als Dronke — die wichtige praktische Bedeutung der neuen Bundesratsbekanntmachung.

Neben dem Privatrecht ist unser Militärrecht grundlegend für die neue Bundesratsbekanntmachung gewesen. Im militärischen Nachweiswesen, das auf der Heerordnung beruht, und in der Disziplinarstrafordnung ist der Personenkreis umgrenzt, auf den die Kriegsverschollenheitstodeserklärung, abgesehen von den Zivilgefangenen, Anwendung findet. Aus der Heerordnung Anl. 9 § 4 Ziff. 7 stammt auch der Gedanke, das Ableben des Vermißten ohne Rücksicht auf das Kriegsende als wahrscheinlich anzunehmen, wenn während eines Jahres seit dem Vermißtwerden eine Nachricht vom Leben des betreffenden nicht eingegangen ist. Diese militärische Ordnung, die zunächst nur für die Kriegsranglisten und Kriegsstammrollen gilt und keine bürgerlich-rechtliche Bedeutung hat, hat zuerst von der Notwendigkeit, auf das Kriegsende zu warten, abgesehen. Es war ein glücklicher Gedanke, unser modernes Kriegsverschollenheitsrecht an diesem Punkte anzuknüpfen, wenn man überhaupt das Todeserklärungsverfahren beibehalten wollte.

III. Die neuen Bestimmungen der Bundesratsbekanntmachung.

Im einzelnen sind dieselben zu den einzelnen Paragraphen der Bundesratsbekanntmachung erläutert und in Gegensatz zu dem sonst geltenden Recht gestellt.

Neu war zunächst der Gedanke, ein Todeserklärungsverfahren wegen Kriegsverschollenheit noch während des Krieges zuzulassen. Dieser Gedanke war gesund. Denn neben den Vermißtenzahlen dieses Krieges nehmen sich die Vermißtenverluste des Krieges von 1870/71 aus wie Botschaften aus einer froheren Zeit. Damals waren für das Gesetz von 1872, wie aus den Ausführungen des Referenten Wachler im preußischen Abgeordnetenhause hervorgeht, etwas mehr als 3000 Leute noch aus dem Kriege her vermißt. Wir haben heute mit ganz anderen Zahlen zu rechnen. Die Todeserklärung ist auch für den westlichen Kriegsschauplatz sicherlich während des Krieges möglich, für den östlichen könnte sie nach den praktischen Erfahrungen der Vermißtensuche bedenklich erscheinen. Immerhin sind die wenigen Fälle von Fehltodeserklärungen, die für den östlichen Kriegsschauplatz mit Sicherheit zu erwarten sind, neben dem großen Segen zu verschmerzen, der durch die Zulassung der Todeserklärung während des Krieges gestiftet werden wird.

Neuartig ist ferner die Erstreckung der Kriegstodeserklärung auf die in die Hand des Feindes geratenen Zivilisten, die Aussetzungsbefugnis nach § 9 und das eigenartige Anfechtungsverfahren durch Antrag und Beschluß nach §§ 11–15, die Beweiserleichterung nach § 17.

Im ganzen handelt es sich nur um eine Anpassung des geltenden Rechtes. Aber diese Anpassung bedurfte angesichts der eigenartigen Lebensverhältnisse einer eingehenden Erläuterung für die Rechtsanwendung.

IV. Literatur.

1. Die amtliche Begründung zur Bundesratsbekanntmachung vom 18. April 1916, Reichsanzeiger vom 22. April 1916. Abdruck auch „Der Standesbeamte“ 1916, S 177. Preuß. Just. Min. Bl. 1916, S. 130 ff.; Bad. Just. Min. Bl. 1916, S. 63 ff.

2. Dronke, Die Todeserklärung Kriegsverschollener, Jur. Wochenschr. 1916, S. 632–642.

3. v. Olshausen, ebenda S. 642 ff.

4. Dr. jur. Walter Schmidt, Die Rechtsverhältnisse der Vermißten nebst der Bundesratsverordnung über die Todeserklärung Kriegsverschollener vom 18. April 1916. Berlin 1916.

5. Riezler, Blätter für Rechtsanwendung in Bayern 1916, S. 161–164.

6. Stern, Gruchots Beiträge 1916, Bd. 60, S. 547–586.

7. Güldenstein, Hat der Gläubiger eines Kriegsverschollenen das Recht, dessen Todeserklärung zu beantragen? — Jur. Wochenschr. 1916, S. 898.

8. Kretzschmar, Sächs. Arch. f. Rechtspflege Bd. 16, S. 201 ff.

9. Seuffert, Recht 1916, S. 429–448.

10. v. Miltner, Leipziger Zeitschrift 1916, S. 727–733.

11. Weyl, Zur Todeserklärung Kriegsverschollener, Deutsche Juristen-Ztg. 1916, S. 617 ff.

12. Dr. Hoffmann, Wirkl. Geh. Oberregierungsrat, Die Todeserklärung Kriegsverschollener und die Sozialversicherung, Deutsche Juristen-Ztg. 1916, S. 619ff.

13. Lemme, Recht 1916, S. 372ff.

14. Sommer, Gesamttodeserklärungen von Amts wegen, Recht 1916, S. 417.

15. Lafrenz, Todeserklärung Kriegsverschollener, Recht 1916, S. 505.

16. Stern, Zur Todeserklärung Kriegsverschollener, Recht 1916, S. 508.

§ 1.

Wer als Angehöriger der bewaffneten Macht des Deutschen Reichs oder eines mit ihm verbündeten oder befreundeten Staates an dem gegenwärtigen Kriege teilgenommen hat (§ 15 des Bürgerlichen Gesetzbuchs) und während des Krieges vermißt worden ist, kann im Wege des Aufgebotsverfahrens für tot erklärt werden, wenn von seinem Leben ein Jahr lang keine Nachricht eingegangen ist.

Das gleiche gilt für Personen, die nicht zur bewaffneten Macht gehören, wenn sie sich bei ihr aufgehalten haben oder ihr gefolgt sind, oder wenn sie in die Gewalt des Feindes geraten sind.

I. Der **Personenkreis**, auf den die Bundesratsbekanntmachung **Anwendung** findet: Nach den Worten der Bundesratsbekanntmachung können auf Grund derselben für tot erklärt werden:

1. Die **Angehörigen der bewaffneten Macht**. Wie in BGB. § 15 Abs. 1 ist dieser feststehende Begriff der deutschen Heeresgesetzgebung zugrunde gelegt. Vgl. Gesetz, betr. die Verpflichtung zum Kriegsdienste § 2, Militärstrafgesetzbuch vom 20. Juni 1872 § 4, Reichsmilitärgesetz vom 2. Mai 1874, in der Fassung vom 6. Mai 1880 (Begriff des aktiven Heeres) § 38, Wehrgesetz für die deutschen Schutzgebiete vom 22. Juli 1913 Reichsgesetzblatt S. 610 § 18. Außer den Militärpersonen des Friedensstandes gehören darnach zur bewaffneten Macht die aus dem Beurlaubtenstande zum Dienst einberufenen Offiziere, Ärzte, Militärbeamten und Mannschaften, ferner alle in Kriegszeiten zum Heeresdienste aufgebotenen oder freiwillig eingetretenen Offiziere, Ärzte, Militärbeamten und Mannschaften, endlich alle, welche sonst, z. B. auf Grund ihrer Landsturmpflicht, auch als Armierungssoldaten, eingezogen sind. Ferner die Zivilbeamten der Militärverwaltung vom Tage ihrer Anstellung bis zum Zeitpunkt ihrer Entlassung nach Reichsmilitärgesetz § 38 C.

Die Feldgendarmen und in Preußen sowie Elsaß-Lothringen auch die Landgendarmen gehören zu den Personen des Soldatenstandes des aktiven Heeres (§ 2 Abs. 3 Einf.Gesetz zur Militärstrafgerichtsordnung). Das ist wichtig, da für diese Militärpersonen, wenn sie in Elsaß-Lothringen und in Ostpreußen bei Feindeseinfall vermißt worden sind, die allgemeinen Regeln über vermißte Militärpersonen gelten.

2. Nicht nur die **bewaffnete Macht** des deutschen Heeres, sondern auch der Dienst im Heere **eines dem Deutschen Reiche verbündeten oder befreundeten Staates** kann zur Vermißtheit eines Deutschen führen. Unter den verbündeten Staaten kommt in Betracht Österreich-Ungarn, die Türkei, Bulgarien, unter den befreundeten Staaten diese in der Zeit, bevor

die letzteren beiden mit dem Deutschen Reiche in Bündnis getreten sind. Der befreundete Staat ist neben dem verbündeten genannt, da anscheinend damit zu rechnen ist, daß auch außerhalb des Kriegsgebietes der Verbündeten deutsche Reichsangehörige infolge des Krieges im Dienst befreundeter Staaten vermißt worden sind.

3. Wie die Angehörigen der bewaffneten Macht werden auch diejenigen betrachtet, **welche im Amts- oder Dienstverhältnis oder zum Zweck freiwilliger Hilfeleistung bei der bewaffneten Macht sich befinden.** Der Ausdruck beruht hier und im BGB. § 15 Abs. 2 auf dem Preußischen Gesetz vom 2. April 1872 über die Todeserklärung nach dem Kriege 1870/71. Es gehören diejenigen Personen hierher, welche nach der Anl. 9 zur Heerordnung vom 22. November 1888 (Neudruck 1904) in die Kriegsstammrollen aufzunehmen sind[1]). Für diese Personen gelten auch die Vorschriften des § 4 dieser Anlage über das Verfahren bei Sterbefällen. Die Bundesr.Bek. hat eine weitere Fassung für diese schon in der bisherigen Militär- und privatrechtlichen Gesetzgebung bekannten Kategorien gewählt, indem sie von Personen spricht, die nicht zur bewaffneten Macht gehören, wenn sie sich „bei ihr aufgehalten haben oder ihr gefolgt sind". Die Personengruppen werden durch diese kurze Bezeichnung weniger klar. Gleichwohl müssen sie auseinander gehalten werden, weil sich ganz verschiedene Tatbestände bei der Erläuterung des Begriffs des Vermißtwerdens für die einzelnen Personengruppen ergeben.

a) Das **Personal der freiwilligen Krankenpflege** wird in der Heerordnung nur insoweit im militärischen Nachweis-

---

[1]) Anl. 9 § 1 Nr. 5: „Das auf dem Kriegsschauplatze befindliche Personal der freiwilligen Krankenpflege sowie diejenigen Deutschen, welche sich in einem Dienst- oder Vertragsverhältnisse bei dem Reichsheere auf dem Kriegsschauplatze befinden, sind in die Kriegsranglisten und Kriegsstammrollen aufzunehmen".

wesen genannt, als es „auf dem Kriegsschauplatze sich befindet". Es fragt sich, ob in der Verschollenheitsordnung des Bundesrats nur dasselbe gesagt werden soll mit den Worten: „sich bei der bewaffneten Macht befinden". Wahrscheinlich ist so zu entscheiden. Der elsäßische freiwillige Krankenpfleger, der sich bei der Mobilmachung gestellt hat, aber auf 2 Tage in sein Dorf zur Regelung seiner Privatgeschäfte beurlaubt wurde und dort bei dem ersten Franzoseneinfall mitgeschleppt wurde, wird nicht als bei der bewaffneten Macht befindlich anzusehen sein, sondern wird nur als eine in die Gewalt des Feindes geratene Zivilperson unter die Bundesr.Bek. fallen können, wie auch während des Krieges völkerrechtlich bestritten worden ist, ob er zum Sanitätspersonal gehört, das auf Grund der Genfer Konvention (Genfer Abkommen vom 6. Juli 1906, Art. 12) auszuliefern ist. Anderseits wird man für die Angehörigen der freiwilligen Krankenpflege nicht fordern, daß sie auf dem Kriegsschauplatze vermißt werden, wenn sie nur in die Kriegsstammrolle eines Truppenteils aufgenommen sind und infolge des Krieges in Verschollenheit geraten. Das ist bei Transporten innerhalb Mitteleuropas möglich gewesen.

b) Unter dem **Begriff der freiwilligen Hilfeleistung** nach dem BGB. § 15 war für die Redaktoren des Gesetzestextes zweifellos nur dasselbe verstanden wie im § 2 des Gesetzes vom 2. April 1872. Es war die freiwillige Hilfeleistung im Sinne der freiwilligen Krankenpflege (secours volontaires). Die moderne Entwicklung hatte als ähnliche Organisation neben die Heeresverwaltung schon das Kaiserliche Automobilkorps mit seinen Wagenparks und die Motorbootflottillen gestellt, ferner die anderen auf Grund eines Vertrages mit dem Feldheere zusammenarbeitenden Personen, wie Zivilluftschiffer im Dienste des Feldheeres. Für diese Personen wurde von der Rechtslehre auch schon die Anwendung des Gesetzes, betr. den Schutz der infolge des Krieges an der Wahrnehmung ihrer Rechte behinderten Personen, vom 4. August

1914 § 2 Ziff. 1 bejaht (Beudix, Bürgerliches Kriegssonderrecht S. 24; Wassermann-Erlangen, Kriegsgesetze, 2. Aufl., S. 9 ff.). Der Unterschied zwischen diesen Vereinsangehörigen der freiwilligen Krankenpflege und den auf Grund sonstigen Vertragsverhältnisses dem Heere folgenden Personen ist rechtlich kein scharfer, da die Landesvereine vom Roten Kreuz, denen die Mannschaften der Krankenpflege angehören, sowie das Kaiserliche Automobilkorps mit der Heeresverwaltung Verträge geschlossen haben, auf Grund deren die Gestellung von Personal und Material erfolgt.

c) **Das Amts- und Dienstvertragsverhältnis**, kraft dessen sich Deutsche bei dem Heere befinden, kann verschiedenartig sein. In der Heerordnung ist zweifellos nur an solche Amts- oder Dienstvertragsverhältnisse gedacht, welche zwischen der Heeresverwaltung und ihren Beamten und Angestellten bestehen. Also für die Beamten, die Angestellten der Feldpost und die Telegraphenbeamten, ferner die Zivilbeamten bei den Kaiserlichen Gouvernements in besetzten Gebieten wie beim Generalgouvernement Brüssel und Warschau. Bei dem Dienstvertragsverhältnis wird man zunächst auch an die Verträge der Heeresverwaltung mit Schanzarbeitern, Fuhrleuten, Aufkäufern im Dienste der Heeresverwaltung denken müssen. Aber daneben kommen auch Dienstverhältnisse in Betracht, in denen diese Personen zu einem Dritten stehen, des Inhalts, daß der Dienstverpflichtete auf Grund seines Vertrages mit seinem Dienstherrn und auf Grund einer Erlaubnis der Heeresverwaltung dem Heere folgt. Hierhin gehören die autorisierten Kriegsberichterstatter, Angestellte von Kinounternehmen, gehörten in den ersten Kriegsmonaten die Marketender u. dergl. auf dem Kriegsschauplatze. Bisher war es für diese Personen bestritten, ob sie nach dem allgemeinen Recht des BGB. für eine Todeserklärung in Betracht kommen. Vgl. die Darstellung der Frage bei Planck-Knoke Bem. 1 zu § 15 BGB. Wie im § 155 des Militärstrafgesetzbuchs und im § 2 der Verordnung, betr. die Verrichtung der Standesbeamten in bezug auf solche

Militärpersonen, welche ihr Standquartier nach eingetretener Mobilmachung verlassen haben (vom 20. Januar 1879), ist auch das gesamte Heeresgefolge, sofern es deutscher Staatsangehörigkeit ist (Art. 9 EG. z. BGB.), der Kriegsverschollenheitserklärung unterstellt. Die Fassung der Bundesr.Bek. hat in ihrer Allgemeinheit dankenswert Zweifel beseitigt und die weitere Interpretation des § 15 Abs. 2 im Kommentar der Reichsgerichtsräte zur Geltung gebracht.

d) Endlich sind entsprechend der Verordnung von 1879 § 2 auch **alle, die tatsächlich dem Heere folgen** oder sich bei ihm befinden, wenn sie vermißt werden, nach der Bundesr.Bek. für tot zu erklären, so daß Ingenieure, Gelehrte, Schriftsteller, Schlachtenbummler, Liebesgabenbegleiter, junge Burschen, die den Truppen nachlaufen oder von der zurückgehenden Truppe, um sie zu schützen, mitgenommen werden, wenn sie vermißt werden, für tot erklärt werden können. Ein Zweifel wie der von Starck, Recht 1915 S. 417ff. ist nicht mehr gerechtfertigt.

e) Für die **Marine** ist von Dronke, Juristische Wochenschrift 1916 S. 634 mit Recht darauf hingewiesen, daß die sogenannten Hilfsbeischiffe (z. B. Kohlenschiffe, Vorratsschiffe), die nicht Fahrzeuge der Kaiserlichen Marine sind, bei dienstlichen Fahrten im Sinne der Verordnung selbstverständlich „bei der bewaffneten Macht" sind. Ebenso werden alle Wachtdienstschiffe, auch unbewaffnete Boote, wenn sie zum Wachtdienst verwendet werden, hierher gehören.

4. Das unter Nr. 3 behandelte **Heeresgefolge** steht nach dem Wortlaut und dem Sinne der BundesrBek. auch dann unter dem Schutz dieser Bekanntmachung, wenn es einem **nicht deutschen, aber einer befreundeten oder verbündeten Macht zugehörenden Heere** gefolgt ist und dabei vermißt wurde. Die Fälle, die hier in Betracht kommen, sind so wenig zahlreich, daß sie miterfaßt werden konnten. Aber es liegt auf der Hand, daß z. B. ein deutscher Landeskenner, der als Zivilperson bei dem türkischen Heere bei Operationen

in **Mesopotamien** vermißt wird, nicht mit demselben guten **Grund** ein Jahr nach der Vermißtheit für tot erklärt werden **kann**, wie derjenige, der in Französisch-Lothringen oder in **der** Nordsee vermißt wurde. Auch die Beurkundungsvorschriften der anderen Heere bieten vielleicht nicht die gleichen Garantien für eine genaue Feststellung des Zeitpunktes des Vermißtwerdens, wie die Vorschriften der deutschen Heerordnung.

5. Die Bundesr.Bek. bezieht sich auch auf **alle Reichsangehörigen, wenn sie in die Gewalt des Feindes geraten sind.** Dadurch sind die zahlreichen Deutschen, welche infolge dieses Krieges in feindliche **Zivilgefangenschaft** geraten sind, unter dieselben Vorschriften wie das deutsche Heer gestellt. Das war für alle diejenigen, welche sich mit den Interessen unserer deutschen Gefangenen im Ausland während des Krieges beschäftigt haben, eine Überraschung, und die deutsche Praxis wird vielleicht noch manche Schwierigkeit finden, die Regeln der Kriegsvermißtheit auf die Zivilisten anzuwenden. Während die Bestimmung für die Angehörigen der bewaffneten Macht und für das Heeresgefolge in den militärischen Regeln **der Heerordnung** ihre Anknüpfung und ihr geschichtliches **Vorbild** haben, stehen wir bei der Anwendung des Kriegsverschollenheitsrechts auf die Zivilgefangenen vor einer privatrechtlichen Neubildung. Allerdings haben auch hier gewisse Vorbilder in der Reichsversicherungsordnung vorgelegen. Die Reichsversicherungsordnung enthält bei der Verschollenheit des Ernährers bei der Invalidenversicherung für die Waisenrente (§ 1259 RVO.), für die Witwenrente (§ 1258 RVO.), für das Witwengeld (§ 1296 RVO.) und für die Waisenaussteuer (§§ 1264, 1296 RVO.) Vorschriften über Verschollenheit, bei denen nur erforderlich ist, daß während eines Jahres keine glaubhaften Nachrichten vom Leben des Verschollenen eingegangen sind und die Umstände den Tod wahrscheinlich machen (§ 1265 RVO.). Aber diese Bestimmungen der Reichsversicherungsordnung rechneten nicht mit den eigenartigen Verhältnissen,

unter denen zahlreiche deutsche Zivilpersonen während des Krieges in Verlust geraten sind.

Es wird für die Rechtsanwendung und die Durchdenkung der Bundesr.Bek. gut sein, die in der Praxis der Nachforschung nach unseren Auslanddeutschen wichtigsten Fälle zu scheiden.

a) **Wehrpflichtige des Beurlaubtenstandes**, die sich nach der Mobilmachung sofort auf den Heimweg begeben haben, können auf dem Heimweg bei „Geraten in feindliche Hand" verschollen sein. Soweit sie auf dem Seeweg in Seeverschollenheit geraten sind, ohne mit dem Feind in Berührung zu kommen, sind sie nach den allgemeinen Regeln über Seeverschollenheit für tot zu erklären (§ 16 BGB.). Aber daneben scheinen Aussagen von heimgekehrten Zivilpersonen es nahe zu legen, daß bei dem Geraten in Feindeshand diese Personen vereinzelt infolge willkürlicher Akte untergeordneter Organe des Feindes den Tod gefunden haben. Soweit eine Todesbeurkundung von den feindlichen Behörden nicht zu erzielen ist, sind diese Leute nach § 1 der Bekanntmachung für tot zu erklären, da auf Grund der Zeugenaussagen in amtlichen Protokollen die heimischen Standesbeamten nicht in der Lage sind, Todesurkunden auszustellen. Ebenso diejenigen, welche auf der Heimreise vom feindlichen Kaperschiffe an Bord genommen und dann durch deutschen Angriff mit dem feindlichen Schiff untergegangen sind.

b) **Die Zivilbevölkerung der deutschen Kolonien** ist zum Teil durch Besetzung der Kolonie in Feindeshand geraten. Das war der Fall für die deutschen Beamten im Stillen Ozean, die von neuseeländischen Truppenteilen gefangen genommen wurden und in Zivilgefangenschaft in Neuseeland saßen. Ferner für die Deutschen in der Kolonie Togo, für die im Jahre 1914 und 1915 in französische oder englische Hand geratenen Teile der Kameruner Deutschen. Soweit sie bei der Besetzung der Kolonien in Verlust gerieten und Todesbeurkundungen nicht zu erzielen sind, werden sie für tot zu erklären sein.

c) **Die in Frankreich, Rußland, Serbien, Montenegro lebende männliche deutsche Zivilbevölkerung** ist unmittelbar nach Kriegsausbruch oder in den nach der Kriegserklärung folgenden Wochen fast vollständig in Zivilinterniertenlager oder in Rußland in Verbannungsorte gebracht worden, wo sie mindestens unter scharfer Polizeiaufsicht standen. In **England** und den englischen Kolonien sind Teile der deutschen Gewerbetreibenden während des Jahres 1914 und im Laufe des Jahres 1915 allmählich interniert worden. Die Frauen sind in Rußland und England auf freiem Fuß geblieben. In **Japan** sind die Zivilisten nicht interniert worden. Für die Auslanddeutschen wird es von Bedeutung sein, daß zunächst der Begriff „in die Gewalt des Feindes geraten" festgelegt wird. Fallen die sämtlichen in England zunächst auf freiem Fuß gebliebenen Zivilisten darunter? Oder die Elsässer deutscher Staatsangehörigkeit, die in Frankreich wohnten, Aufenthaltsbewilligung erhielten, und denen die Franzosen jede Bevorzugung angedeihen ließen, die vielfach sogar ins französische Heer eingetreten sind? Davon darf keine Rede sein. Die Praxis wird gewisse positive Anhaltspunkte suchen müssen, nach denen sie das „Geraten in Feindesland" beurteilt. Es genügt nicht, daß der Auslanddeutsche vom Anmeldungszwang, den unsere Feinde über die Deutschen verfügt haben, betroffen wurde. **Der Auslanddeutsche darf nicht auf freiem Fuß geblieben sein.** Er muß mindestens einer Verschickung von seinem Wohnort unterworfen sein, wie die deutschen Zivilisten in Rußland, die in die Gouvernements östlich der Wolga, später nach Sibirien in Internierungsorte verschickt worden sind und sich dort unter ständiger straffer Polizeiaufsicht befunden haben, oder er muß in ein Zivilgefangenenlager verbracht worden sein. Genügen muß es dagegen, daß bei Gelegenheit der Verhaftung oder auf den Transporten vom Verhaftungsort bis zum Internierungsort der Auslanddeutsche in Verlust geriet. Nach den Aussagen der heimgekehrten Zivilgefangenen aus Frankreich ist es nicht ausgeschlossen, daß die deutsche Praxis mit solchen Fällen zu tun haben wird, in denen bei der Verhaftung oder auf Transporten Deutsche wahrscheinlich einer wütenden Menschenmenge zum Opfer gefallen sind, ohne daß eine Todesurkunde von den französischen Behörden erhältlich ist. Für die Beurteilung dieser Fälle genügt es, daß der Deutsche im Ausland als Zivilist weilte und im Tumult vermißt wurde. Keinen Unterschied macht es wohl, ob der Vermißte bei dem Zusammenstoß mit regulären Truppen des Feindes oder durch Pöbelhaufen, die von der Polizei geduldet wurden, verloren ging (anscheinend anders Stern, Gruchots Beitr. Bd. 60, S. 550). Es ist für die rechtliche Behandlung gleichgültig, ob er militärpflichtig war und deswegen als Kriegsgefangener in England und den englischen Kolonien behandelt worden ist, ob er von den Franzosen als bloßer Zivilgefangener oder als „Geisel" angesprochen wurde.

d) Endlich sind deutsche Zivilisten dadurch in Feindeshand geraten, daß sie **aus den besetzten Dörfern im Elsaß von den Franzosen oder aus Ostpreußen von den Russen verschleppt worden sind.** Wer von diesen Personen entweder im Inlande bei der Gefangennahme in Verlust geriet oder auf den Transporten verschollen ist, fällt unter die Bundesr. Bek.

Zweifelhaft kann es sein, ob die Bekanntmachung auf diejenigen Personen Anwendung findet, welche die freie Wahl hatten, aus feindlicher Gefangenschaft zurückzukehren, und die gleichwohl vorgezogen haben, im Ausland zu bleiben, so die zahlreichen Deutschen, die von der Befugnis aus französischer Zivilgefangenschaft zurückzukehren, die ihnen nach der Konvention vom Januar 1916, Nordd. Allg. Ztg. 1916, Nr. 21 vom 22. I. 16 (Reichsanzeiger vom 22. I. 1916 Hauptblatt S. 3) zustand, nicht Gebrauch gemacht haben. Wenn sie nach der Konvention noch in Feindesland bleiben, liegt ein Interesse, ihnen und ihren Familien die vorteilhafte Kriegsverschollenheitserklärung zuzuwenden, nicht vor. Diese Leute sind nicht als solche zu behandeln, die in die Hand des Feindes geraten sind, weil dieses „Geraten" nach Wortsinn und Zweck der

Bekanntmachung ein unfreiwilliges ist. Die Konvention bezog sich auf die unter 17 und über 55 Jahre alten Deutschen.

6. Daß sie in die Hand des Feindes geraten sind, gilt auch von deutschen Reichsangehörigen, welche auch vor der Kriegserklärung in Italien verhaftet worden sein sollten. Denn es besteht Einverständnis, daß die tatsächliche Feindseligkeit, welche in der Verhaftung unserer Reichsangehörigen liegt, allein in Betracht kommt, nicht die Frage, ob Italien damals schon den Krieg erklärt hatte (vgl. Dronke, Jur. Wochenschr. Bd. 16, S. 634; Seuffert, Recht 1916, S. 432).

II. Es wird erfordert, daß die Personen, welche unter die Bundesr.Bek. über die Verschollenheit fallen, **am Kriege teilgenommen** haben. Diese Teilnahme am Kriege ist trotz der Verweisung auf BGB. § 15 ein weiterer Begriff als die alten Tatbestände der militärischen Gesetzgebung (Heerordnung Anl. 9 § 1 Ziff. 5: „das auf dem Kriegsschauplatze befindliche Personal der freiw. Krankenpflege“) (vgl. dazu auch Stern, Gruchots Beitr. Bd. 60, S. 552). Als sicher darf auch gelten, daß dieses Teilnehmen am gegenwärtigen Kriege nicht durch die Kriegsgesetzgebung bestimmt werden kann, welche an vielen Stellen mit dem Begriff des Kriegsteilnehmers arbeitet (vgl. Kriegsteilnehmerschutzgesetz vom 4. August 1914 § 2: Bekanntmachung über die Ausdehnung des Gesetzes, betr. den Schutz der infolge des Krieges an Wahrnehmung ihrer Rechte behinderten Personen auf Kriegsbeteiligte Österreich-Ungarns, vom 22. Oktober 1914. Bekanntmachung vom 14. Januar 1915 über die Vertretung der Kriegsteilnehmer in bürgerlichen Rechtsstreitigkeiten). Allerdings stehen unter dem Kriegsteilnehmerschutzgesetz auch die deutschen Kriegsgefangenen, und diesen ist in der Literatur mit Recht schon der deutsche Heerespflichtige gleichgestellt worden, der im feindlichen Staat um dieser Eigenschaft willen an der Rückkehr nach Deutschland verhindert worden ist (Kipp, Deutsche Juristen-Ztg. 1914, S. 1025; Bendix, Bürgerliches

Kriegssonderrecht S. 29; Güthe, Gruchots Beitr. Bd. 59, S. 33, und Entscheidung des Oberlandesgerichts Hamburg, Beschluß vom 10. November 1915; Rechtsprechung der Oberlandesgerichte Bd. 31, S. 378 ff.), so daß auch die Zivilgefangenen, welche im fremden Lande interniert sind, unter § 3 Nr. 3 fallen. Aber es gibt Kriegsteilnehmer, welche nicht mit Sicherheit unter dem Kriegsteilnehmerschutzgesetz stehen, da sie nicht oder nicht ohne Bedenken unter die mobilen oder gegen den Feind verwendeten Truppen zu zählen sind, die aber auch in Verlust geraten können und dann nach den allgemeinen Grundsätzen als Kriegsverschollene zu behandeln sind. Dahin gehört der Grenzschutz an den neutralen Grenzen, ferner die immobilen Landsturmkompagnien, die zur Bewachung der holländischen Grenze verwendet werden (Jur. Wochenschr. 1915, S. 202, OLG. Köln), ferner die Leute, die zum Wachdienst im Inland verwendet werden (Landgericht Bonn, Deutsche Rechtsanwaltztg. 1915, S. 48). Ferner gehören nach der allerdings in der Praxis vielfach bestrittenen, aber sich doch allmählich durchsetzenden Meinung (Güthe-Schlegelberger Kriegsbuch, Die Kriegsgesetze mit der amtlichen Begründung und der gesamten Rechtsprechung und Rechtslehre, Berlin 1916, Bd. 2, S. 19 ff., und Rechtsauskunft des Preuß. Kriegsministeriums vom 17. Februar 1916, M. J. Nr. 1294/16 A I.; Bad. Rechtspraxis 1916, S. 62b vom 29. April 1916) die zur Bewachung der Kriegsgefangenenlager verwendeten Landsturmformationen nicht zu den mobilen Truppenteilen, sind also nicht unter dem Kriegsteilnehmerschutzgesetz § 2 mitgeschützt, kommen aber gleichwohl in die Lage, infolge des Kriegszustandes Gefahren ausgesetzt zu sein, bei denen sie vermißt werden können (vgl. Dronke, Jur. Wochenschr. S. 634a). Endlich ist ein Verschollener, der bei dem Wegschleppen durch Russen oder Franzosen im besetzten Gebiet in Verlust geriet, nicht nach Kriegsteilnehmerschutzgesetz als Kriegsgefangener oder Geisel geschützt, wenn es noch nicht nachgewiesen ist, daß er in die Gewalt des Feindes geraten ist. Gleichwohl muß nach dem

Zweck der Bundesr.Bek. angenommen werden, daß auch er am Kriege teilgenommen hat und „in Feindeshand geriet“.

Im Sinne der Bundesr.Bek. haben am Kriege teilgenommen und sind als Vermißte für tot zu erklären alle diejenigen, welche auf militärischen Transporten im Inlande, bei Bombenangriffen durch Luftfahrzeuge im inländischen Gebiet, auf Dienstgängen im Grenzschutz vermißt werden. Der Feldpostmann oder der Eisenbahnbeamte, der im Etappengebiet vermißt wird, ist ebenso als Teilnehmer am Kriege zu betrachten wie der Gefangene, der heil in Gefangenschaft geraten ist und in der Gefangenschaft spurlos verschwunden ist, z. B. weil er bei einem Fluchtversuch ohne Möglichkeit, seinen weiteren Verbleib nachzuweisen, abhanden kam (anders Balog, Verschollenheits- und Todeserklärung nach deutschem und ungarischem Rechte, Berlin 1908, S. 32). Dagegen wird man denjenigen, der infolge des Krieges sich auf einer Dienstreise befunden hat, aber durch Umstände, welche nicht in der Konsequenz der Kriegsverhältnisse liegen, im neutralen Ausland in Verschollenheit geriet, nicht als Kriegsteilnehmer im Sinne dieser Verordnung auffassen, ebensowenig wie den Deutschen, der in England oder den englischen Kolonien auf freiem Fuße blieb und während des Krieges infolge von Umständen, die nicht vom Kriege verursacht wurden, in Verschollenheit geriet, oder den deutschen Farmer in Südwestafrika, der nach der Kapitulation an die Engländer bei einem Jagdritt verloren ging, oder den deutschen Heerespflichtigen, welcher auf der Reise von Südamerika auf dem Ozean in Seenot in Verschollenheit geriet, bevor er in Feindeshand kam. Für den Begriff „am Kriege teilnehmen“ wird die Frage in Betracht kommen, **ob der Kriegszustand mit seinen Gefahrlagen und Lebensverhältnissen adäquate Verursachung für das Vermißtwerden war.** Wo es sich um normale Folgen eines feindlichen Einbruches für die friedliche Bevölkerung handelt, wo die Massentransporte in Frage kommen, auf denen der einzelne verloren ging, oder die Kampfmittel, die in den grausamen Verhältnissen dieses Krieges auch auf immobile Teile der bewaffneten Macht wirkten, wird die Verschollenheitsbekanntmachung Anwendung finden müssen, weil ein Teilnehmen am Kriege vorlag. Vgl. dazu auch Dronke, Jur. Wochenschr. 1916, S. 634ff. Der Text der Bekanntmachung fordert dabei ein Vermißtsein während des Krieges. Das ist eine Unterstreichung des Gedankens, daß ein „sachlicher Zusammenhang des Vermißtseins mit der Teilnahme am Kriege im gekennzeichneten Sinne erforderlich sei" (Begründung der Bundesratsvorlage in Nr. 96 des Reichsanzeigers vom 22. April 1916). Einige Vorsicht ist nach dieser Auffassung über den Begriff des Teilnehmens am Kriege bei der Anwendung der Bekanntmachung auf Kriegs- und Zivilgefangene in fernen Ländern geboten. Es wird in der Praxis dieselbe Neigung bestehen, welche in den Ausführungen von Dronke, Jur. Wochenschr. 1916 S. 634b, hervortritt, solche Leute, die der Heimat infolge des Mangels von Nachrichten während des Krieges aus den Augen kommen, als vermißte Kriegsteilnehmer zu behandeln. Das Beispiel von Dahome und der englischen Konzentrationslager zeigt, daß Leute, die dort der Heimat aus den Augen kommen, für Dronke als vermißte Kriegsteilnehmer zu betrachten sind. Nun sind die tatsächlichen Verhältnisse bei diesen Beispielen kaum richtig eingeschätzt. In Dahome sind einige hundert Kolonialdeutsche aus Togo und Kamerun gewesen. Sie sind Ende Juni 1915 sämtlich nach Marokko oder in französische Gefangenenlager Europas gebracht worden und scheinen gegenwärtig so gut wie vollzählig in Europa zu sein. Die Insassen der englischen Konzentrationslager in der ganzen Welt sind nach London gemeldet worden, und ihre Listen sind dem Preußischen Kriegsministerium zugestellt worden. Ein Vermißtwerden solcher Leute ist nur dadurch denkbar, daß sie im Lager verschwinden oder bei Fluchtversuchen in Verlust geraten. Anders steht es mit Deutschen, die bei der Besetzung durch englische und französische Kolonialtruppen in Togo und Kamerun in Verlust geraten sind. Bei ihnen ist es in der Tat möglich, daß sie unter die Bundesr.Bek. fallen, weil sie den deutschen Behörden in den Wochen heldenhaften Unterliegens aus den Augen gekommen sind. In Sibirien wird die Tatsache, daß das Inland von einem Gefangenen, der dort verschwand, nichts mehr hört, auch nicht genügen, um ihn als Verschollenen für tot zu erklären, siehe unten unter dem Begriff des Vermißtwerdens (vgl. unter III).

III. Der für tot zu Erklärende muß **vermißt sein.**

a) **Für diejenigen Personen, welche in den Kriegsstammrollen oder in den Kriegsranglisten stehen** (vgl. oben S. 16f.), ist Vermißtwerden ein technischer Begriff (Heerordnung Anl. 9 § 1 Ziff. 5, § 4 Ziff. 7). Die dienstliche Feststellung der militärischen Dienststelle, bei welcher die dienstliche Aufsicht über die Militärpersonen geführt wird, führt dazu, daß eine Person als vermißt betrachtet wird. Bei der bewaffneten Macht sind solche dienstlichen Feststellungen infolge der militärischen Organisation immer möglich. Bei der Infanterie ist die Kompagnie, bei der Artillerie die Batterie, bei der Kavallerie die Eskadron die dienstliche Stelle, welche das Vermißtwerden feststellt, für Kommandierte der Truppenteil, welchem der Kommandierte zugeteilt ist. Bei den Stäben hat die Feststellung vom Befehlshaber, um dessen Stab es sich handelt, zu geschehen. Bei der Sanitätsformation von der Formationsleitung. Entsprechende militärische Dienststellen werden auch für diejenigen Personen vorhanden sein, die sich bei der bewaffneten Macht auf Grund eines Dienst- oder Amtsverhältnisses befinden. Für die Angehörigen der freiwilligen Krankenpflege wird die zuständige Formation derselben oder die militärische Sanitätsformation, der sie zugeteilt sind, die Feststellung zu treffen haben. Die Feststellung darüber, daß eine Person bei einer früheren Gelegenheit vermißt worden ist, kann von den militärischen Dienststellen noch Monate nach dem Vermißtwerden gegeben werden. Immerhin ist die Angehung der einzelnen Truppenteile möglichst zu vermeiden.

Die Zentralnachweisebureaus des Königlich Preußischen, Bayerischen, Sächsischen und Württembergischen Kriegsministeriums, das Reichsmarineamt für die Flotte, das Oberkommando für die Schutztruppen beim Reichskolonialamt sammeln die amtlichen Vermißtennachrichten und geben über dieselben Auskunft. Es ist bekannt, daß die Vermißtennachrichten in den Verlustlisten erscheinen. Dabei ist aber darauf zu achten, daß der Vermerk „vermißt" in der Verlustliste, wenn er Monate nach dem Erscheinen der Verlustliste im Verfahren in Betracht kommt, nicht notwendig das letzte Ergebnis der militärischen Nachforschungen über den betreffenden Mann darstellt. Besonders bei lang zurückliegenden Fällen ist eine erneute Erhebung beim Königlichen Kriegsministerium bezw. bei der sonst zuständigen Behörde nach dem Vermißten zu machen. Diese Erhebung wird schon bei der Glaubhaftmachung des Antrages auf Todeserklärung vorgelegt werden müssen, damit die Behauptung, es handle sich um einen Vermißten, glaubhaft gemacht sei.

Ein besonderer Hinweis ist darauf nötig, daß die Verlustlisten während der Jahre 1915/16 vereinzelt die Vermerke „verwundet" oder „gefangen" für Leute tragen, die in Wahrheit vermißt sind. Das erklärt sich aus Truppenmeldungen, welche für die Veröffentlichung in Verlustliste zugrunde gelegt wurden, ohne daß bei der Veröffentlichung eine Berichtigung vorlag. Hat in diesem Falle die Familie keine Nachricht vom Gefangenen selbst erhalten oder ist der Familie nicht hernach die amtliche Todesnachricht zugegangen, oder ist der Familie, trotzdem der Vermerk „gefangen" oder „verwundet" in der Verlustliste stand, die Post des Vermißten mit dem Vermerk „vermißt" zurückgekommen, so wird dem Antragsteller vor Einleitung des Verfahrens aufzugeben sein, bei dem zuständigen Königlichen Kriegsministerium eine Erhebung zu veranlassen, dahingehend, daß der Gesuchte vermißt sei. Um dieses Ergebnis zu sichern, werden die Ermittlungen der Auskunftstellen wichtig sein, welche sich als Organisation der Vereine vom Roten Kreuz seit Anfang des Krieges der Aufhellung solcher Fälle angenommen haben. Bei den Landesvereinen vom Roten Kreuz, deren Landesausschüsse in freiwilliger Arbeit dafür tätig gewesen sind, sowie bei den Ausschüssen für deutsche Kriegsgefangene in Frankfurt a. M. (für den westlichen Kriegsschauplatz) und Hamburg (für den östlichen Kriegsschauplatz) ist zweckdienliches Material zur Aufklärung zahlreicher solcher Fälle vorhanden.

b) Im **rechtlichen Sinne** liegt das **Vermißtwerden** für die Verschollenheitsfrage **vielfach zeitlich nach dem militärischen Vermißtwerden.** Wir haben Briefe von Kameraden aus feindlicher Gefangenschaft gesehen, Nachrichten von menschenfreundlichen Pfarrern und Bürgermeistern aus Feindesland, welche bekundeten, daß der Vermißte an einem nach dem technischen militärischen Vermißtwerden liegenden Datum als schwer Verwundeter hinter der feindlichen Linie gepflegt worden sei. Wir haben Meldungen des englischen Kriegsamtes, daß der Vermißte zuletzt in eine englische Motorambulanz geschafft worden sei, und nachher jede Spur von ihm fehlte. Aus den Verhältnissen in der französischen Zône des armées sind Fälle denkbar, daß vom französischen Kriegsministerium darüber, daß ein Vermißter in der französischen Zône des armées als Gefangener beschäftigt sei, Nachricht eingeht oder daß ein Brief mit der Adresse „Bureau de renseignements, Paris, Ministère de la guerre" kommt, während nachher jede Nachricht über den Vermißten fehlt. In diesem Falle setzt nicht die militärische Vermißtenmeldung die Jahresfrist in Lauf, sondern erst der Zeitpunkt, für welchen das Leben des Vermißten noch bezeugt wird. Um hier das Vermißtsein festzustellen, ist notwendig, daß außer der Nachricht über das spätere Leben des Vermißten noch die Feststellung erfolgt, daß der Vermißte nachher nicht mehr als lebender Gefangener in der Hand des Gegners nachweisbar sei. Der bloße Mangel von späteren Nachrichten genügt nicht, um ein Vermißtsein annehmen zu lassen (so auch v. Miltner, Leipz. Zeitschr. 1916, S. 728, Anm. 2).

Ähnliche Fälle kommen auch hinter unserer eigenen Front vor. Im Bewegungskriege werden sie durch das rasche Vorrücken der Truppe möglich sein. Im Stellungskriege sind sie auch nicht selten. Der Kompagnieführer sah den Mann aus dem Schützengraben zum Verbandplatz zurückkehren, während dieser nie am Verbandplatze ankam. Ein schwer Verwundeter ist in den Sanitätsunterstand zurückgetragen worden, ist niemals im Feldlazarett angekommen. Es stellt sich heraus, daß er im Sanitätsunterstand vergessen wurde, während der Unterstand selbst am Tage der Unterbringung des Mannes vom Feinde zerschossen worden ist. Die Truppenmeldung lautet hier „verwundet". Das Vermißtwerden ist dadurch gegeben, daß am Tage nach der Verwundung oder mehrere Tage nach der Verwundung jede Spur von dem Vermißten fehlt. Eine Erhebung des Divisionsarztes bei den Sanitätsformationen führt zur amtlichen Feststellung solcher Fälle des Vermißtwerdens.

c) Militärisch gehören alle diejenigen, die der Truppe aus den Augen gekommen sind, zu den Vermißten. Im Sinne der Bundesr.Bek. aber sind **vermißt nur diejenigen** Leute, **von denen nicht entweder nachträglich ihr Leben hinter unserer eigenen Front oder in Gefangenschaft** festgestellt werden kann. Ferner sind diejenigen Leute nicht als vermißt zu betrachten, welche **mit ihrem eigenen Willen** sich von der Truppe entfernt haben, die Überläufer. Die Bundesr.Bek. spricht gar nicht von diesem Fall. Und es ist sicher, daß mancher, der sich mit eigenem Willen von der Truppe entfernt hat und im Auslande nichts mehr von sich hören läßt, während oder nach dem Kriege nach der Bundesr.Bek. als Verschollener tot erklärt werden könnte. Das ist eine unvermeidliche Folge der Tatsachen. Aber rechtlich muß ein solches Aufgebotsverfahren als unzulässig und ein Todeserklärungsurteil, welches für den Überläufer ergeht, als anfechtbar nach § 957, Abs. 2, S. 976 ZPO. angesehen werden, weil die Todeserklärung in diesem Falle unzulässig war, gleichgültig, ob der Überläufer noch ein

Jahr vor dem Ergehen des Ausschlußurteils gelebt hat oder nicht. Die Bundesr.Bek. soll nach ihrem Zweck, wie er auch in der Begründung zum Ausdruck gekommen ist, die wirtschaftlichen Schädigungen von den Personen abwenden, welche nach der Todeserklärung eines Kriegsverschollenen ein Interesse an der Todeserklärung haben könnten. Soweit diese Personen als Angehörige des Vermißten Rechte aus der Todeserklärung herleiten wollen, ist der Zweck der Bekanntmachung, wenn sie auch auf den Überläufer angewendet wird, verfehlt. Die Angehörigen sollen aus dem Verschwinden des Überläufers ebensowenig Vorteile haben, wie ihnen Unterstützungen für den Überläufer gezahlt werden. Die Gefahr, daß Überläufer dadurch, daß eine Todeserklärung im Inland über sie ergeht und sie nach der Todeserklärung im Inlande als tot zu gelten haben, sich der inländischen Bestrafung und den Rechtsfolgen, die ihr Vermögen treffen können, entziehen, ist zu bedeutend, als daß eine korrekte Todeserklärung auf Grund der bloßen militärischen Vermißtmeldungen möglich sein darf. Im Aufgebotsverfahren kommt selbstverständlich eine Glaubhaftmachung über diesen Punkt zunächst nicht in Frage. Aber von seiten der militärischen Behörden wird bei Erhebung der militärischen Meldung über das Vermißtwerden bei dem erwiesenen Überläufer die Feststellung, daß er sich unerlaubterweise entfernt habe, von seiten der Militärbehörden hinzugefügt werden, so daß danach die Todeserklärung abgelehnt werden kann, bis der Nachweis erbracht ist, daß die Meldung nicht zutrifft.

Das gleiche gilt für die Fahnenflüchtigen, die sich vom immobilen Truppenteil während des Krieges entfernt haben und zunächst bei Verwendung im Bewachungsdienste eines Gefangenenlagers oder beim Grenzschutze als vermißte Kriegsteilnehmer an sich zu betrachten wären (oben unter II). Nur bei dieser Auslegung ist es gewährleistet, daß der alte gesunde Gedanke des Friderizianischen Rechtes, der nach dem siebenjährigen Kriege in dem Edikt wegen Zitation der Deserteure und ausgetretenen Landeskinder wie auch Konfiskation ihres

Vermögens vom 17. November 1764 zum Ausdruck kam, auch im geltenden Rechte wieder gewahrt wird. Der § 6 des Ediktes trug dagegen Vorsorge, daß über den Deserteur ein militärischer Todesschein ausgestellt oder derselbe als Abwesender für tot erklärt werde. Die kriegsgerichtliche Entscheidung „ob er vor einen Deserteur oder vor verstorben zu erachten" ist heute nur von rechtsgeschichtlichem Interesse.

d) Für diejenigen **Personen, die nicht in Kriegsranglisten oder Kriegsstammrollen geführt werden**, ist der Begriff des **Vermißtwerdens** nicht einfach festzustellen. Für die Schlachtenbummler, für den Zeitungsberichterstatter, für den Marketender der ersten Kriegswochen, den Privatchauffeur eines Bundesfürsten, der zwar unter die Kriegsteilnehmer im Sinne dieser Verordnung fällt, der aber sonst im Sinne des bürgerlichen Rechtes nicht Kriegsteilnehmer ist (Jur. Wochenschr. 1915, S. 1298, 1501), ist eine militärische Vermißtenmeldung oder eine Feststellung der vorgesetzten Dienstbehörden, die dieser verglichen werden könnte, nicht da. Wie ist ferner das Vermißtwerden für den weggeschleppten Mann im Elsaß zu verstehen oder für den Auslanddeutschen, der bei seiner Verhaftung oder auf dem Transport ins Interniertenlager in Verlust gerät? Oder wie steht es mit dem Vermißtwerden im Gefangenenlager? Die tatsächlichen Verhältnisse liegen hier ganz verschieden, je nach dem Bestehen eines polizeilichen Nachweiswesens und der Möglichkeit, vom fremden Staate Auskunft zu erhalten. In England oder den englischen Kolonien sind die Zivilgefangenen, weil man sie vielfach als prisoners of war behandelt, ebensogut registriert wie die Kriegsgefangenen. In Frankreich fehlt anscheinend eine solche Listenführung, wenigstens fehlt es an einer Möglichkeit, wirklich Auskunft über den Verbleib einzelner Personen unter der Menge der Zivilgefangenen zu erhalten, soweit es sich nicht nur um die Frage handelt, ob ein bestimmter Mann in einem bestimmten Lager ist oder war. Für Rußland sind die Zustände wegen des jammervollen Postverkehrs und wegen des fortwährenden Herumtransportierens der Gefangenen noch schlimmer. Einen schwachen Ersatz schaffen die inländischen Auskunfts- und Unterstützungsorganisationen, die für die Zivilgefangenen arbeiten. Die Kartotheken sind für Frankreich bei dem Ausschuß für deutsche Kriegsgefangene in Frankfurt a. M. und bei der Kriegsgefangenenfürsorge des Zentral-Komitees der deutschen Vereine vom Roten Kreuz in Stuttgart vorhanden. Für Rußland hat der Hamburger Landesverein ähnliches versucht. Material findet sich auch bei der Auskunftstelle für Auswanderer, Berlin W, Am Karlsbad 10. Aber über die Vorgänge bei Gelegenheit des Kriegsausbruches, die für das Vermißtwerden von Zivilisten vor allem in Betracht kommen könnten, fehlt es an einer guten Grundlage, solange nicht die sämtlichen Vernehmungsprotokolle über die Aussagen der heimgekehrten Auslanddeutschen verarbeitet worden sind.

Nach der Bundesr.Bek. ist es notwendig, daß auch der in Feindesland Geratene oder das verschollene Heeresgefolge, um nach der neuen Ordnung für tot erklärt zu werden, vermißt wird.

1. Für das **Heeresgefolge** wird das Vermißtsein nur durch Erhebungen bei der Truppe oder bei den Ortskommandanturen im Etappengebiet oder in den Militärgouvernements festgestellt werden können. Wo es sich um solches Heeresgefolge handelt, das unter Disziplinargewalt militärischer Befehlshaber steht, ist wenigstens rechtlich die Vorstellung, daß eine Vermißtenfeststellung erfolge, haltbar. Im übrigen wird man den letzten Ort, an dem sie sich nachweislich lebend aufgehalten haben, festlegen müssen und versuchen müssen zu ermitteln, daß sie an einem bestimmten Zeitpunkt dort außer Augen gekommen sind.

2. Für die oben **unter I Nr. 5 genannten Zivilgefangenen** wird auch festgestellt werden müssen, daß über sie von einem bestimmten Zeitpunkt ab, an dem sie zum letztenmal lebend nachgewiesen werden konnten, in ihrem letzten Aufenthalt Nachrichten nicht mehr eingegangen sind:

α) Bei den auf dem Heimweg zur Gestellung befindlichen Gestellungspflichtigen, die beim Geraten in Feindeshand verloren gegangen sind, wird die Abfahrt im Überseegebiete, das Schiff, auf dem sie abgefahren sind und die Umstände, unter denen sie zuletzt beim Geraten in Feindeshand gesehen wurden, festgestellt werden müssen.

Auch der Umstand, daß das feindliche Kaperschiff, das sie entführte, unterging, kann festzustellen sein.

β) Bei den in feindliche Hand geratenen Zivilgefangenen wird bei dem Feinde auf diplomatischem Wege nach dem Verbleiben des Mannes bezw. nach den letzten Lebensnachrichten geforscht werden müssen.

γ) Bei den aus dem Elsaß oder Ostpreußen weggeschleppten Zivilisten, von denen nach dem „In-Gewalt-Geraten" aus ihrem Wohnort nichts mehr bekannt wurde, ist die Feststellung der deutschen lokalen Verwaltungsbehörden genügend, daß der Mann vom Feinde weggeschleppt sei oder beim Einbruch des Feindes zuletzt gesehen worden sei.

δ) Bei den Auslanddeutschen, die in feindlichen Gefangenenlagern gewesen sind, wird in diplomatischem Wege erhoben werden müssen, in welcher Weise diese Personen aus dem Gefangenenlager verschwunden sind. Während des Krieges sind solche Erhebungen auch für die Zivilgefangenen durch Vermittlung des internationalen Roten Kreuzes in Genf möglich.

ε) Daneben hat es sich für Gefangene in Rußland und Sibirien als Feststellung über das Vermißtsein bewährt, dem Gefangenen an die letzte Adresse, an der er nachweislich lebte, einen kleinen Geldbetrag im Wertbriefe vom neutralen Auslande aus zu senden. Kommt dieser mit dem Postvermerk, Adressat verstorben, der Kommandantur des Lagers oder der Petersburger Zensurbehörde, zurück, so ist das Vermißtsein gegeben. Eine Todesurkunde liegt dann nicht vor.

3. Wo **kein Anhalt** darüber zu erhalten ist, **daß der Verschollene an seinem letzten Aufenthaltsorte vermißt wurde,**

ist eine Todeserklärung nach den Worten der Bekanntmachung nicht möglich. Das mag unter Umständen unbequem sein, z. B. in Fällen, in denen es sich um nach Sibirien verschleppte Ostpreußen handelt und von den russischen Behörden eine Auskunft über den letzten Aufenthalt des Mannes schlechterdings nicht zu erlangen ist, wenn die Post des Gefangenen nicht vom letzten Aufenthaltsorte lautet. Aber es ist eher zu ertragen, daß für einige solche Fälle das Aufgebotsverfahren unmöglich bleibt, und die langen Verschollenheitsfristen des § 14 BGB. allein übrig bleiben, als daß man nur wegen einer Nachrichtenlosigkeit, die während eines Jahres gedauert hat, die Todeserklärung im Inlande erwirkt. Ein Fall des Vermißtwerdens ist nicht schon dann gegeben, wenn wir im Inlande lange Zeit keine Nachricht von jemandem haben, der in ferner Internierung lebt, sondern es muß ein positiver Anhalt dafür da sein, daß am letzten Aufenthaltsorte der Person keine Nachricht von derselben eingegangen ist. Wir haben alle Veranlassung, diesen Begriff des Vermißtwerdens, der schon in der Erörterung des § 15 des BGB. festgestellt wurde (Erläuterung der Reichsgerichtsräte zu § 15 und Planck-Knoke, Bemerkung 2 zu § 15) streng zu nehmen. In dem Augenblick, da ich dieses schreibe, ist es mir bekannt, daß manche Familie in Süddeutschland von ihrer in Paris in Diensten stehenden Tochter seit Anfang des Krieges nichts weiß, weil diese von der französischen Dienstherrschaft selbst gegenüber der französischen Behörde verheimlicht wird. Zahlreiche Auslanddeutsche, die vielleicht irgendwo in der Welt festgehalten werden, oder auch solche, die sich auf freiem Fuß befinden und von denen nur die Heimat glaubt, daß sie in Gefangenschaft sind, haben keine Gelegenheit, da England seine Nachrichtensperre eingeführt hat, nach Deutschland Nachricht zu geben. Mit Rücksicht auf die Absperrung Deutschlands vom Überseeverkehr würde es dem Zweck der Bekanntmachung nicht entsprechen, wenn man das Wissen des Inlandes über den Auslanddeutschen allein zugrunde legen wollte. Wir haben außerdem mit zahlreichen Fällen zu rechnen, in denen Personen, die jede Fühlung mit der Heimat verloren hatten, in fremder Zivilgefangenschaft sind und sich nicht mehr nach Deutschland wenden mögen. Solange über diese Personen nicht festgestellt ist, daß sie am letzten Aufenthaltsorte vermißt sind, ist eine Todeserklärung im Inlande unmöglich. Das Wissen der Heimat allein darf auch für diese Todeserklärungen in den heutigen Lebensverhältnissen nicht mehr allein in Betracht kommen.

4. Auch für die Zivilgefangenen darf die **subjektive Willensrichtung** ebensowenig wie für den militärischen Überläufer außer Ansatz bleiben. Wer als Landesverräter dem einbrechenden Feinde entgegenging und beim Rückzug der feindlichen Truppen gerne dem Feinde folgte, da ihm der Boden in Deutschland zu heiß geworden war, kann ebensowenig als vermißt gelten wie der Überläufer oder der sonst Fahnenflüchtige. Die Todeserklärung ist in solchem Falle unzulässig, ein gleichwohl ergehendes Todeserklärungsurteil ist als unzulässig ergangen und unterliegt der Anfechtungsklage nach § 957 ZPO. Es darf nicht dahinkommen, daß solche Vaterlandslosen, die rechtlich Deutsche bleiben, die Möglichkeit haben, sich dem Inlande durch die schnell folgende Todeserklärung zu entziehen und ihr Vermögen vor dem Zugriff der inländischen Behörden (StGB. § 93, StPO. § 480) zu bewahren.

5. Es ergibt sich also, daß eine Reihe von wirklich **Verschollenen**, von denen ein ganzes Jahr während des Krieges keine Nachricht eingegangen ist, **nicht für tot erklärt werden können.**

a) Diejenigen, die nach einer im feindlichen Ausland vorhandenen aber nicht durch eine reichsdeutsche Todesurkunde bestätigten Beurkundung des Todes gestorben sind.

b) Die militärischen Überläufer und Fahnenflüchtigen.

c) Zivilpersonen, die im Inland wegen eines mit dem Kriege zusammenhängenden Umstandes verschollen sind, aber nicht „in die Hand des Feindes geraten" sind.

d) Die freiwillig dem Feinde gefolgten oder zu ihm übergegangenen Landesverräter.

IV. Erforderlich ist nach der Verordnung **Verschollenheit seit einem Jahre.** Die Verordnung sagt, es müsse der Verschollene vermißt sein und von seinem Leben müsse ein Jahr keine Nachricht eingegangen sein. Dieses Erfordernis der Nachrichtenlosigkeit seit einem Jahre ähnelt äußerlich dem § 14 BGB. mit seinen Verschollenheitsfristen von zehn oder fünf Jahren. Der Unterschied ist, daß außerdem das Vermißtwerden gefordert wird.

1. Die praktische Rechtfertigung der Bestimmung. Bei den militärischen Vermißten ist die Lage einfach: ein Jahr nach dem Vermißtwerden kann der Mann für tot erklärt werden. Diese Vorschrift hat sich als möglich erwiesen. Im Gegensatz zu den älteren Gesetzen, die erst nach Kriegsende oder vielfach Jahre nach Kriegsende ergingen (Verordnung Friedrich des Großen vom 27. November 1764 § 6 [Nov. Corp. Const. Marchic. III p. 523], Preußische Gesetze von 1868 und 1872 sowie das alte Preußische Gesetz vom Jahre 1828) oder zum BGB., wo die Todeserklärung erst nach drei Jahren nach dem Friedensschluß zulässig ist, hat man eine Vorschrift gewagt, die in weiten Kreisen zunächst wegen ihrer Kühnheit verblüffend gewirkt haben dürfte. Sie ist dank den verhältnismäßig günstigen Zuständen des Gefangenennachweises und der Gefangenenkorrespondenz in diesem Kriege möglich gewesen. Zu den wenigen Fortschritten geltenden Völkerrechts in diesem Kriege gehört es, daß die Gefangenenkorrespondenz ohne Vermittlung einer neutralen Stelle, durch einfache Postumschaltung in Bern und Stockholm—Kopenhagen, seit Ende September 1914 läuft. Die Auskunftsorganisationen des deutschen Inlandes haben seit Anfang 1915 direkt mit den feindlichen Auskunftsorganisationen und mit den feindlichen Kriegsministerien verkehrt. Auch die Verhältnisse der Kolonien machten keine praktischen Schwierigkeiten. Über

Dahome vgl. oben S. 28. Auch mit Japan ist die Gefangenenkorrespondenz glatt gegangen; auf dem fernen östlichen Kriegsschauplatze soll es dem Vernehmen nach so gut wie keine Vermißten geben (vgl. auch Dronke, Jur. Wochenschr. 1916, S. 636). Nach wenigen Wochen schon können die Nachweisorganisationen es als gesichert betrachten, ob ein Vermißter als tot oder lebend zu erachten ist. Bedenklicher stand die Lage für Rußland, wo infolge der schlechten Postverhältnisse Kriegsgefangene, die mehr als zehn Monate ohne Lebenszeichen verschwunden waren, plötzlich Nachrichten nach Deutschland gelangen ließen. Das ist hunderte von Malen vorgekommen, im Großherzogtum Baden sind allein zwei Dutzend solcher Fälle nachgewiesen, für ganz Deutschland sind nach den Verhältnissen wohl gegen tausend solcher Fälle anzunehmen. Immer handelte es sich hier um militärische Vermißtenmeldungen und russische oder sibirische Gefangenschaft. Aber man kennt auch Fälle, in denen die Todesurkunde schon ausgestellt war und der als tot Beurkundete sich aus der Gefangenschaft nach monatelangem Schweigen meldet (vgl. Lafrenz, Recht 1916, S. 505ff.). Verzweifelt ist die Lage für die in Sibirien internierten Zivilpersonen (vgl. oben S. 29). Aber auch auf dem östlichen Kriegsschauplatz ist durch das Verdienst der Stockholmer Roten Kreuz-Konferenz vom November 1915 eine Besserung der Verhältnisse eingetreten, seit das Hilfskomitee der Moskauer Munizipalität die Gefangenenkorrespondenz nach Deutschland leitet. Da die Bundesr.Bek. erst im April 1916 erfolgte, war die Regelung auch Rußland gegenüber erträglich. Immerhin ist es für das Gericht des Aufgebotsverfahrens bei russischen Fällen ratsam, von dem § 9 der Bundesr.Bek. weitherzigen Gebrauch zu machen, wenn nicht Nachrichten vorhanden sind, nach denen das Leben des Verschollenen unwahrscheinlich erscheint. Auch für die Praxis der Landesversicherungsanstalten werden für den östlichen Kriegsschauplatz Verschollenheitszeugnisse nur mit größter Vorsicht ausgestellt. Gleichwohl ist es nicht begründet, deswegen die Nützlichkeit der Bundesr.Bek. überhaupt zu bezweifeln. Gegenüber den zahlreichen Fällen, welche ein Eingreifen erfordern, kommen die Fälle möglicher Fehltodeserklärung nicht in Betracht. Sie sind ebenso zu ertragen, wie die oben erwähnten krassen Fälle ertragen werden müssen, welche nur die Folge der allzu leichten Todesbeurkundung im Felde sind. Wie bei der militärischen Todesbeurkundung von seiten des Truppenteils vielfach die Erfordernisse gehandhabt werden, ist bekannt, bezeichnend dafür ist die Äußerung von Fürnrohr, Deutsche Juristenztg. 1916, S. 332.

Der große Fortschritt liegt einerseits in der Zulassung der Todeserklärung vor Kriegsende, anderseits in der Kürze der Jahresfrist. Die Begründung in Nr. 96 des Reichsanzeigers vom 22. April 1916 spricht nur von der Notwendigkeit, tunlichst wirtschaftliche Nachteile zu vermindern und zu verhüten, welche mit der Ungewißheit über Leben und Tod verbunden sind, vom Schutze des Rechtsverkehrs durch diese Maßregel. Diese Begründung ist mit Rücksicht auf die Zuständigkeit des Bundesrats nach dem Gesetz vom 4. August 1914 gegeben. Wer die Notwendigkeit kennt, für zahlreiche hoffnungslos immer noch auf die Heimkehr des Verschollenen harrende Familienangehörige eine juristische Wahrscheinlichkeit des Todes zu schaffen, wird die Bedeutung der Bundesr.Bek. nicht in erster Linie auf wirtschaftlichen Gebieten suchen.

2. **Die Berechnung der Jahresfrist bei Kriegsverschollenheit.** Wenn vom Leben des Vermißten ein Jahr lang keine Nachricht eingegangen ist, kann die Todeserklärung erfolgen. Die Worte schließen sich an den Text des BGB. § 14 an: „wenn seit zehn Jahren keine Nachricht vom Leben des Verschollenen eingegangen ist". Aber der Sinn dieser Worte ist in § 1 der Verordnung ein anderer geworden, wenn man in diesen Worten gleichzeitig eine rechtliche Bestimmung über den Ausgangspunkt der Frist von zehn Jahren sieht, wie es Dronke a. O. mit der Begründung tut. Der Zweck des § 14 des BGB. ist, einen Ausgangspunkt für die Frist zu schaffen. Da ein solcher bei der allgemeinen Verschollenheit nicht in den Ereignissen

zu finden ist, wird nach dem BGB. auf das Ende des Jahres, auf welches das letzte Lebenszeichen lautet, abgehoben. Aber die Bundesr.Bek. braucht nicht nach solchen kalendermäßig zu errechnenden Ausgangspunkten zu suchen. Hier ergibt sich als natürlicher Ausgangspunkt der Zeitpunkt des Vermißtwerdens. Wer vermißt worden ist, kann im Wege des Aufgebotsverfahrens für tot erklärt werden, wenn von seinem Leben ein Jahr lang keine Nachricht eingegangen ist. Man liest natürlich: „ein Jahr nach dem Vermißtwerden". Aber die Begründung der Bundesr.Bek. hat auffallenderweise die Bestimmung anders verstanden: ein Jahr nach dem Eingehen der Vermißtennachricht oder sonst der letzten Nachricht über das Leben des Verschollenen solle die Todeserklärung zulässig sein. (So lehren auch Dronke, Jur. Wochenschr., 1916, S. 635 a ff.; ebenso Schmidt, Rechtsverhältnisse, S. 25; Miltner, Leipz. Zeitschr. 1916, S. 730; Stern, Gruchots Beitr., Bd. 60, S. 555.) Und es ergäbe sich auf diese Weise ein scharfer Unterschied zum BGB.: nach bürgerlichem Gesetz ist der Zeitpunkt, zu welchem die letzte Nachricht über den Verschollenen in der Heimat eingegangen ist, unerheblich. Es kommt nur auf den Zeitpunkt an, zu welchem zuletzt nach eingegangener Nachricht der Verschollene gelebt hat. Also wenn die letzte Nachricht im Januar 1901 darüber eintraf, daß der seitdem verschollene X. in Alaska noch am 2. November 1900 gelebt hat, so läuft die 10-Jahresfrist nicht ab Ende 1901, sondern ab Ende 1900. Alle Schwierigkeiten, die sich aus der Frage, wem die letzte Nachricht vom Verschollenen zugegangen sein muß, wann diese Nachricht in der Heimat eingetroffen sei, ergeben könnten, sind vermieden. Übermittlungsfehler, Verzögerungen in der Übersendung spielen rechtlich keine Rolle. Und das praktische Ergebnis der Bestimmungen nach § 14 BGB. war ein sehr befriedigendes, wenn diejenigen positiven Bestimmungen die besten sind, von denen man bei der Rechtsanwendung am wenigsten zu reden braucht. Dieser Standpunkt war vom BGB. mit vollem Bewußtsein der Redaktoren eingenommen worden (vgl. die

Motive Bd. 1, S. 38 und den Hinweis auf den Art. 103 Bayer Ausf.-Ges. z. ZPO., der als Muster gedient hat, bei Löwenfeld-Staudinger, zu § 14 BGB.). Die Worte des BGB. hat man übernommen, aber wenn wir der Begründung und den ersten Erklärern folgen sollen, hätte man bei der Bundesr. Bek. denjenigen praktischen Fehler gemacht, den das BGB. sehr wohl vermieden hatte. Nach dieser Auffassung soll es auf den Zeitpunkt ankommen, an dem die Nachricht in Deutschland eingeht. Wenn X. am 25. September 1915 in der Champagne vermißt ist, sollte also die Jahresfrist nach dieser Meinung nicht ab 26. September 1915 laufen, indem der Tag des Vermißtwerdens selbst nicht mitgerechnet würde, sondern erst vom 10. oder 12. Oktober ab, dem Datum, an dem die Mutter im Schwarzwalde den Brief vom Feldwebel erhält. Für die Fristberechnung wären damit unerfreuliche Verschiedenheiten zwischen der Behandlung mehrerer gleichzeitig vermißter Kameraden geschaffen, da es auf die Zustellung der einzelnen Nachrichten in der Heimat ankommen sollte. Bei Namensverwechselungen in der Zustellung könnten sich beträchtliche Verschiebungen der Fristen ergeben, bis das Mißverständnis in einem Falle aufgeklärt ist, während im anderen Falle nichts aufzuklären war. Jede falsche Nachricht, die über das Leben eines Vermißten eingeht, würde zu erheblichen Verzögerungen der Todeserklärung führen, wenn man mit dem Erfordernisse des Eingangs der Nachricht Ernst machte. Da ist ein Mann Ende August 1914 vermißt. Eine Nachricht, beruhend auf Auskunft des französischen Kriegsministeriums, daß er im Lazarett in Korsika sitzt, wird den Verwandten Anfang Januar 1916 zugestellt, indem dabei ein Mißverständnis unterläuft. Wenn es auf das Zugehen von Nachrichten ankäme, würde der Fristlauf, der nach dieser falschen Lebensnachricht beginnen würde, erst im Jahre 1917 die Todeserklärung ermöglichen, während keinerlei Grund ersichtlich ist, daß sie nicht nach Aufhellung des Mißverständnisses schon Ende August 1915 zulässig gewesen wäre. Man wende nicht ein, daß bei solchen Beispielen es sich um unwirkliche

Fälle handele. Wer Vermißte gesucht hat und Mißverständnisse in der Nachforschung aufgeklärt hat, weiß, wie häufig solche Fehler durch Namensgleichheiten vorkommen. Aus solchen Fällen entstände dann die Frage, wer an der Falschmeldung schuld ist, ob nicht Haftungen für den Schaden entstehen, welcher durch die Verzögerung der Todeserklärung erwächst.

Es muß im Interesse einer gesunden Rechtsprechung liegen, diese mißlichen Folgen eines Zustellungserfordernisses zu vermeiden, das bei jeder Durchdenkung unklar ist. Man lese nur den Versuch Dronkes, sich die Lehre vom Ausgangspunkt in den praktischen Konsequenzen vorzustellen: „Ausgangs„punkt für die Bemessung der Jahresfrist ist der Eingang der „letzten Nachricht von dem Leben des Vermißten. Der Tag „des Abgangs und der Zeitpunkt, zu dem nach dem Inhalt „der Nachricht der Vermißte noch gelebt hat, können für die „tatsächliche Würdigung des Falles von Bedeutung sein, für „die Eröffnung des Verfahrens kommen sie nicht in Betracht, „mag zwischen jenen Zeitpunkten und dem Eintreffen der „Nachricht noch so lange Zeit verstrichen sein. Von wem die „Nachricht kommt, ob von dem Vermißten selbst, einem Be„kannten, einem Vorgesetzten, einem Lazarett, einer Nachrichten„stelle oder woher sonst, ist gleichgültig. . . . Es macht ferner „keinen Unterschied, wo die letzte Nachricht eingegangen ist. „Sie kann bei Verwandten, bei Personen, die zu dem Ver„mißten in Rechtsbeziehungen stehen, bei vorgesetzten Dienst„stellen oder anderen Behörden, bei dem Aufgebotsgericht „einlaufen. Zu Zweifeln kann es Anlaß geben, wenn die emp„fangende Stelle die Nachricht weitergibt. Erhält der Truppen„teil im Felde eine Nachricht über einen Vermißten und teilt „er sie dessen Familienangehörigen in der Heimat mit, so wird „man diese Mitteilung als die maßgebende letzte Nachricht „anzusehen haben. Wendet sich der Truppenteil, weil ihm die „Angehörigen nicht bekannt sind, an die Heimatbehörde des „Vermißten, so ist deren Eröffnung an die Beteiligten ent„scheidend. Das gleiche wird man im Zweifel auch bei den

„Benachrichtigungen annehmen müssen, die von den verschiedenen Nachweisestellen über das Ergebnis ihrer Nachforschungen gemacht werden. Dagegen wird das Weiterverbreiten einer eingegangenen Nachricht im Familien- oder Bekanntenkreise den Beginn der Frist nicht hinausschieben können. Hier wird es meist darauf ankommen, wann die Nachricht denjenigen erreicht hat, der zu dem Antrage auf Todeserklärung berechtigt ist. Gelangt dieselbe Nachricht später noch an eine andere Person, so ist das unerheblich. Erhält dagegen ein anderer, auch jemand, der selbst nicht antragsberechtigt ist, hinterher eine neue Nachricht von dem Leben des Vermißten, so wird der begonnene Fristlauf hinfällig und das Jahr ist vom Eingang der neuen Nachricht an zu rechnen". In dieser Auffassung finde ich Widersprüche: Zunächst soll es keinen Unterschied machen, wo die letzte Nachricht eingegangen ist, ob bei dem Truppenteil oder bei den Verwandten. Aber nachher wird doch nur der Eingang bei den Verwandten oder gar bei den Antragsberechtigten als der entscheidende Zeitpunkt angesehen, während im Anfang es genügt, daß irgend jemand im Inland die Nachricht erhalten hat. Gerade der Versuch eines hervorragenden Praktikers, die Auffassung der Begründung ernst zu nehmen, zeugt, daß der ganze Gedanke, auf den Eingang der Nachricht den Fristanfang zu datieren, unglücklich ist. Und woher sollte das Aufgebotsgericht wissen, wann jemand zuerst die Nachricht erhalten hat, da ja die Vermißtenmeldungen nicht mit einer Zustellungsurkunde zugehen? Stern (Gruchots Beitr., Bd. 60, S. 555) sagt, daß der Eingang der meist schriftlichen Nachricht die größte Gewähr einer sicheren Feststellung und damit eine feste Unterlage für das Aufgebotsverfahren einschließlich des Ausschlußurteiles bildet. Diese scheinbare Wahrheit trägt aber den praktischen Verhältnissen bei der militärischen Vermißtenfeststellung keineswegs Rechnung. Diese militärische Feststellung über das Verschwinden, welche für den letzten Zeitpunkt das Leben des Vermißten feststellt, gewinnt an Klarheit gar nichts durch ein Zugehen nach der Heimat. Da sie militärisch beurkundet wird, kann sie auch nachher stets festgestellt werden. Wo diese militärische Beurkundung fehlt, wird ein Zugehen der letzten Nachricht über das Leben des Vermißten rechtlich nicht erheblich sein, da der Richter im Tatbestande festzustellen hat, in welchen Umständen er das Vermißtsein des Verschollenen sehen will. Juristisch ist der Versuch, auf den Eingang der letzten Nachricht vom Leben des Vermißten den Fristlauf zu datieren, deswegen so wenig gerechtfertigt, weil die Frist des Verschollenheitsjahres nicht für die Ausübung eines Rechtes oder für die Verwirkung eines solchen gesetzt ist. Nach den Sachverhältnissen scheint es nicht gerechtfertigt, ohne einen ausdrücklich zwingenden Anhalt in der Vorschrift die Verschollenheitsfrist erst vom Eingehen der letzten Lebensnachricht an laufen zu lassen.

Der fehlerhafte Satz in der Begründung als solcher erkannt werden. Denn es handelt sich meines Erachtens nur um einen Denkfehler in der Begründung. Der Zweck und der Wortlaut der Bundesr.Bek. ergibt etwas ganz anderes. Der Zweck geht auf schnelle ein Jahr nach dem Vermißtwerden eintretende Todeserklärung. Das sagt die Begründung auch. Aber viel sicherer geht es hervor aus der in der Begründung nicht hervorgehobenen und bei Dronke nicht erwähnten Tatsache, daß die Bundesr.Bek. nur eine militärrechtliche Bestimmung der Heerordnung auch ins bürgerliche Recht einführt. Nach § 4 Ziff. 7 in Anlage 9 der Heerordnung sind Heeresangehörige, die länger als ein Jahr vermißt werden, in der Kriegsrangliste und Kriegsstammrolle zu streichen. Darauf bezieht sich auch die Verfügung des Königlich Preußischen Kriegsministeriums vom 11. Dezember 1915 (Armeeverordnungsblatt S. 574). Zu „§ 4 Ziffer 7 der Anlage 9 der Heerordnung wird bestimmt, daß Vermißte in den Kriegsranglisten und den Kriegsstammrollen erst dann zu streichen seien, wenn auch bei der Zentralbehörde des Kriegsministeriums in Berlin Nachweise darüber, daß die Betreffenden noch am Leben sind, **nach Ablauf eines Jahres seit dem Vermißt-**

werden nicht eingegangen sind. Die Truppenteile haben sich hierüber durch Anfrage Überzeugung zu verschaffen" (auch abgedruckt Jur. Wochenschr. 1916, S. 1046 b 3). In der Bestimmung wird hervorgehoben, daß der § 4 Ziff. 7 der Anlage 9 der Heerordnung keinerlei bürgerlich-rechtliche Wirkungen hat. Das ist für unsere Erörterung ja selbstverständlich. Aber wie der militärische Leser, für dessen Bedürfnisse die Bekanntmachung entstanden ist, die Jahresfrist versteht, kann für uns nicht gleichgültig sein. Es handelt sich eben darum, daß eine Bestimmung, die im Militärrecht längst vorbereitet war, jetzt auch bürgerlich-rechtliche Wirkung durch die Bekanntmachung erhalten hat. Und ich meine, daß jene Auffassung der Begründung, die aus dem Reichsjustizamt stammt, Schwierigkeiten schafft, welche die Praxis gut tun wird, beiseite zu schieben. Ein Jahr nach dem Datum, auf welches die militärische Vermißtenmeldung lautet, ist das Aufgebotsverfahren zulässig, wenn vom Leben des Vermißten dieses Jahr lang keine Nachricht eingegangen ist. Es ist willkürlich zu interpretieren, daß die Nachricht, von der die Bekanntmachung spricht, eben die Vermißtenmeldung sei. Und für den Lauf der Jahresfrist darf nichts darauf ankommen, daß noch 14 Tage nach dem Vermißtwerden ein verirrter Feldpostbrief, der am Tage vor dem Verschwinden geschrieben wurde, eintrifft (vgl. zu diesem Punkte mit einer Kritik, die sich gegen die Worte der Bekanntmachung in der herrschenden Auslegung wendet, Lemme, Recht 1916, S. 373; gegen ihn Stern, Recht 1916, S. 508). Vielmehr ist die Nachricht, von der in der Bundesr.Bek. die Rede ist, eine während des Jahres nach dem Vermißtwerden eingehende Nachricht, welche die Besorgnisse der Verwandten als unbegründet oder als nur zu wahr erscheinen läßt. Der Bundesrat hat seine Worte bei der Bekanntmachung nicht so exakt gefaßt wie die Redaktoren des BGB., die mit dem „wenn" und „wenn nicht" ihre Auslegungsregeln in die Worte des Gesetzbuches hineingeheimnißten. Aber die Bedeutung in der Bundesr.Bek. ist augenscheinlich im ersten Paragraph nicht anders als im § 2 der Sinn des „sofern nicht". Die Jahresfrist läuft vom Vermißtendatum. Nach einem Jahre ist die Todeserklärung zulässig. Das Verfahren nach § 952 ff. ZPO. kann beginnen, es sei denn, daß inzwischen eine Nachricht vom Leben gekommen ist, welche die Wahrscheinlichkeit des Todes zur Gewißheit macht oder das Leben des Vermißten erweist. Damit sind die praktischen Schwierigkeiten, welche für die Rechtsauffassung der Begründung sich aus dem Eingangserfordernis ergeben, beseitigt. Die militärische Nachricht lautet, daß N. N. am 25. September 1915 vermißt sei. Vom 26. September 1915 an läuft die Jahresfrist. Es kommt nicht darauf an, ob das Zentralnachweisebureau des Königlichen Kriegsministeriums am 29. September 1915 die Vermißtenmeldung hat, die Familie sie aber erst am 10. Oktober erhält. Und der Aufgebotsrichter braucht keine Erhebungen zu machen, die in der Praxis als recht wenig praktisch empfunden würden. Die militärische Datierung des Verschwindens ist maßgebend für den Fristlauf.

3. **Die Nachricht, die während des Jahres eingeht,** ist entweder die Lebensnachricht über den Gefangenen, oder sie ist die Todesnachricht, gesandt vom Kameraden oder von der deutschen Nachforschungsstelle beim feindlichen Kriegsministerium erhoben. In einigen Fällen allerdings kann diese spätere Nachricht im Zusammenhang mit anderen Umständen auch selbst zu einem Vermißtwerden Anlaß geben, (vgl. oben unter III b). Zum Beispiel, wenn neben dieser letzten Nachricht festgestellt werden kann, daß der Vermißte auf keiner französischen Liste von Gefangenen vorkommt. In diesem Falle läuft dann die Jahresfrist von der letzten Nachricht an, das heißt von dem Zeitpunkte an, für welchen durch die letzte Nachricht das Leben des Vermißten erwiesen wird.

Gerade mit Rücksicht auf diese Folge wird es für das Aufgebotsgericht wichtig sein, eingelaufene Nachrichten über den Verbleib des Vermißten kritisch zu beleuchten und den gesamten Tatbestand zu würdigen. Auf solche Nachrichten hin, welche die Auskunftsorganisationen zu beschaffen versuchen, sind durch Namensgleichheiten, durch Weitergabe der Nachricht von seiten von Personen, die einen Irrtum über militärische Bezeichnung begingen, irrtümliche Lebensnachrichten über Personen in Lauf gesetzt worden, von denen man in Wirklichkeit seit der militärischen Vermißtenmeldung nichts weiß. Das Preußische Kriegsministerium hat in der täglichen Erörterung mit den auskunfterteilenden Stellen zahlreiche solche Irrnachrichten aufklären lassen. In den süddeutschen Bundesstaaten besteht bei der Gefangenenauskunftsstelle des Landesvereins ein eigenartiges, auf polizeilichen Meldungen beruhendes Nachweiswesen, welches die Nachrichten über die lebenden Gefangenen sammelt, so daß z. B. in Baden mancher solche Fall überzeugend aufgeklärt worden ist, indem nachgewiesen werden konnte, daß die Irrnachricht sich in Wahrheit auf eine andere Person bezog. Wenn nach dem militärischen Vermißtwerden und ohne daß der Vermißte selbst aus feindlicher Gefangenschaft geschrieben hätte, plötzlich die Meldung eingeht, daß der Vermißte in Gefangenschaft lebe, während nachher jede Spur in feindlichen Gefangenenlisten, jedes Lebenszeichen in der Gefangenenkorrespondenz fehlt, besteht nach den gemachten Erfahrungen kein Grund, von einer wirklich vorliegenden Nachricht zu sprechen, welche die Todeserklärung ausschließt. Die Rückfrage beim Königlich Preußischen Kriegsministerium bezw. bei der sonst zuständigen Stelle wird dazu führen, daß die Irrmeldung als solche erkannt wird.

Wenn es sich um nicht militärische Gefangene handelt, ist die Nachricht, die als vereinzeltes Lebenszeichen aus der Gefangenschaft kommt, schwerer nachzuprüfen. Besonders bei der langen Dauer der Korrespondenz nach Rußland und Sibirien wird hier zunächst damit zu rechnen sein, daß jede Nachricht etwas Richtiges besagen kann.

4. Nach der Auffassung der Begründung und von Dronke sieht die letzte Nachricht einer Unterbrechung der Verjährung

nach § 217 BGB. in gefährlicher Weise ähnlich: von der letzten Nachricht an über den Vermißten läuft die Frist von einem Jahre, beim Eingehen einer Nachricht würde die Frist unterbrochen, um nachher, wenn später die Nachrichten wieder fehlen, von neuem zu laufen. Nach der hier vertretenen Auffassung dagegen ist die Jahresfrist eine echte Verschollenheitsfrist, vor deren Ablauf die Rechtsordnung zögert, den Schluß zu ziehen, den derjenige, welcher nach dem Vermißten forschte, schon wenige Wochen nach dem Vermißtwerden zog. Geht innerhalb des Verschollenheitsjahres die Nachricht ein, daß der Vermißte noch nach dem Vermißtwerden gelebt habe, so ist eine Todeserklärung auf Grund des Vermißtwerdens, das zunächst vorlag, unmöglich. Soll nach Eingang einer Nachricht doch noch die Todeserklärung erfolgen, so muß das **Vermißtwerden** a u f n e u a r t i g e U m s t ä n d e b e g r ü n d e t w e r d e n. Zum Beispiel der Musketier X. ist am 25. September in der Champagne vermißt worden, die Zulässigkeit der Todeserklärung war zunächst für das Ende des 25. September 1916 vorauszusehen. Am 20. Dezember 1915 geht die Nachricht ein, daß der N. N. am 15. November in der französischen Zône des armées im Bereich des deutschen Artilleriefeuers habe Schützengräben bauen müssen. Wenn nachher jede Spur von dem Vermißten fehlt, ist er seit 15. November vermißt und das Verschollenheitsjahr läuft von diesem Tage ab, weil er nach dem 15. November in keiner französischen Liste stand.

V. Die Kriegsverschollenheit und das allgemeine bürgerliche Verschollenheitsrecht.

Aus dem eben Dargelegten folgt, daß auch für Kriegsteilnehmer, welche während des Krieges vermißt sind, das allgemeine bürgerliche Recht der Verschollenheit in Betracht kommen kann. Diese Möglichkeit besteht allerdings nicht in demjenigen Sinne wie bei der Friderizianischen Kriegsverschollenheit nach dem Edikt von 1764 oder nach dem Preußischen Gesetze vom Jahre 1822. In diesen alten Ordnungen war grundsätzlich das geltende Verschollenheitsrecht auch für Kriegsteilnehmer aufrecht erhalten. Aber auch auf dem Boden der Bundesr.Bek. gibt es Fälle, in denen nur das allgemeine Verschollenheitsrecht übrig bleibt, weil die Erfordernisse der Kriegsverschollenheit nicht erfüllt werden können. Wir sahen, daß die bloße Nachrichtenlosigkeit nicht genügt, sondern ein Vermißtsein dazu kommen muß. Daher werden die nach Sibirien Verschleppten, weil die Möglichkeit fehlt, ihr Vermißtsein festzustellen, vielfach nur nach dem allgemeinen Verschollenheitsrecht für tot zu erklären sein, obwohl anscheinend auch durch die Begründung im Reichsanzeiger der Begriff des Vermißtwerdens zu weit ausgelegt wird.

Außerdem bedarf das Verhältnis der Kriegsverschollenheit auf Grund der Bundesr.Bek. zu den besonderen Verschollenheiten des BGB. einer Erläuterung. In Betracht kommt nur die Seeverschollenheit für die Angehörigen der Kriegsmarine, sowohl für die Bemannungen der Schiffe wie der Luftfahrzeuge. Auch für Seeleute der Handelsflotte oder für Wehrpflichtige, die vom feindlichen Kaperschiff arretiert wurden, kommt die Frage in Betracht, wenn sie bei Gelegenheit der Seenot in feindliche Hand geraten, also das Leben bei einem Kaperangriff feindlicher Schiffe eingebüßt haben könnten, bei dem sie in Feindeshand gerieten. Nach richtiger Meinung würde die Jahresfrist seit Untergang, welche nach § 16 BGB. in Betracht kommt, dieselbe Folge haben. Wer mit der Begründung und mit Dronke die Jahresfrist erst vom Eingang der Vermißtenmeldung im Inlande rechnen wollte, würde zur Frage gelangen, ob die Fristberechnung nach § 16 BGB. oder wie nach § 1 der Bundesr.Bek. zu erfolgen habe.

Sollte eine Verschiedenheit der Berechnung zwischen den beiden Fristen sich ergeben, so wird, wenn die Kriegsvermißtheit sicher ist, die Bekanntmachung als das besondere Gesetz vorzugehen haben (vgl. anders für die Auslegung nach BGB. Starck, Recht 1915, S. 461).

VI. **Die Zulässigkeit des Verfahrens auf Todeserklärung.**

1. Für die allgemeine Auslegung des BGB. ist es bestritten, ob das Aufgebotsverfahren nur zulässig ist, wenn zur Zeit der Stellung des Antrages die Fristen schon abgelaufen sind. Darf der Antrag auf Todeserklärung schon vor Ablauf des Verschollenheitsjahres gestellt werden, derart, daß bis zum Todeserklärungsurteil das Jahr sich noch vollenden soll? (Biermann, Allgemeine Lehren des Bürgerlichen Rechtes, Bd. 1, S. 434 f. bejaht es). — Im allgemeinen wird die Möglichkeit verneint und gelehrt, daß der Ablauf der Frist nach § 963 glaubhaft zu machen sei (vgl. Knoke bei Planck dort Bemerkung § 14 Ziff. 4). Man könnte selbst für das allgemeine Bürgerliche Recht auf dem Standpunkte des ersteren stehen und müßte doch für die Bundesr.Bek. fordern, daß der Fristablauf von einem Jahre vollendet sein muß, bevor der Antrag auf Einleitung des Aufgebotsverfahrens zugelassen werden kann. Denn die Frist von einem Jahre ist so kurz, daß man sie als unentbehrlich betrachten kann. Daran, daß sie vor dem Antrag auf Erlassung des Aufgebots eingehalten wird, besteht auch deswegen ein begründetes Interesse, da zunächst versucht werden muß, die Todesbeurkundung zu verschaffen, und, wenn mehrere Kameraden, die in feindlicher Gefangenschaft sind, gefragt werden müssen, dauert es vielfach vom Vermißtwerden an Monate lang, bis die Todesnachricht eingeht. Wird andererseits das Aufgebotsverfahren auf Antrag eingeleitet und ergibt es sich bei den Ermittlungen des Aufgebotsgerichts, daß bei der Einleitung die Jahresfrist noch nicht abgelaufen war, aber inzwischen bis zur Todeserklärung vollendet ist, so wird die Todeserklärung gleichwohl zu erlassen sein (vgl. Planck-Knoke zu § 18).

2. Die Ungewißheitslage, zu deren Klärung die Bekanntmachung ergangen ist.

Der Verschollene muß noch vermißt worden sein im Sinne der oben unter I—III gegebenen Begriffsbestimmung, es muß die ausdrückliche und mit dem Erbieten zur eidesstattlichen Versicherung verbundene Behauptung des Antragstellers vorliegen, daß ihm von Nachrichten, die über den Vermißten zugegangen seien, nichts bekannt sei. Die Leiche darf noch nicht gefunden und anerkannt sein. Es muß auch glaubhaft gemacht werden, daß nicht sonst in Deutschland eine Anzeige über den Verbleib des Verschollenen eingelaufen ist. Diese Glaubhaftmachung wird am leichtesten geführt durch eine Auskunft des zuständigen Königlichen Kriegsministeriums bezw. der sonst zuständigen Behörde (vgl. oben S. 30) über den Stand der an amtlicher Stelle eingegangenen Meldungen über den Verschollenen. Zeugnisse über Verschollenheit, die durch die Landesausschüsse der Vereine vom Roten Kreuz in der Vergangenheit ausgestellt wurden, sind nicht mehr zuzulassen und dürfen nach einer Verfügung der zuständigen Abteilung des Preuß. Kriegsministeriums in dessen Gebiet nicht mehr ausgestellt werden.

VII. **Die Wirkung der Todeserklärung** ist die allgemeine (vgl. Planck-Knoke zu § 14ff. BGB., Staudinger-Löwenfeld am entsprechenden Ort). Es entsteht also nicht ein Rechtsschein des Todes, wie Herbert Meyer in der interessanten Abhandlung der Breslauer Festgabe für Siegfried Brie, Leipzig 1912, annahm, sondern nach herrschender Lehre, die ich für richtig halte, nur eine Vermutung dafür, daß der Vermißte an dem in der Todeserklärung genannten Zeitpunkt gestorben sei. Gegen diese Vermutung ist in jedem Falle, in dem die Rechtsfolge des Todes in Betracht kommt, der Gegenbeweis möglich (Reichsgericht, Jur. Wochenschr. 1910, S. 104ff.). Dieser Gegenbeweis kann dahin gehen, daß der Verschollene zu einem bestimmten anderen Zeitpunkt als dem im Urteil festgestellten, gestorben sei, also daß er diesen Zeitpunkt, der in der Todeserklärung steht, überlebt habe oder daß er früher als der Zeitpunkt in der Todeserklärung gestorben sei. Diese letztere Möglichkeit verdient besonders wegen der Gestaltung des Aufgebotsverfahrens nähere Beachtung. Es ist möglich, daß das Aufgebotsgericht, ohne auf die besonderen Umstände einzugehen, den Zeitpunkt des Todes auf das Jahresende der Verschollenheitsfrist bestimmt hat, so daß der Verschollene so zu behandeln ist, als habe er noch während des Verschollenheitsjahres eine Erbschaft erwerben oder andere Rechtsfolgen für sein Vermögen erfahren können. Derjenige, der infolgedessen durch das Recht des Verschollenen ausgeschlossen wird, hat dann die Möglichkeit gegen die Rechtsnachfolger des Verschollenen sein Recht geltend zu machen, indem er nachweist, daß in Wahrheit der Verschollene früher verstorben ist und den Erwerb daher nicht machen konnte. Alle Umstände, auf welche der Richter des Aufgebotsverfahrens hätte achten können, sind als erheblich für die Beweisführung in Erwägung zu ziehen. Der Berechtigte, der sein Recht gegen die Vermutung durchsetzen will, kann behaupten, daß der Verschollene niemals in den Listen des feindlichen Auslandes vorgekommen ist, daß er niemals nach Hause Nachricht gegeben hat und daß sein Tod gewiß sei, da sein Nachlaß auf dem Schlachtfelde in feindliche Hand gefallen sei oder da nach Beurkundung des feindlichen Kriegsministeriums sein Soldbuch auf dem Schlachtfelde gefunden worden sei. Der Prozeßrichter, der diesen Beweis zu würdigen hat, kann nach freiem Ermessen diesen Beweis ebenso gelten lassen, wie er schon nach Friderizianischem Rechte (Verordnung vom 27. Oktober 1763, § 6) gegolten hat. Denn wie die Praxis (Reichtsgericht vom 1. Dezember 1909, Jur. Wochenschr. 1910, S. 104ff.) anerkannt hat, genügt die Gewißheit, die auf der subjektiven Anschauung des zur Feststellung der Tatsachen berufenen Richters beruht, und so ist es durchaus möglich, daß das Gericht im Prozesse auf Grund der freien Beweiswürdigung diejenigen Tatsachen, die schon zur Zeit der Todeserklärung vorlagen, zu einer abweichenden Feststellung des Todestages benützt. Die Möglichkeit, daß das Aufgebotsverfahren durch eine solche spätere Beweiswürdigung seine Berichtigung erfährt, zwingt zu einer den Umständen möglichst gerechtwerdenden Todesfeststellung im Ausschlußurteil bezüglich des Zeitpunktes des Todes. Denn hinter einer lässigen Datierung vor dem Aufgebotsgericht steht aller Wahrscheinlichkeit nach die Anfechtungsklage, welche die Todeserklärung berichtigt.

Außerdem muß bei der Kriegsverschollenheit gegen die Todeserklärung der Gegenbeweis erwogen werden, daß der Verschollene gar nicht Kriegsvermißter, sondern fahnenflüchtig oder Landesverräter sei. Schon oben wurde darauf hingewiesen, daß die Todeserklärung für einen solchen Verschollenen unzulässig ist (III, c). Es fragt sich, ob ohne Rücksicht auf die Überlebensfrage gegen die Todeserklärung und ihre Vermutungswirkung der Gegenbeweis geführt werden dürfe, daß der Verschollene bei der Gelegenheit, bei der er in Verschollenheit geriet, sich als Fahnenflüchtiger, oder als Landesverräter dem Inlande entzogen habe. Durch die Zulassung dieses Gegenbeweises würde der rechtliche Wert der Kriegstodeserklärung stark eingeschränkt werden. Einer Angeberei und frivolen Prozeßbehauptungen würde die Arbeit zu leicht gemacht. Die Todeserklärung, die über einen solchen Verschollenen ausgestellt wäre, würde in ihrer Beweiskraft von jedem Prozeßgegner, der das Vermißtwerden leugnet, angegriffen werden können. Immerhin wären sie, auch wenn man nicht diesen Gegenbeweis zuließe, wirksam. Die Wirkung auf die Ehe des für tot Erklärten träte nach § 1348 ff. BGB. gleichwohl ein, wenn die Ehefrau des für tot Erklärten eine neue Ehe einginge, ebenso würden die Wirkungen nach §§ 1420, 1679 eintreten, auch der Vertrauensschutz wie auf den erteilten Erbschein nach § 2370 BGB.

Unseres Erachtens kann eine Ausschaltung der Todeserklärung durch bloßen Gegenbeweis, daß der Verschollene Überläufer, Fahnenflüchtiger, Landesverräter sei, nicht in Betracht kommen. Die Todeserklärung spricht nur über die Tatsache des Todes, enthält nicht eine Andeutung über die näheren Umstände der Vermißtheit. Sie stellt nur vermutungsweise fest, daß jemand zu einem bestimmten Datum gestorben sei. Gegen den Inhalt dieses Todeserklärungsurteils spricht logisch nicht der in Rede stehende Gegenbeweis. Man wird die Behauptung, der Verschollene sei übergelaufen, Fahnenflüchtiger oder Landesverräter, entweder in das Aufgebotsverfahren vor Erlaß des Todeserklärungsurteils oder in den Anfechtungsprozeß wegen Unzulässigkeit verweisen müssen.

VIII. In den Kommentaren des bürgerlichen Rechts sowohl wie in den Hand- und Lehrbüchern wird eine Frage nicht geprüft, die gerade für die Kriegstodeserklärung akut sein wird: **gilt denn die bürgerlich rechtliche Todeserklärung für alle Rechtsbeziehungen des Verschollenen?** Sicherlich für alle Beziehungen des bürgerlichen Rechts (im einzelnen vgl. Stern, Gruchots Beitr. 1916, Bd. 60, S. 574ff.): Die Ehe des für tot Erklärten gilt als gelöst und sie wird wirklich bei einem neuen Eheschluß des überlebenden Ehegatten nach §§ 1348ff. gelöst. — Die Verwaltung und Nutznießung bei dem gesetzlichen Güterstand endigt mit dem im Urteil festgesetzten Zeitpunkte des Todes § 1420, ebenso eine fortgesetzte Gütergemeinschaft, in welcher der Verschollene nach dem Vorversterben seines Ehegatten gelebt hatte, § 1494, ebenso eine Errungenschaftsgemeinschaft, § 1544 BGB. Die elterliche Gewalt über die ehelichen Kinder endigt auf diesen Zeitpunkt, § 1679, sie steht der Mutter zu, § 1684 Abs. 1. Eine über den Verschollenen bestehende Abwesenheitspflegschaft endet mit der Todeserklärung des Verschollenen, § 1921 Abs. 3. Der Erbfall nach dem Verschollenen gilt als eingetreten. Eine vom Verschollenen geführte Vormundschaft endigt (§ 1885 BGB.).

In allen Verhältnissen des bürgerlichen Rechts, auch im Sachen- und Obligationenrecht, macht sich die Wirkung geltend. Im Zivilprozeß gelten die Umstände als eingetreten, die sonst beim Tode der Partei vorliegen.

Auch für gewisse Rechtsgebiete des öffentlichen Rechts wird die Geltung der Todesvermutung anzunehmen sein: so für das Steuerrecht, für die öffentlich-rechtlichen Befugnisse des

Verschollenen, deren Ausübung praktisch mit dem Vermißtwerden ein Ende findet, für die Sozialversicherung (dazu Hoffmann, D. Juristen Ztg. 1916, S. 619), endlich für die Berechnung auf Grund der Kriegsteilnehmergesetzgebung. Den Hinterbliebenen erwächst nach dem Militärhinterbliebenengesetz vom 17. Mai 1907, § 29 auf den erklärten Zeitpunkt das Recht auf die Witwen- und Waisenrente. Familienunterstützung und Löhnungszahlungen, welche während der Dauer des Vermißtseins gezahlt wurden, werden vom Todestage ab auf die Bezüge angerechnet, ausgenommen soweit sie wie die Familienunterstützung aus dem Gesetz vom 28. Februar 1888 nach dem Gesetz vom 30. Dezember 1915 (Reichs-Gesetzbl. S. 629) der Witwe und den Waisen noch drei Monate vom Todestage an gewährt werden, während darüber hinausgezahlte Beträge zur Anrechnung auf die Hinterbliebenenversorgung gelangen.

Aber es läßt sich nicht der Satz aufstellen, daß der bürgerlichrechtlich für tot Erklärte nun für die gesamte Rechtsordnung des Inlandes als tot gilt (zu weit geht dabei Stern, Gruchots Beitr., Bd. 60, S. 573). Zunächst für die militärische Stellung ist durch Heerordnung Anlage 9 § 4 Ziff. 7 eine besondere Todesbeurkundung eingeführt: in der Kriegsstammrolle und den Kriegsranglisten muß grundsätzlich zwar die Streichung des vermißten Heeresangehörigen solange ausgesetzt werden, bis die gerichtliche Todeserklärung erfolgt. Aber daneben kann diese Streichung wegen der hohen Wahrscheinlichkeit des Todes erfolgen. Wird nach einem Jahre des Vermißtwerdens diese Wahrscheinlichkeit des Todes bejaht, so erfolgt die Streichung in der Rangliste bezw. in der Kriegsstammrolle. Diese **militärische Beurkundung der Verschollenheit ist also unabhängig von Erfolgen der bürgerlichen Todeserklärung.** Anderseits ist es möglich, daß ein Mann militärisch noch weiter in der Liste geführt wird, weil ihn der Truppenteil als Überläufer kennt, ihn daher als fahnenflüchtig erklären läßt, so daß für das militärische Nachweiswesen der selbst bürgerlich für tot erklärte Mann nicht als tot gilt. Und für diese strafrechtlichen Folgen, das heißt für eine Untersuchung wegen Fahnenfluchts (MilStGO. § 360) oder die ähnliche wegen Landesverrats (StPO. § 480) wird eine bürgerliche Todeserklärung, selbst wenn sie erfolgen sollte, ohne rechtliche Bedeutung sein.

Daß die Todeserklärung schlechthin fürs öffentliche Recht gelten sollte, ist übrigens auch nicht zu begründen. Über das Privatrecht hinaus findet die Wirkung der Todeserklärung nur insofern statt, als die Anwendung der privatrechtlichen Bestimmungen sachlich gerechtfertigt ist. Das wird besonders unten für die Lebensvermutung noch auszuführen sein (§ 3).

IX. **Das internationale Privatrecht** bei der Kriegstodeserklärung. Die Bundesr.Bek. sagt nicht, daß sie nur auf Deutsche Anwendung finde. Daher ist es bedenklich, mit Dronke zu erklären, daß nur Deutsche auf Grund der Bundesr.Bek. für tot zu erklären seien (Jur. Wochenschr. S. 633a). — Da nichts besonderes angeordnet ist, gilt, wie auch schon bei Seuffert richtig ausgeführt wurde (Recht 1916, S. 432, 441), der Artikel 9 EG. zum BGB. Grundsätzlich ist dort allerdings gefordert, daß der Verschollene bei Eintreten der Verschollenheit ein Deutscher war. Aber in gewissen Beziehungen ist es auch möglich, daß vor deutschem Gericht nach deutschem Gesetz ein Todeserklärungsverfahren über Nichtdeutsche stattfindet.

Aus dem Grundsatz des Artikels 9 Abs. 1 ergibt sich zunächst, daß Angehörige der bewaffneten Macht, die sonst nach bürgerlichem Recht nicht für tot erklärt werden könnten, auch mit der Kriegstodeserklärung in Deutschland nicht für tot zu erklären sind. Also nicht die farbigen Angehörigen der Schutztruppen in deutschen Schutzgebieten (vgl. § 4 Schutzgebietsgesetz). Ferner auch nicht die Angehörigen neutraler oder gar feindlicher Staaten, welche in unserem Heere die Waffen getragen haben, oder als Heeresgefolge am Kriege teilgenommen haben, wie das bei Leuten französischer Staatsangehörigkeit unter dem Personal der feindlichen Krankenpflege vorgekommen ist. Die abweichende Meinung von Seuffert (Recht 1916, S. 431/432, ebenso Lemme, Recht 1916, S. 373), der auch Angehörige einer mit dem deutschen Reiche verbündeten oder befreundeten Macht unter die Bundesr.Bek. fallen lassen will, wenn ich richtig verstanden habe, ist abzulehnen. Elsässer, die trotz ihrer deutschen Staatsangehörigkeit während des Krieges französische Staatsangehörigkeit erworben haben, kommen für die Bundesr.Bek. niemals in Betracht, da sie nicht als in die Gewalt des Feindes geraten anzusehen sind (vgl. oben Ic, d).

Ein Verschollener wird entsprechend Abs. 2 und 3 des Artikel 9 des EGBGB. auch dann nach der Bundesr.Bek. für tot erklärt werden können, wenn er bei Beginn der Verschollenheit Staatsangehöriger eines neutralen Staates und Angehöriger des deutschen oder der verbündeten Heere war oder als Angehöriger einer befreundeten oder verbündeten Macht in feindliche Zivilgefangenschaft geraten ist, wenn dabei die besonderen Voraussetzungen des Abs. 2 und 3 des Artikel 9 vorliegen. Ist ein Schweizer deutscher freiwilliger Krankenpfleger und Grundeigentümer in Deutschland oder dessen Ehefrau, die im deutschen Inlande Wohnsitz hat, Deutsche, oder ist sie bis zu ihrer Verheiratung mit dem Verschollenen Deutsche gewesen, so kann die Todeserklärung mit Rücksicht auf das inländische Vermögen oder, damit die Rechtsfolgen der Todeserklärung zugunsten der Ehefrau eintreten, in Deutschland erfolgen. Der Österreicher, der Ungar, die im österreichisch-ungarischen Heere vermißt waren und in Deutschland einen Wohnsitz haben, dessen Gericht für das Aufgebotsverfahren zuständig ist, kann in den gleichen Fällen nach der Kriegstodeserklärung für tot erklärt werden. Nur die feindlichen Staatsangehörigen können auf dem Boden des Artikel 9 niemals in Deutschland für die Kriegstodeserklärung in Betracht kommen. Die Lücke, die dadurch für Frauen entsteht, die bis zum Eheschluß Deutsche waren und nach Kriegsausbruch ins Inland zurückgekehrt sind, während ihr Ehemann im französischen

Heere steht und vielleicht dort vermißt wird, kann verschmerzt werden.

§ 2.

Als Zeitpunkt des Todes ist, sofern nicht die Ermittlungen ein anderes ergeben, der Zeitpunkt anzunehmen, in dem der Antrag auf Todeserklärung zulässig geworden ist. Wird der Verschollene seit einem besonderen Kriegsereignis (einem Gefecht, einer Sprengung, einem Schiffsunfall oder dergleichen), an dem er beteiligt war, vermißt, so ist der Zeitpunkt des Ereignisses als Zeitpunkt des Todes anzunehmen, es sei denn, daß die Ermittlungen die Annahme rechtfertigen, der Verschollene habe das Ereignis überlebt.

I. **Grundsätzliches zum Zeitpunkt des Todes.** Entsprechend der allgemeinen Regelung, welche die Todeserklärung im BGB. gefunden hat, sieht auch die Bundesr.Bek. ein Todeserklärungsurteil vor, welches den Zeitpunkt des Todes feststellt. Der Standpunkt des geltenden Rechts ist festgehalten, trotz der Bedenken, welche inzwischen der Schweizer Gesetzgeber (Huber, Erläuterung zum Vorentwurf des eidgenössischen Justiz- und Polizeidepartements zum schweizerischen Gesetzbuch, Bern 1902, S. 55; Rabel, Rheinische Zeitschrift für Zivilrecht und

Prozeß Jahrg. 14 [1912] S. 176ff.) geltend gemacht hatte. Man wollte nicht aus Anlaß der Bundesr. Bek. die Grundsätze ändern. Anderseits ist im § 2 ein weiterer Schritt in der Richtung erfolgt, die schon im zweiten Entwurf des BGB. die altpreußischen Grundlinien des Todeserklärungsrechtes durchbrochen hatte. Das geschah durch die Vorschrift, welche den §§ 16, 17, 18 BGB. entspricht, daß der Tod auf den Zeitpunkt des besonderen Ereignisses zu datieren ist, an dem der Vermißte beteiligt war, als er vermißt wurde.

So ist der § 2 ein Flickwerk aus Elementen, welche unserer Gesetzgebung schon in §§ 14, 17, 18 BGB. eignen und mannigfach Gegenstand des Streites sind.

Die Fragestellung, die den Richter des Aufgebotsverfahrens interessiert, betrifft die Fassung des Todeserklärungsurteils. Drei Fragen über den Zeitpunkt des Todes kommen in Betracht:

1. Kann durch Ermittlungen der Zeitpunkt des Todes festgestellt werden?

2. Wenn dieses zu verneinen, liegt dann wenigstens ein besonderes Kriegsereignis vor, an dem der Verschollene beteiligt war und seitdem er vermißt wurde?

3. Oder bewendet es bei der allgemeinen Vorschrift, daß als Zeitpunkt des Todes derjenige Zeitpunkt anzunehmen ist, in dem der Antrag auf Todeserklärung zulässig geworden ist?

II. **Die Möglichkeit, durch Ermittlung den Zeitpunkt des Todes festzustellen.** Für diese Ermittlung gilt § 968 ZPO. und die Erleichterung nach § 17 der Bundesr. Bek. (siehe unten zu diesem Paragraphen). Diese Ermittlungen haben einerseits die materiellen Voraussetzungen des Verfahrens zum Gegenstande, über welche unten zu § 4 der Bekanntmachung. Anderseits sollen Ermittlungen auch über den Zeitpunkt des Todes stattfinden.

Es ist nicht unbestritten, **zu welchem Bescheide der Richter im Aufgebotsverfahren gelangt, wenn er einen bestimmten Zeitpunkt des Todes nach freier Würdigung der Umstände** ermittelt. Nach der in den Kreisen der Praktiker anscheinend herrschenden Lehre (vgl. Kommentar der Reichsgerichtsräte zu § 18, BGB. Erläuterung 2; Staudinger-Löwenfeld, Erläuterung 3, 1, 4 zu § 18; auch Dernburg, Bürgerliches Recht 1, § 53, II, 4), nach dem Standpunkt der amtlichen Begründung der Bundesr.Bek. und nach Dronke, Jur. Wochenschr. S. 636b, ist für eine Todeserklärung durch Ausschlußurteil kein Raum mehr, wenn die Ermittlung den Nachweis erbringt, daß der Verschollene an einem bestimmten Tage gestorben ist. Denn jetzt sei festgestellt, daß der Verschollene tot ist. Für Angehörige der bewaffneten Macht, wie für das nicht militärische Heeresgefolge sei jetzt Erteilung der militärischen Todesurkunde das gegebene. In der Kriegsrangliste oder Kriegsstammrolle sei vom Truppenteil der Name zu streichen (Heerordnung Anlage 9, § 4, Ziff. 7). Die für den Verstorbenen zuständige Militärbehörde habe die Eintragung des Sterbefalles in das Standesregister nach den Vorschriften der Verordnung betreffend die Verrichtung der Standesbeamten in bezug auf solche Militärpersonen, welche ihre Standquartiere nach eingetretener Mobilmachung verlassen haben (vom 20. Januar 1879, RGBl. S. 5), für die Marine nach der Verordnung betreffend die Verrichtungen der Standesbeamten (vgl. ferner die Verordnungen vom 18. und 23. Mai 1916 RGBl. S. 405/6) in bezug auf solche Militärpersonen der Kaiserlichen Marine, welche ihr Standquartier nicht innerhalb des deutschen Reiches haben (vom 20. Februar 1906 RGBl. S. 359ff), herbeizuführen. Für die im Ausland verstorbenen Zivilgefangenen fehle es eben an einer Möglichkeit, eine inländische Todesbeurkundung zu beschaffen.

Das klingt einleuchtend und kann sich darauf berufen, daß, wenn vor der Einleitung des Aufgebotsverfahrens die Tatsache des Todes feststeht, mag auch eine inländische Todesurkunde noch nicht erteilt sein, das Todeserklärungsverfahren unzulässig ist (oben zu § 1, XI, 2). Vom Standpunkt des Friedens ist es gar nicht nötig, daß in jedem Falle, in welchem die Gewißheit des Todes besteht, auch Todesurkunden ausgestellt sind. Wo diese mangels der Voraussetzungen des § 56 Personenstandsgesetzes nicht möglich sind, muß im einzelnen Fall die Behauptung, daß eine betreffende Person zu einem bestimmten Zeitpunkt gestorben ist, erwiesen werden. Dieser Nachweis wurde vom gemeinen Recht und wird heute noch von zahlreichen europäischen Rechten immer gefordert, ohne daß er durch die gerichtliche Todeserklärung erleichtert wird. Aber dieser Friedensstandpunkt des allgemeinen Beweisrechts über den Tod darf für die Auslegung der Bundesr.Bek. nicht entscheiden. Zur Beseitigung der rechtlichen Unsicherheit über das Leben des vermißten Kriegers ist die Bekanntmachung ergangen. Sie würde ihre praktische Bedeutung für den westlichen Kriegsschauplatz verlieren, wenn man die Todeserklärung für unmöglich erklären wollte, wo durch die sachgemäße Würdigung der Umstände der Tod als erwiesen zu gelten hat. Die Heerordnung Anlage 4, Ziff. 7, will grundsätzlich die Streichung des Namens aus der Kriegsstammrolle und der Kriegsrangliste nur zulassen, wenn die gerichtliche Todeserklärung ergangen ist. Wo nicht durch Zeugenaussagen der Tod festgestellt ist, wird die militärische Beurkundung des Todes versagt. So verlangt die Heerordnung gerade für Fälle, in denen nach vernünftiger Würdigung der Umstände der Tod, ohne daß Zeugen vorliegen, sicher ist, die Todeserklärung, welche von der juristischen Praxis verweigert werden soll. Und gerade die Fälle, in denen die Nachforschung nach einer ausdrücklichen Todesbekundung ergebnislos blieb, in denen aber der Tod durch die Umstände zur Gewißheit ward, müssen des Vorteils der Todeserklärung teilhaftig werden. Den Eltern und Frauen, die hoffnungslos dem sicherlich toten Vermißten nachtrauern, muß der Staat sagen, daß nach der vernünftigen Würdigung des Falles und richterlicher Feststellung der Verschollene tot sei. Wer deutsche Frauen gesehen hat, die Lebenskraft und Gesundheit verloren haben, weil sie sich der Sicherheit, daß ihr Angehöriger gefallen sei, nicht ergeben mochten, wird gerade für diesen Fall die Todeserklärung verlangen, auch wenn der krankhafte Glaube an das Leben des geliebten Angehörigen durch den Spruch des Richters nicht zu erschüttern ist. Gerade die Bedürfnisse der Kriegsverschollenheit zeigen, daß die von der Theorie vertretene Meinung gute Gründe hat, nach der **auch dann ein Ausschlußurteil möglich ist, wenn der Tod durch die richterliche Ermittlung des gesamten Tatbestandes erwiesen ist und der Zeitpunkt des Todes vom Richter festgestellt werden kann.** Die Erwägungen der erwähnten Praktiker treffen selbst dort nicht zu, wo bei weiter Auslegung der Bestimmung der Heerordnung eine militärische Todesbeurkundung möglich wäre, aber die militärische Nachweisbehörde einerseits, der Standesbeamte anderseits die Ausstellung der Sterbeurkunde ablehnt. Ende August 1914 wird ein deutscher Soldat in der Nähe von Baccarat vermißt. Er ist niemals auf der Totenliste des Feindes erschienen. Die deutschen Toten sind bei Baccarat begraben, ohne daß Namenslisten bei den Bürgermeistern der benachbarten Gemeinden zurückgelassen worden sind. Ende 1915 geht die Erkennungsmarke des Vermißten beim Preußischen Kriegsministerium ein. Der Brustbeutel des Verschollenen wird gleichzeitig zugestellt mit dem ungestempelten Vermerk: Inventaire des objets trouvés en la possession ou présumés la propriété du soldat I. R. . . . (folgt Nummer der Erkennungsmarke) décedé dans les lignes françaises. Das „décedé" ist auf dem nicht gestempelten Zettel, der diese Worte enthält, durchgestrichen, weil in den französischen Listen sich keine Notiz über den Fall befindet. Der Verschollene hat nie geschrieben. Er war schon in den ersten Monaten nach dem Vermißtwerden in Frankreich nicht auffindbar. Es ist für die richterliche Beweiswürdigung klar, daß der verschollene Träger dieses Brustbeutels gefallen ist. Die Todesbeurkundung muß von der Militärbehörde abgelehnt werden, da weder eine ausländische Todesurkunde noch eine Grundlage in Zeugenaussagen vorliegt. — Oder der Musketier Meier wird am

8. September 1914 in ein Feldlazarett in Frankreich mit schwerem Schuß gebracht. Die Erkennungsmarke, die bei Anlegung des ersten Notverbandes in Verlust geriet, kann nicht zur Erkennung des bewußtlosen Mannes führen. Einen Tag, nachdem er ins Lazarett gebracht ist, ist er gestorben und begraben worden. Durch die Nachforschung kommt der Tatbestand klar heraus. Aber die militärisch beurkundende Stelle wagt die Identität nicht als festgestellt zu betrachten, da die Erkennungsmarke nicht vorlag. Oder der oben unter III b vorgelegte Fall, daß der in den Sanitätsunterstand gebrachte Offizier nach dem Moment, wo er in Sicherheit geschafft wurde, hinter unserer eigenen Linie nicht mehr nachweisbar ist, während der Sanitätsunterstand am Tage darauf zerschossen wurde. — Oder der hundertfach auf dem westlichen Kriegsschauplatz vorgekommene Fall: der Mann ist vermißt, hat niemals aus feindlicher Gefangenschaft geschrieben, steht nicht auf einer feindlichen Liste, seine Erkennungsmarke ist eingegangen, sein Soldbuch nach feindlicher Beurkundung auf dem Schlachtfelde gefunden. In allen diesen Fällen, in denen das militärische Nachweiswesen Bedenken tragen kann, Todesurkunden auszustellen, in denen nach der Heerordnung eben die Todeserklärung für die Streichungen in der Liste erfordert werden sollte, muß man nach den praktischen Bedürfnissen die Todeserklärung zulassen.

Für diese Forderung spricht vor allem, daß **in der Vergangenheit dieses Bedürfnis anerkannt** worden ist. Unser BGB. mit seinen Friedensstandpunkten ist ja nicht die erste Formulierung des Todeserklärungsrechts, wie es heute im BGB. gilt. Es beruht (Bruns, Bekkers Zeitschrift des gemeinen Rechts, Bd. 1, 1857, S. 182ff.; Dernburg, Preußisches Privatrecht, 5. Aufl., 1894, Bd. 1, S. 86ff.) auf der Verordnung Friedrichs des Großen vom 27. Oktober 1763. Seit jener Zeit ist die Frage, wie die Todeserklärung wegen Verschollenheit sich zu den Fällen sicheren Todes verhält, immer wieder im Kriege praktisch geworden. Friedrich der Große selbst hat in seinem heute im Privatrecht vergessenen Edikt wegen Zitation der Deserteure und ausgetretenen Landeskinder wie auch Konfiskation ihres Vermögens vom 17. November 1764 § 6 (Nov. corp. Const. Marchic. III, 523) gerade auch den Fall geregelt, daß der Tod zwar nicht durch Zeugenaussagen nachgewiesen werden kann, aber nach den Umständen als gewiß zu betrachten ist. In einem Verfahren, das zwischen dem als verstorben zu Betrachtenden und dem als Überläufer zu Achtenden scheiden soll, erfolgt mit Zitation des Verschollenen eine kriegsgerichtliche Verhandlung, die mit dem Erkenntnis enden kann, daß der Verschollene als verstorben erachtet werde. Dieses Erkenntnis wird im Edikte wohl von denjenigen Fällen geschieden, in denen der Verbleib ungewiß ist und die lange zehnjährige Verschollenheitsfrist des allgemeinen Verfahrens nach der Verordnung von 1763 laufen muß. Nach dem Kriege von 1806/07 ist dann eine Kabinettsorder vom 23. September 1810 ergangen, nach dem Befreiungskriege eine Verordnung vom 13. Januar 1817, die auch für die positive Beurkundung solcher Fälle sorgen. Das gleiche Bedürfnis hat dann durch das Gesetz vom 22. Mai 1822 eine sehr eigenartige Anerkennung gefunden. Hier wurde zunächst der Verschollenheitsliste über den Feldzug von 1812 in Rußland, für die „der jetzt in unseren Zivildiensten stehende ehemalige königliche Hannöversche Leutnant Meyer sorgfältige Erkundungen eingezogen“ hat, „die Kraft eines vollständigen Beweises beigelegt“ und im Falle, daß der Tod durch einen über alle Einwendungen erhabenen Zeugen auf Grund Eides bekannt wurde, der Beweis dieses Todes für vollständig erachtet, wenn derjenige, welcher bei der Beweisführung das nächste Interesse hat, dieses Zeugnis noch durch einen Eid ergänzt, daß er von dem Abwesenden, dessen Leben und Aufenthalt seit dessen Verschwinden oder wenigstens seit dem 20. November 1815 keine Nachricht erhalten habe. In diesem Falle kann der Totenschein ohne weiteres ausgestellt werden. Das Gesetz galt weiter auch, nachdem die Kriegstodeserklärung für diese Kriege durch das Gesetz vom

2. August 1828 geschaffen war. Nach dem Jahre 1870/71 bewendete es vielleicht infolge weitherziger Auslegung der Regeln über die militärische Todesbescheinigung bei dem allgemeinen Gesetze über die Todeserklärung vom 2. April 1872, das allerdings ohne Zweifel die Feststellung des erwiesenen Todes im Todeserklärungsverfahren nicht ermöglicht. Heute liegen die Verhältnisse anders als nach dem Kriege 1870/71. Wir brauchen wieder die positive Feststellung des Todes und wir können sie auch vor dem Ende des Krieges wenigstens für den westlichen Kriegsschauplatz ohne Bedenken zulassen, da dieselben Gesichtspunkte für diese den Tod ermittelnde Todeserklärung sprechen, welche für die Bundesr.Bek. gewirkt haben. Ein Verfahren zur Feststellung des erwiesenen Todes ist außerhalb des Todeserklärungsverfahrens auf Grund der Bundesr.Bek. nicht gegeben. Unter diesen Umständen erscheint es nicht abwegig, im Todeserklärungsverfahren die Feststellung des Vermißtwerdens zuzulassen und diese Feststellung ins Todeserklärungsurteil aufzunehmen. Die Bedenken, welche man aus den allgemeinen rechtlichen Grundlagen des Aufgebotsverfahrens geltend machen könnte, halten nicht Stich. Darüber vergleiche unten bei der Erläuterung der prozessualen Vorschriften im Kommentar zu § 4 der Bundesr.Bek.

Aber auch außerhalb des Kreises der militärischen Kriegsteilnehmer ist es wünschenswert, daß wir ein Todeserklärungsverfahren zulassen, wenn rechtlich vor dem Verfahren der Tod des Verschollenen nicht feststeht, indem die Todesurkunde nicht erteilt ist: für die Verhältnisse, unter denen deutsche Bürger im Auslande verschwunden sind, unter den Mißhandlungen eines französischen Pöbels in den ersten Wochen nach der Mobilmachung, in Rußland bei Tumulten, wie dem in Moskau im Jahre 1915. In der Heimat muß die Möglichkeit gegeben sein, die Umstände des Verschwindens, die Wahrscheinlichkeit des Todes nachzuprüfen und im Urteil eines Richters festzustellen, ohne daß diese Feststellung dem Zufall eines späteren Zivilprozesses überlassen wird.

Das privatrechtliche Bedürfnis für eine Todeserklärung auch im Falle, wo nach Ermittlung des Richters der Tod gewiß und für einen Zeitpunkt festzustellen ist, ist vor allem mit Rücksicht auf die im Inlande zurückgebliebene oder dorthin zurückgekehrte Ehefrau des verschollenen Kriegsteilnehmers wie auch des in feindlicher Gefangenschaft verschollenen Zivilgefangenen gegeben. Wo keine inländische Todesurkunde ausgestellt werden kann und der Tod doch sicher ist, muß für eine neue Ehe diejenige Grundlage gegeben sein, die die §§ 1348ff. BGB. zugunsten der wiederheiratenden Frau zur Wirkung bringt.

So ist das praktische Bedürfnis bei der Rechtsanwendung der Bundesr.Bek. zweifellos auf diejenige Gestaltung gerichtet, welche von der herrschenden Lehre der Theorie schon für das BGB. empfohlen wird. Herrschende Meinung nennt von Tuhr, allgemeiner Teil, Bd. 1, S. 390, Anm. 19, diese Lehre; Oertmann, Kommentar zu § 18 Bemerkung 4; Enneccerus, § 80, Nr. 2 und die übrigen bei Planck-Knoke, § 18, Bemerkung 3. — Diese Lehre beruft sich vielfach auf die Fassung des BGB. § 18, Abs. 2, welche im § 2 unserer Bundesr.Bek. wiederkehrt. Allerdings ist im § 18 BGB. der fragliche Satz in der Vorschrift über den Inhalt der Todeserklärung gegeben, und die Praxis, welche die Todeserklärung ablehnt, wenn die Ermittlungen den Zeitpunkt des Todes ergeben haben, muß eine etwas gewaltsame Wortauslegung treiben. Wir können die grundsätzliche Lösung der ganzen Frage für das BGB. hier beiseite lassen. Hoffentlich wird die Bundesr.Bek. über die Todeserklärung der Kriegsverschollenen der Weg, auf dem die herrschende Lehre der Theorie auch in die Rechtsanwendung des BGB. einzieht. In der Rechtsprechung des höchsten Gerichtshofes scheint die ganze Frage bisher nicht behandelt zu sein.

Für die Festsetzung des Todestages im Todeserklärungsurteil wird sich eine kleine praktische Schwierigkeit dann ergeben, wenn zwar die Tatsache des Todes mit völliger Gewißheit aus den Umständen sich ergibt, weil der Vermißte niemals in den Gefangenenlisten des Feindes vorkam und niemals geschrieben hat, aber die Sicherheit nicht gerade besteht, daß das Ableben vor dem Ende des Tages, an dem das Vermißtwerden erfolgte, eingetreten ist. Wer die Aussagen von tausenden unserer Austauschgefangenen überblickt, kann feststellen, daß der Tag des Vermißtwerdens vielfach um Tage von dem Moment differiert, an welchem der Feind den Verwundeten aufnahm. Nicht nur im Bewegungskriege sind Verwundete tagelang auf dem Gefechtsfelde ohne Hilfe gewesen, so daß bei Schwerverwundeten das Ableben Tage lang nach dem militärischen Vermißtwerden erfolgen konnte, sondern gerade auch im Stellungskriege ist mancher so langsam gestorben, daß der Tag des Vermißtwerdens ohne das Eingehen auf die näheren Umstände nicht schlechthin für den Todestag beweist. Der Richter wird dann vielfach zweifeln und geneigt sein, es bei dem nach dem Gesetze aushilfsweise in Betracht kommenden Ende der Verschollenheitsfrist zu belassen. Dem Zweck der Bundesr.Bek. entspricht das nicht. Wie es in der Beratung zum zweiten Entwurf des BGB. schon hieß: der in der Todeserklärung festgestellte Zeitpunkt soll möglichst dem wirklichen Zeitpunkte nahe kommen. Daher ist bei der Feststellung des Zeitpunktes eher der Tag des Vermißtwerdens als Todeszeitpunkt festzustellen, als das Ende des Verschollenheitsjahres. Das entspricht auch der Theorie (vgl. z. B. v. Tuhr, Bürgerliches Recht 1, S. 390, Anm. 20; auch Hölder, Komm. zu § 18).

III. Wenn **ein bestimmter Zeitpunkt des Todes nicht ermittelt werden kann,** fragt es sich, ob **der Vermißte seit einem besonderen Kriegsereignis verschollen ist.** Als Beispiel werden angezogen ein Gefecht, eine Sprengung, ein Schiffsunfall oder dergleichen. Diese Bestimmung darf nicht nur als ein besonderer Fall der Ermittlungen aufgefaßt werden, die es gestatten, den Zeitpunkt des Todes auf einen früheren Moment als den Ablauf des Verschollenheitsjahres zu datieren.

Vielmehr erspart das Vorliegen eines besonderen Ereignisses dem Richter, der die Verschollenheit festgestellt hat, das Eingehen auf andere Umstände. Also wenn der Vermißte nicht aus der Gefangenschaft geschrieben hat und beim zuständigen Kriegsministerium keine späteren Meldungen vorliegen, wird, wenn erwiesen ist, daß der Verschollene seit einer Sprengung oder seit einem Schiffsunfall vermißt ist, die Datierung des Todeserklärungsurteils erfolgen können. Es bedarf keiner Feststellung darüber, daß der Verschollene niemals auf den Listen des feindlichen Auslandes stand oder daß eine Erkennungsmarke in Deutschland eingegangen sei oder daß sein Soldbuch nach den Beurkundungen des feindlichen Auslandes auf dem Schlachtfelde gefunden sei.

Als solches besondere Kriegsereignis ist außer den im Gesetz genannten nach der Erfahrung zu betrachten: der abgeschlagene Sturmangriff der Unseren, die Besetzung des eigenen Schützengrabens durch feindlichen Angriff, der Patrouillengang in der Nähe und auf die Richtung der feindlichen Schützengrabenstellung, Gasangriff des Feindes, anhaltendes Trommelfeuer, das zur Räumung des ersten Grabens führte. Für Flugzeugfahrten ist es bestritten, ob sie als besonderes Kriegsereignis zu betrachten sind. Stern (Gruchots Beitr., Bd. 60, S. 557) meint, daß das Vermißtwerden bei Verlust eines Flugschiffes oder eines Flugzeuggeschwaders allerdings als besonderes Kriegsereignis zu werten sei. Wenn dagegen auf einem Erkundungsfluge Flugzeugführer und Beobachter mit dem Flugzeug verloren gehen, sei dabei das besondere Kriegsereignis zu verneinen. Will man das auch für die Kampfflugzeuge annehmen, deren Luftkämpfe in den Tagesberichten der Kriegführenden erwähnt werden? Unseres Erachtens ist es nicht gerechtfertigt, zwischen Luftschiffen und Flugzeugen irgendeinen Unterschied zu machen. Die Flugzeugverluste werden in dem militärischen Nachweiswesen besonders verzeichnet, die Fliegerabteilungen führen genaue Journale, sodaß der Verlust eines Flugzeuges immer als besonderes

Kriegsereignis rechtlich zu werten ist, weil er immer besonders erfaßt werden kann.

Für die Seefahrt ist „besonderes Kriegsereignis“ sicher der Schiffsuntergang, die Torpedierung mit Zerstörung eines Schiffsteiles, die Unterseebootsfahrt, welche als „besonderes Kriegsereignis“ deutbar, ebenso wie der Lawinenunfall im Gebirgskrieg (an diesen dachte zuerst v. Miltner, Leipz. Zeitschr. 1916, S. 730), der dadurch den Charakter des besonderen Kriegsereignisses nicht verliert, daß er auch für Unfallverschollenheit des bürgerlichen Rechtes Anlaß bieten könnte. Daß der Vermißte beim Zurückgehen der Unseren mit einer schweren Verwundung (Kopfschuß, Bauchschuß) zurückgelassen wurde, ist nicht als besonderes Kriegsereignis zu betrachten, wird aber zusammen mit vollständiger Würdigung der Umstände nach II zur Datierung führen können.

Zur Vereinfachung des Verfahrens wird es nötig sein, daß gerade diese „Verschollenheit nach besonderem Kriegsereignis“ in der Rechtsprechung möglichst breit ausgestaltet werde.

IV. Wenn ein **besonderer Anhalt für einen früheren Zeitpunkt des Todes** vor dem Ablauf der Verschollenheitsfrist **fehlt**, kommt die subsidiär geltende Bestimmung in Betracht, daß als Zeitpunkt des Todes das Ende des Verschollenheitsjahres zu bestimmen ist (vgl. dazu die allgemeinen Erläuterungen der Kommentare zu §§ 14, 18 BGB. in entsprechender Anwendung).

V. Dabei gelten die allgemeinen **Regeln über die Festlegung des genauen Zeitpunktes des Todes.** Ist der Tag des Todes ermittelt, aber, wie es bei der Kriegsverschollenheit die Regel sein wird, nicht die genaue Zeit des Lebensendes, so ist im Urteil nur der Tag als Zeitpunkt des Todes festzustellen, und es gilt nach § 18 Abs. 3 BGB. das Ende des Tages als Zeitpunkt des Todes, ohne daß es einer Aufnahme dieses fingierten Zeitpunktes im Urteil bedarf. Ist nur ermittelt, daß der Tod innerhalb eines bestimmten Zeitraumes stattgefunden haben muß, also vom Vermißtwerden bis zum Aufruf der gemachten Gefangenen in der Hand des Feindes, so wird der letzte Tag des Zeitraumes als Tag des Todes festzusetzen sein (so die meisten, anders Hölder, Erläuterung 2 zu § 18). Ebenso, wenn auf das besondere Kriegsereignis datiert und dieses mehrere Tage andauert, das Ende des Ereignisses (vgl. Lemme, Recht 1916, S. 373). Fehlt irgendein Anhalt in dieser Beziehung, so kann unbedenklich der Tag des Vermißtwerdens als Tag des Todes im Urteil festgestellt werden. Ist die Zeit des Todes nicht ermittelt, so ist das Ende des einjährigen Zeitraumes als Zeitpunkt des Lebensendes zu erklären, das heißt, wenn der Vermißte seit 15. November 1914 vermißt ist, der 16. November 1915, abends 12 Uhr.

VI. Einer besonderen Erwägung bedarf die **Kommorientenregel des § 20 BGB.** in ihrer Anwendung auf die Kriegsverschollenheit. Die Theorie streitet bekanntlich darüber, wie die allgemeine Regel des § 20 BGB. auf die Feststellung des Todesmoments bei der Todeserklärung anzuwenden ist, wenn entweder zwei Todeserklärungen oder das Verhältnis einer Todeserklärung zu einem beurkundeten Todesfalle in Betracht kommen. Die Frage wird vielleicht von einiger praktischer Erheblichkeit sein, da mir mehrere Fälle bekannt sind, in denen in derselben Truppe, im selben Gefecht der Vater gefallen, ein Sohn vermißt ist. Liegen mehrere Todeserklärungen über Personen vor, die in derselben Gefahr verschwanden, so soll nach der herrschenden Meinung der Theorie die Regel des § 20 BGB. gar keine Anwendung finden (Planck-Knoke, Bemerkung 2 zu § 20; Balog, Todeserklärung nach deutschem und ungarischem Recht, S. 64; Kluckhuhn, Arch. Ziv. Prax., Bd. 107, S. 354 ff.): es soll nach §§ 16, 17, 18 BGB. gerechnet werden. Danach ergeben sich entweder von selbst übereinstimmende Zeitpunkte des Todes. Oder es kommt ein verschiedener Zeitpunkt für den einzelnen heraus, und dann soll nach dem errechneten Ergebnis derjenige, für den die Todeserklärung auf den späteren Moment lautet, auch für die rechtliche Betrachtung den anderen überlebt — und gegebenenfalls beerbt haben. Wenn man dies auf die Kriegsverschollenheit anwendet und damit rechnet, daß eventuell verschiedene Amtsgerichte in der Praxis als zuständig behandelt werden sollten, würde eine seltsame Verschiedenheit des Todeszeitpunktes möglich sein. Der eine Richter könnte den Tag des Vermißtwerdens als wahrscheinlichen Todestag feststellen, der andere, der ohne Eingehen auf die besonderen Umstände den Tod auf das Ende des Verschollenheitsjahres datierte, würde auf einen erheblich späteren Moment die Todeserklärung ansetzen. Alle Folgen der lokalen Zersplitterung des Todeserklärungsverfahrens, welche Lenel durch seine Konzentration aller militärischen Todeserklärungen bei einer militärischen Todeserklärungsbehörde vermeiden wollte, würden gerade hier sich sehr unglücklich geltend machen. Der Zufall der Rechtsprechung, die Laune der Jurisprudenz könnte den Kameraden, die der Tod vereinte, verschiedene rechtliche Todesschicksale geben. Allerdings würden praktisch diese Konsequenzen ungefährlicher werden, wenn man, wie unten vorgeschlagen (§ 4 zu I), die sämtlichen Todeserklärungen für Verschollene eines Truppenteils vor dem Gericht des Garnisonortes erledigen ließe. Immerhin wäre die Verschiedenheit der Feststellungen für den Zeitpunkt des Todes auch dann nicht ausgeschlossen, wenn zuerst die Todeserklärung für den einen Fall beantragt würde und die Todeserklärung für diesen Fall auf das Ende des Verschollenheitsjahres erfolgte, während nachher bei der zweiten Todeserklärung der Richter auf die besonderen Umstände der Verschollenheit aufmerksam würde. Dernburg (Bürgerliches Recht, Bd. 1, § 49 III) erklärte das Ergehen voneinander abweichender Todeserklärungen für Personen, die in derselben Gefahr verschollen sind, für unzulässig. Dieser gesunde Gedanke könnte genügen, wenn wirklich die Praxis sich auf den Standpunkt stellt, daß die mehreren Todeserklärungen über Angehörige derselben Truppenteile vor dem Gerichte des Garnisonortes stattfinden. Immerhin bleibt hier die Frage, wie es mit der zweiten Todeserklärung zu halten ist, wenn die erste Todeserklärung auf den Endpunkt des Verschollenheitsjahres ergangen und durch Ablauf der Frist für die Anfechtungsklage unabänderlich geworden ist. Soll hier der ersten Todeserklärung zu Liebe die zweite Todeserklärung auf einen Zeitpunkt ergehen, der nach den Ermittlungen des Richters der wahren Tatsachenlage widerspricht? — Der richtige praktische Auskunftsweg scheint mir derjenige zu sein, der von Hölder, Erläuterung 2 zu § 20; Böckel, Arch. Ziv. Prax., Bd. 93, S. 486 ff.; Hedemann, Die Vermutung, S. 329 ff. empfohlen wird. Nach diesen Autoren soll die Vermutungswirkung für den Zeitpunkt des Todes gegenüber der Vorschrift des § 20 zurücktreten. Es soll nicht als später verstorben gelten, wer auf späteren Zeitpunkt für tot erklärt ist, sondern, wenn die Rechtsfolgen der beiden Todesfälle in Betracht kommen, soll vermutet werden, daß sie gleichzeitig gestorben seien. Mir erscheint diese Lösung deswegen beachtenswert, weil sie den Gedanken des § 20 seinem Zwecke entsprechend durchsetzt, daß künstliche Überlebensfälle vermieden werden sollen. Nur wo die medizinische Feststellung zum Schlusse führt, daß von mehreren, die in derselben Gefahr verstarben, der eine den anderen überlebt hat, soll dies für die Rechtsordnung gelten. Wo keine Beweise da sind, soll die Rechtsauslegung nicht künstlich Berechtigungen schaffen (vgl. Kohler, Bürgerliches Recht, Bd. I, § 120).

Wo zwei in derselben Gefahr beteiligt waren, von denen der eine sicher gefallen ist, der andere auf den Tag des Ereignisses für tot erklärt wurde, muß die herrschende Lehre für § 20 zu dem Ergebnis führen, daß der Vermißte den Gefallenen stets überlebt hätte, wenn für eine bestimmte Tagesstunde der Tod des Gefallenen nachgewiesen ist. Auch hier wird nach § 20 entschieden werden müssen, daß bei einem Vergleich zwischen beiden Todesfällen, wenn der eine als überlebender Erbe des anderen in Betracht kommt, die beiden als zugleich verstorben betrachtet werden müssen.

Von Bedeutung ist dabei, wie man den **Begriff der gemeinsamen Gefahr** faßt. — Wer die Worte auslegt, wird mit Dronke fordern müssen, daß die beiden auf demselben Kriegsschauplatze verschwunden sind. Das ist ein gekünstelter Begriff, wo die Schützengräben von der Yser bis zur Larg und von Riga bis in die Bukowina reichten. Soll dieselbe Granate oder derselbe Artillerieangriff oder derselbe Regimentsabschnitt oder dieselbe offensive Handlung des Feindes oder unserer Truppen maßgebend sein? Nach der Rechtslehre für § 20 BGB. würde man allerdings diese Fragen stellen müssen (vgl. Kommentar der Reichsgerichtsräte, Erläuterung 1 zu § 20; Staudinger-Löwenfeld, Erläuterung III, 2 zu § 20; Enneccerus, § 78, III 1; Böckel, Arch. Ziv. Prax., Bd. 93, S. 484). Mir scheint, daß die Auffassung bei der Kriegstodeserklärung den Begriff der gemeinsamen Gefahr möglichst weit fassen sollte, damit praktisch der Zweck des § 20 erreicht werde, den Kohler (Lehrbuch des Bürgerlichen Rechts, Bd. 1, § 120, III, S. 303) richtig verstand. Es darf sich wohl nur darum handeln, ob zu derselben Zeit durch die Gefahr, welche der Krieg über die Familie verhängt hat, die mehreren Familienangehörigen, deren Beerbung in Frage steht, den Tod gefunden haben. Einer der trefflichsten Männer von denen, die den allgemeinen Teil des Bürgerlichen Rechts erläutert haben, ist am selben Tage im Osten an der Spitze seiner Kompagnie gefallen, an dem sein Sohn an der Lorettohöhe vermißt wurde. Wenn die Todeserklärung des Sohnes auf denselben Tag, an dem der Vater fiel, lautete, scheint es Künstelei anzunehmen, daß der Sohn den Vater überlebt habe. Dem Rechtsempfinden des Volkes und dem praktischen Bedürfnis würde es entsprechen, daß man die Kriegsgefahr in Ost und West als gemeinsame Gefahr gelten läßt. Aber es ist nicht zu verkennen, daß diese Anschauung in der festen Rechtslehre zu § 20 ein starkes Hindernis finden wird. Für die Rechtsprechung wird es dabei bewenden, ob dieselbe militärische Gefechtshandlung in den beiden Verlustfällen vorlag. Es wird schon wichtig sein, daß sich die Rechtsprechung nicht in Haarspaltereien bei der Auslegung der in demselben Gefecht eintretenden Verluste verliert: wenn Vater und Sohn in demselben Seegefecht, aber auf verschiedenen Schiffen, der eine durch Fallen im Artilleriegefecht, der andere durch Vermißtwerden bei Schiffsuntergang in Verlust gerieten, muß die gemeinsame Gefahr bejaht werden.

VII. **Gegen die Feststellung im Urteil,** daß der Verschollene in einem bestimmten Zeitpunkt gestorben sei, bleibt der **Gegenbeweis** offen. Der Gegenbeweis kann in einem späteren Prozesse erbracht werden, wirkt dann aber nur für diesen Prozeß. Binnen der kurzen Frist der Anfechtungsklage bleibt dabei die Möglichkeit, daß der Gegenbeweis im Anfechtungsprozesse geführt wird und dann die Berichtigung des Todesmoments mit Wirkung gegen jeden Dritten erfolgt (§ 976, Abs. 3 ZPO.). Kehrt der für tot Erklärte nach der Todeserklärung zurück, was bei den Verhältnissen auf dem östlichen Kriegsschauplatze durchaus denkbar sein wird, so wird die ergangene Todeserklärung für jeden einzelnen Fall durch den Zurückgekehrten widerlegt. Sie verliert ihre Wirkung schlechthin erst durch Erhebung der Anfechtungsklage nach § 976 ZPO. oder durch den Antrag des Zurückgekehrten nach § 11 der Bundesr.Bek. und den entsprechenden Beschluß nach § 14.

§ 3.

Solange nicht die Todeserklärung erfolgt ist, wird das Fortleben des Verschollenen bis zu dem Zeitpunkt vermutet, der nach § 2 in Ermangelung eines anderen Ergebnisses der Ermittlungen als Zeitpunkt des Todes anzunehmen ist.

I. **Die Lebensvermutung.** Nach den Grundgedanken des Todeserklärungsrechtes gilt auch während der Kriegsverschollenheit die Lebensvermutung. Der vermißte Kriegsteilnehmer wird bis ein Jahr nach seinem Verschwinden, wenn unsere Auslegung (oben S. 46) richtig ist, als lebend betrachtet. Nach der Auffassung der Begründung und Dronkes würde die Lebensvermutung bis zum Ablauf eines Jahres nach dem zufälligen Eingang der Nachricht über das Verschwinden gehen.

Diese Regel ist gesetzestechnisch dadurch gerechtfertigt, daß die Bundesr.Bek. als vorübergehende Kriegsmaßnahme nicht die wesentlichen Grundlagen unseres bürgerlichen Verschollenheitsrechts ändern wollte. Wie die Lage vor Erlaß der Bundesr.Bek. war, sind die Lebensvermutungen allerdings unerträglich, denn es war dem Rechtsleben nicht zuzumuten, die Vermißten vom August 1914 heute noch als lebend zu behandeln (vgl. Lenel, Deutsche Juristenzeitung 1916, S. 28ff.). Die heutige Regelung, nach welcher die Lebensvermutung nur während des Verschollenheitsjahres gilt, ist annehmbar. Ja vielleicht wird in manchen Fällen, die auf dem östlichen Kriegsschauplatze spielten, die Jahresfrist als kurz empfunden werden, da ihr Lauf durch eine Aussetzung des Verfahrens nach § 9 der Bundesr.Bek. nicht verlängert werden kann. Aber in der Menge der Fälle, um welche es sich handelt, wird die Kürze der Lebensvermutung nach § 3 der Bundesr.Bek. wertvoll sein.

Daß man überhaupt die Lebensvermutung beibehielt, ist bei näherer Erwägung gerechtfertigt. Hätte man nur für die Kriegsverschollenheit auf die Lebensvermutung verzichtet, so wären für die Familien unserer vermißten Krieger erhebliche Nachteile eingetreten. Es ist gut, daß die Familie des Vermißten zunächst auf demselben privatrechtlichen Boden weiterhin steht, auf dem sie vor dem Verschwinden wirtschaftete. Sonst müßte bei jeder Berechtigung des Vermißten, die an seinem Weiterleben hängt, der Lebensnachweis gefordert werden. Da der Vermißte während der Lebensvermutung nur als ein an unbekannten Orten Abwesender behandelt wird, ist die Abwesenheitspflegschaft für den Vermißten nach § 1921 BGB. voll gerechtfertigt, und dieser Abwesenheitspfleger wird in manchen Fällen den zurückgebliebenen Frauen eine wertvolle Stütze sein können.

Immerhin darf die Lebensvermutung nach § 3, auch wo sie gilt, in ihrer praktischen Bedeutung nicht überschätzt werden. Nicht umsonst hat Lenel (D. Juristenzeitung 1916, S. 28ff.) der völligen Abschaffung der Lebensvermutung für die Kriegstodeserklärung das Wort geredet. Durch Vollmachten und Anweisungen zur Zahlung an die Angehörigen pflegen die rechtlichen Verhältnisse der ins Feld Ziehenden geordnet zu sein. Für die Gehaltsempfänger des Reichs und der Bundesstaaten gelten Rechtssätze, welche die Gehaltszahlung an die Familienangehörigen der im Felde Stehenden anordnen, sodaß es zunächst nach dem Verschwinden nicht auf die Lebensvermutung ankommt, so lange nicht ein Anhalt für den Tod geschaffen ist. Nur für die erbrechtlichen Fragen und diejenigen Rechtsverhältnisse bürgerlichen Rechtes, bei denen das Weiterleben des Rechtsträgers über die Geltendmachung von Berechtigungen entscheidet, ist die Lebensvermutung oder ihr Fehlen von praktischer Erheblichkeit. Für die Anordnung der Abwesenheitspflegschaft ist sie es nicht, seit sich eine dogmatisch nicht einwandfreie Rechtsprechung dazu entschlossen hat, den Abwesenheitspfleger auch dort zu bestellen, wo die Lebensvermutung nicht gilt, aber die Todeserklärung noch nicht erfolgt ist.

II. Aus diesen Gründen hat auch die nunmehr zu besprechende Frage nur eine beschränkte praktische Bedeutung. **Die Lebensvermutung würde in zahlreichen Fällen, ja in den praktisch wichtigsten, für die Kriegsverschollenheit völlig entfallen, wenn es richtig wäre, daß der § 3 der Bundesr.Bek. die Lebensvermutung für die Fälle verkürzt, in denen der Verschollene seit einem besonderen Kriegsereignisse, an dem er beteiligt war, vermißt würde.** So sagt es in der Tat die Ministerialverfügung des Preußischen Justizministers vom 26. April 1916 (PrJMBl. 1916, S. 85), welche in den anderen Bundesstaaten zu ähnlichen Gestaltungen oder einer ähnlichen Praxis geführt hat. Das praktische Ergebnis, das aus dieser Rechtsauffassung gefolgert wird, ist auch einleuchtend (vgl. unten unter V d). Auch die Auslegung des § 3 scheint zunächst logisch ganz gerechtfertigt. Gleichwohl ist sie wegen der praktischen Konsequenz nicht unbedenklich. Es wird bei dieser Auslegung erwogen, daß sich das „besondere Kriegsereignis“ nach § 2 ganz ebenso wie die Lebensgefahr des § 17 BGB. verhalte, daß ebenso wie nach § 18 bei der Unfallverschollenheit der Zeitpunkt des Unfalls als vermutlicher Todeszeitpunkt festzustellen ist und daher eine Lebensvermutung — ebenso wie nach BGB. bei Unfall — nicht stattfindet. Der Wortauslegung nach §§ 2 und 3 der Bundesr.Bek. geschieht bei dieser Rechtsauffassung auch Genüge, aber die praktischen Verhältnisse sind nicht befriedigend berücksichtigt: Wollte man wirklich einen Unterschied zwischen den Vermißten schlechthin und denen, für die eine Lebenswahrscheinlichkeit nicht mehr besteht, machen (das tut das Marinenachweiswesen, Marineverordnungsblatt 1915, S. 231), so durfte man hier nicht auf den Fall des besonderen Kriegsereignisses abstellen, sondern mußte ebenso alle anderen Fälle bewerten, in denen auf dem westlichen Kriegsschauplatze durch die Entwicklung des modernen Nachweiswesens es sicher ist, daß der Vermißte nicht mehr am Leben ist. Auf dem östlichen Kriegsschauplatze ist es aber auch bei Vorliegen des „besonderen Kriegsereignisses“ gewagt, die Lebensvermutung einfach fortfallen zu lassen. Man sollte nicht vergessen, daß nach §§ 17, 18, 19 BGB. bei der Unfallverschollenheit es stets feststellbar ist, daß der Verschollene nach dem Unfalle nicht mehr aufzufinden war. Aber diese Feststellung versagt gegenüber Rußland. Gerade weil dort der Vermißte nach besonderem Kriegsereignis sehr wohl im Lazarett oder im Gefangenenlager sein kann, ohne daß das Inland eine Nachricht erhält, ist es bedenklich, die Lebensvermutung sofort nach dem Kriegsereignis aufhören zu lassen. — Man wollte vielleicht bei der Fassung des § 3 den Schluß, den man im preußischen Justizministerium zog, nicht ausschließen und damit dem Gedanken Lenels, der die Lebensvermutung für die Fälle der Todesgewißheit bekämpfte, entgegenkommen. Aber die Form, in der diese Konzession geschah, ist praktisch bedenklich. Für eine vorsichtige Rechtsprechung wird es gerade mit Rücksicht auf die Verhältnisse im Osten besser sein, die grammatische Auslegung nur nach den Bestimmungen der Bundesr. Bek. zu betreiben: Nach § 2 ist in Ermangelung anderer Ermittlungen der Tod auf den Zeitpunkt zu datieren, zu dem der Antrag auf Todeserklärung zulässig geworden ist, also auf das Ende des Verschollenheitsjahrs. Daher ist auch die Lebensvermutung so lange auszudehnen. — Das besondere Kriegsereignis wird in § 2, wenn man den Wortlaut der Bestimmungen erwägt, nicht als subsidiärer Todestag bestimmt, sondern kann bei Verschollenheit ohne weitere Ermittlungen als Todestag angenommen werden. Die Behandlung in der Bundesr. Bek. zwingt gar nicht dazu, die Lebensvermutung bei Verschollenheit nach besonderem Kriegsereignis zu kürzen.

Den praktischen Folgerungen nach ist diese Auslegung vorzuziehen, da sie einerseits das Interesse der Familie des vermißten Kriegsteilnehmers in den Vordergrund stellt und anderseits es vermeidet, daß wir unmittelbar nach dem Vermißtwerden einerseits Vermißte mit Lebensvermutung, anderseits Vermißte ohne Lebensvermutung im bürgerlichen Recht unterscheiden müssen. Wer würde zur ersten, wer zur zweiten Kategorie gehören? Das hängt von der heute noch unsicheren Auslegung des besonderen Kriegsereignisses ab. — Und welches würde die Folge sein, wenn der Vermißte, für den keine Lebensvermutung gilt, sich doch noch nach Monaten aus der russischen Gefangenschaft meldete? — Er würde erleben, daß man sofort seinen Platz für erbrechtliche Befugnisse als leer betrachtet hätte, da sein Weiterleben nicht mehr vermutet wurde. Durch die Anerkennung von Vermißten ohne Lebensvermutung würde sich rechtlich manche Ungewißheit ergeben, die dem Zweck der Bundesr.Bek. zweifellos nicht entspricht: Anstatt daß nach dem Vermißtsein im bürgerlichen Recht zunächst stets die Lebensvermutung gilt, werden sich die Angehörigen wie die Gläubiger des Vermißten fragen, ob der Vermißte nicht im besonderen Kriegsereignis vermißt sei, daher der Nachweis des Lebens von demjenigen zu erbringen sei, der sich auf das Leben beruft. Der Schuldner eines Vermißten würde mit dem Vorbringen, daß ein Vermißtsein aus besonderem Kriegsereignis vorliege, die Leistung an den Abwesenheitspfleger verweigern können, weil es unerwiesen sei, daß der Vermißte noch sein Gläubiger sei. Bedeutsam wäre die Kürzung der Lebensvermutung nur dann, wenn man Gehalts- und Löhnungsforderungen von der Lebensvermutung abhängig machte. Aber das ist für die militärischen Forderungen auf Löhnung, Gehalt und Hinterbliebenengebührnisse durch das geltende Recht ausgeschlossen, und im öffentlichen Recht der Bundesstaaten auch praktisch nicht durchzuführen (vgl. unten unter V d). So ist die Kürzung der Lebensvermutung im Falle des besonderen Kriegsereignisses meines Erachtens abzulehnen. Die Rechtsprechung wird allerdings geneigt sein, den Argumenten aus dem BGB. und der Autorität der Justizministerien sowie den Äußerungen der Literatur zu folgen (vgl. Schmidt, Rechtsverhältnisse, S. 39; Stern, Gruchots Beitr., Bd. 60, S. 557ff.).

III. Die **Lebensvermutung** entspricht derjenigen des § 19 BGB.; auch sie wird **durch den Nachweis**, daß der Verschollene verstorben sei, **widerlegt**. Ihre Folgen enden also, wenn die Leiche des Vermißten gefunden und anerkannt ist, obschon der Zeitpunkt des Todes nicht feststeht. Sie endet gleichfalls, wenn zwar eine inländische Todesbeurkundung noch nicht erfolgt ist, aber der Tod nach der Ermittlung der Nachweisorganisationen im feindlichen Ausland festgestellt worden ist. Dagegen wird es zur Widerlegung der Lebensvermutung nicht genügen, daß der Vermißte innerhalb der Frist, in welcher der Eingang von Nachrichten aus der Gefangenschaft zu erwarten ist, nicht geschrieben hat, daß der Vermißte nicht auf der Liste des feindlichen Auslandes vorkommt und daß vielleicht sein Soldbuch auf dem Schlachtfelde gefunden ist. Auch Aussagen einzelner Kameraden, welche den Tod des Mannes behaupten, werden als Widerlegung der Lebensvermutung nicht ohne weiteres gelten dürfen. Einzelne dieser Anhaltspunkte sind in der Vereinzelung unsicher, wie der Schluß aus dem Soldbuch für sich allein wenig beweist, da vielen lebenden Gefangenen die Soldbücher vom Feinde abgenommen worden sind, da anderseits einzelne Kameradenaussagen, die den Tod behaupten, für sich allein auch nichts beweisen, weil von den Kameraden viele lebende Leute tot gesagt wurden. Anders steht die Frage, wenn die protokollierten Aussagen mehrerer Kameraden, das monatelange Fehlen auf der feindlichen Gefangenenliste, die Nachrichtenlosigkeit und die Auffindung des Soldbuches auf dem Schlachtfelde alle zusammen gegeben sind oder einzelne von diesen Tatsachen zusammentreffen. Hier endet die Lebensvermutung praktisch in den meisten Fällen durch die Ausstellung der militärischen Todesbescheinigung nach Anlage 9 § 4 der Heerordnung. Ob schon vorher, wenn diese Anhaltspunkte vorliegen, die Lebensvermutung als widerlegt gelten soll, kann zweifelhaft sein. Eine Rechtsprechung, welche bei Vorliegen eines Vermißtseins aus besonderem Kriegsereignis die Lebensvermutung kürzen ließe, könnte auch diese Widerlegung zulassen. Ich halte das für bedenklich. Die Abwesenheitspflegschaft für den Vermißten muß vom Vormundschaftsgericht aufgehoben werden, wenn diesem der Tod des Abwesenden bekannt wird. Sie endet sonst erst mit der Erlassung des die Todeserklärung aussprechenden Urteils (§ 1921 Abs. 3 BGB.). Danach ist es vorsichtig, die Lebensvermutung andauern zu lassen, bis das Vormundschaftsgericht den Tod, der von der feindlichen Urkundsbehörde festgestellt worden ist, erfährt oder bis — ohne solche Feststellung — die militärische Todesurkunde im Inland ausgestellt ist, sonst aber es bei der gesetzlichen Regel, daß die Lebensvermutung bis zum Ende des Verschollenheitsjahres dauert, zu belassen. Man wende nicht ein, daß diese Behandlung ein Widerspruch zu dem oben (S. 64ff.) ausgeführten Beweisrecht im Aufgebotsverfahren sei. Der Richter im Aufgebotsverfahren gibt allerdings nach freiem Ermessen die Feststellung des Todeszeitpunktes. Für ihn genügt es, daß die besprochenen Umstände es als gewiß erscheinen lassen, daß der Vermißte bei seinem Verschwinden den Tod gefunden hat. Aber diese Beweiswürdigung ist erst am Ende des Verschollenheitsjahres zulässig. Sie hat schon deswegen eine eigenartige überzeugende Kraft, weil die Nachrichtenlosigkeit und das Fehlen auf der feindlichen Gefangenenliste ein Jahr gedauert hat. Soll die Lebensvermutung während des Verschollenheitsjahres widerlegt werden, so besteht noch nicht derselbe Grad der Sicherheit, und wo ein außerprozessuales Handeln in Betracht kommt, das sich auf die Widerlegung der Lebensvermutung stützen will, liegt nicht die Garantie der richterlichen Feststellung vor. Also: wenn dem Vermißten auf Grund der Lebensvermutung ein Nachlaß angefallen ist und derjenige, welcher an Stelle des Vermißten Erbe sein würde, Nachlaßsachen veräußert hat, kann er sein Erbrecht während des Verschollenheitsjahres nicht im Indizienbeweis dartun.

Wer die Lebensvermutung für sich geltend macht, hat

einerseits glaubhaft zu machen, daß der Kriegsteilnehmer vermißt worden ist und bisher verschollen sei, andererseits daß das Verschollenheitsjahr noch nicht abgelaufen ist (Kommentar d. Reichsgerichtsräte, Erläuterung 1 § 19 und die anderen bei Planck-Knoke zu § 19 Genannten gegenüber der älteren Planckschen Formulierung). Nach dem Ende der Jahresfrist ist die Lebensvermutung nicht mehr gegeben, aber eine entsprechende Vermutung des Ablebens tritt nicht nach dem Verschollenheitsjahre ein. Eine solche entsteht erst durch die Todeserklärung. Daher wird es im Interesse der Angehörigen wie der Behörden, mit denen der Vermißte zu tun hat und des Dritten, mit dem er in Rechtsbeziehungen steht, sein, daß das Todeserklärungsverfahren, sowie es zulässig ist, auch betrieben wird. Nach dem Ende des Verschollenheitsjahres und vor der Todeserklärung muß das Leben des Vermißten nachgewiesen werden, wenn Rechte aus seinem Leben noch geltend gemacht werden sollen.

IV. Die **Folge der Lebensvermutung ist**, daß alle Rechte des Vermißten wahrgenommen werden können, als lebte er noch. — Wenn er nicht unter elterlicher Gewalt steht oder nicht ein anderer gesetzlicher Vertreter für ihn vorhanden ist oder wenn nicht eine vom Vermißten ausgestellte Vollmacht für seine Vertretung vorhanden ist, wird er, damit für ihn rechtlich gehandelt werden kann, eines Abwesenheitspflegers bedürfen. Die Ehe des Vermißten gilt kraft der Lebensvermutung als fortbestehend, die güterrechtlichen Verhältnisse, die elterliche Gewalt des Vermißten, selbst seine Vormundschaft und andere vormundschaftsrechtlichen Berechtigungen bestehen weiter.

V. Aber **die Lebensvermutung hat ihre Schranken.**

1. Zunächst im Privatrecht kann kraft Vertrages ein Nachweis des Lebens für die Bezugsberechtigung auf gewisse, dem Vermißten geschuldete Leistungen erfordert sein. Wenn im Leibrentenvertrage die Lebensbescheinigung erfordert wird, kann die Leistung der Leibrente nach dem Verschwinden des

Vermißten nicht gefordert werden; auf Grund des Testamentes kann die Erbeseinsetzung oder die Vermächtnisbestimmung die Klausel enthalten, daß der Berechtigte nur dann Erbrecht oder Vermächtnisanspruch haben soll, wenn sein Leben nachgewiesen ist.

2. Im öffentlichen Rechte gilt die Lebensvermutung des bürgerlichen Rechts nicht grundsätzlich. Allerdings wird die Steuerpflicht des Vermißten zunächst nicht wegfallen (vgl. Lenel, Deutsche Juristenzeitung 1916, S. 28, 29; Riezler, Zeitschr. f. Rechtspflege in Bayern 1916, S. 162 ff.). Aber vielleicht wird die Praxis sich die Frage stellen müssen, ob die Lebensvermutung auch hier Grenzen hat. Bisher hatte die Praxis nicht Gelegenheit, zu dem Problem im vollen Umfange Stellung zu nehmen. Die wissenschaftliche Erörterung hat die Frage kaum gestreift. Eine einzelne Entscheidung des Münchener Obersten Landesgerichts vom 22. Januar 1903 (Rechtsprechung der Oberlandesgerichte, Bd. 6, S. 305; dieselbe in Bd. 10, S. 17) lehnte es nur ab, auf die Lebensvermutung die weitere Schlußfolgerung zu gründen, daß der Verschollene ununterbrochen im Auslande gelebt habe und dadurch die Staatsangehörigkeit nach § 21 des Gesetzes vom 1. Juni 1870 verloren habe. Aber die Fragestellung ist für das öffentliche Recht dadurch praktisch geworden, **daß auf dem Gebiete der Versorgungsansprüche der Familie des Vermißten die Lebensvermutung in der Form des Bürgerlichen Rechtes nicht anerkannt ist.** Der Rechtszustand, wie er heute gilt, hat allerdings auf dieselben Zwecke Rücksicht genommen, welchen die Lebensvermutung des Bürgerlichen Rechts dient, aber er wendet diese Lebensvermutung nicht an (vgl. zum folgenden Olshausen, Jur. Wochenschr. 1916, S. 642; Schmidt, Rechtsverhältnisse der Vermißten, S. 9 ff.).

a) Nach dem Gesetze vom 28. Februar 1888, in der Fassung vom 4. August 1914, vom 30. September 1915, ergänzt durch die Bundesr.Bek. vom 21. Januar 1916, tritt für die Familienunterstützung des Kriegsteilnehmers kein Ende der Unterstützungsberechtigung durch das Vermißtwerden ein. Sie gilt

unabhängig von der Lebensvermutung nach dem positiven Recht bis zur gerichtlichen Todeserklärung. Erfolgt die Todeserklärung, so wird die Familienunterstützung auch noch drei Monate über den Zeitpunkt hinaus gutgeschrieben, von dem ab der Bezug des Witwen- und Waisengeldes beginnt, das heißt also drei Monate über den Zeitpunkt, der im Ausschlußurteil als Zeitpunkt des Todes festgestellt ist. Auch die Tatsache, daß der Tod im Indizienbeweis nachweisbar ist, ist so lange unerheblich, als nicht die Todesurkunde oder die Todeserklärung vorliegt.

Nach § 34 des Militärhinterbliebenengesetzes vom 17. Mai 1907 kann auch ohne Todeserklärung den Angehörigen von vermißten Kriegsteilnehmern Kriegswitwen-, Waisen- und Elterngeld dann gewährt werden, wenn der Tod des Vermißten mit hoher Wahrscheinlichkeit anzunehmen ist. Diese Bestimmung, auf Grund der bisher Renten noch nicht gewährt sein sollen (Welche rechtlichen Ansprüche haben die Angehörigen unserer Kriegsteilnehmer, herausgegeben von den Vereinen vom Roten Kreuz, Ausschuß für deutsche Kriegsgefangene, Frankfurt a. M., Frühjahr 1916, S. 11), nimmt auch auf das Ende der bürgerlich-rechtlichen Lebensvermutung keine Rücksicht.

b) Nach der Kriegsbesoldungsvorschrift (29. Dezember 1887) §§ 12 und 23 kann den Angehörigen der vermißten Heeresangehörigen die Besoldung ganz oder teilweise (bei Offizieren nur bis $^{7}/_{10}$) bis zur Demobilmachung des betreffenden Truppenteils fortbezahlt werden. — Als Angehörige kommen in Betracht: die Ehefrauen, die ehelichen Kinder, Pflegekinder, Eltern, Großeltern, Geschwister und Geschwisterkinder. Voraussetzung ist, daß die Ehefrau und ehelichen Kinder sich in bedürftiger Lage befinden und auf die Löhnung zum Lebensunterhalt angewiesen sind, bei den übrigen Angehörigen außerdem noch, daß der Vermißte ihren Unterhalt ganz oder zum überwiegenden Teile bestritten hat. Den Angehörigen von Offiziers- und Beamtenstellvertretern kann nur die dem Dienstgrad (Feldwebel, Vizefeldwebel, Sergeant) entsprechende

Löhnung bewilligt werden. — Diese Fortzahlung der Löhnung ist nach der Kriegsbesoldungsvorschrift nicht zeitlich begrenzt, hängt nicht von der Lebensvermutung ab, endet aber zweifellos mit der Ausstellung der Todesurkunde oder mit der gerichtlichen Todeserklärung.

c) Die Familienzahlung nach der Kriegsbesoldungsvorschrift: die Angehörigen der mobilen Formation können sich einen Teil ihrer Löhnung zum Unterhalt ihrer in der Heimat zurückgebliebenen Familien in Abzug bringen lassen, je nach ihrer Wahl in regelmäßig monatlichen oder in einmaligen Beträgen. Empfangene Beträge werden auf das Gnadengehalt nicht angerechnet. Diese Familienzahlungen laufen auch dann, wenn der Kriegsteilnehmer vermißt wird. Sie enden mit der Todesfeststellung oder mit der gerichtlichen Todeserklärung. Auch hier spielt die Lebensvermutung keine Rolle.

d) Die Rechtslage im öffentlichen Recht der Bundesstaaten ist auch dafür bezeichnend, daß die Lebensvermutung des bürgerlichen Rechts im öffentlichen Recht nicht gelten kann. In Betracht kommen die Ansprüche der Beamten aus Zivildiensteinkommen. Der Rechtszustand ist für mich hier nicht vollständig übersehbar. Für Preußen ist er durch die wertvolle Übersicht von Th. Olshausen, Deutsche Jur.-Ztg. 1915, S. 1018 ff.), welcher Schmidt (Rechtsverhältnisse, S. 13 ff.) folgt, geklärt.

Der einfache Grundsatz ist überall, daß der Anspruch eines Beamten zur Zahlung seines Gehalts zur Voraussetzung hat, daß der Beamte den Zeitpunkt der Fälligkeit erlebt. Wird der Beamte vermißt, so gehen die Gehaltszahlungen an die Angehörigen weiter, da sowohl im Reich wie in den Bundesstaaten das Zivilgehalt des im Felde stehenden verheirateten Beamten in der Regel an die Ehefrau und die Kinder gezahlt wird. Diese Zahlung erfolgt im Reich und in Preußen wie in den anderen Bundesstaaten gegen die Versicherung des Gehaltsempfängers, daß ihm keine Mitteilung über den Tod des Gehaltsempfängers zugegangen sei (Runderlaß des preuß.

Finanzministers vom 26. Januar 1915, MinBl. der In. Verw., S. 28; v. Olshausen a. O.; Popitz, PrVerwBl., Bd. 37, S. 268; für Bayern Bekanntmachung vom 18. Juli 1915, Gesetz- und Verordnungsblatt S. 65 unter Nr. 1 Ziff. 14, S. 78). Dieser Zustand dauert in Preußen so lange, bis die gerichtliche Todeserklärung den Tod feststellt. Daneben gelten in anderen Bundesstaaten (Bayern, Sachsen, Baden sowie im Reich) nach den Beamtengesetzen oder deren Vollzugsverordnungen vielfach Befugnisse der Verwaltungsbehörden, wenn das Ableben des Verschollenen mit hoher Wahrscheinlichkeit anzunehmen ist, das Sterbegehalt den Hinterbliebenen mit Genehmigung des zuständigen Ministeriums auch schon vor der Todeserklärung zu gewähren. Den Tag, bis zu dem das Gehalt, von dem an das Sterbegehalt zu zahlen ist, bestimmt dann das zuständige Ministerium. So ist die Vorschrift im Großherzogtum Baden nach der landesherrlichen Vollzugsverordnung (Gesetz- und Verordnungsblatt 1909, Nr. XIX, S. 287 ff., § 73, Nr. 7). Hier gilt also ähnliches wie für die Marine, welche zuläßt, daß als Todestag der tatsächliche Tag des Schiffsuntergangs angenommen werden darf und daher Familienzahlungen an die Angehörigen dann einstellt, wenn der Tod mit hoher Wahrscheinlichkeit anzunehmen ist (vgl. v. Olshausen S. 1019; Schmidt, Rechtsverhältnisse, S. 12, Anm. 3).

Dieser Gedanke, daß nach öffentlichem Recht für Gehalts- und Hinterbliebenenansprüche die verpflichtete staatliche Verwaltung in der Lage sein müsse, auch ohne Rücksicht auf die bürgerlich-rechtliche Todeserklärung die Todeswahrscheinlichkeit nach Ermessen zu beurteilen, ist gesund. Die Rechtsauffassung, die in der obengenannten Verfügung des preußischen Justizministeriums vom 25. April 1916 (PrJMinBl. 1916, S. 85) hervortritt, wendet ohne hinreichende Grundlage das bürgerliche Recht auf die Ansprüche aus der Zivildienststellung an.

Nach preußischem Recht, wie es in der Verfügung des preußischen Justizministers ausgelegt wird, soll zwischen den Vermißten mit und ohne Lebensvermutung unterschieden werden (vgl. oben II). Für die Vermißten mit Lebensvermutung erfolgt die Gehaltszahlung bis zu dem Momente, der im Urteil als Zeitpunkt des Todes festgestellt wird. Sind über diesen Moment hinaus Gehaltszahlungen erfolgt, so muß jedenfalls der Überschuß über die zustehenden Witwen- und Waisengelder im Wege des Bereicherungsanspruches herausbezahlt werden. Die Herausgabe ist jedoch ausgeschlossen, soweit eine Bereicherung nicht mehr besteht. Bei den Vermißten ohne Lebensvermutung wäre, wenn man den § 3 der Bundesr.Bek. mit dem preußischen Justizminister auslegte, ein Anspruch auf Gehalt rechtlich nach dem besonderen Kriegsereignis überhaupt nicht mehr begründet, wenn seit diesem Kriegsereignis der Beamte vermißt wird. Es war von diesem Gesichtspunkte aus ein besonderes Entgegenkommen des preußischen Justizministeriums, für diesen Fall das Gehalt bis zum letzten Tage des sechsten Monats nach dem Vermißtwerden weiterzahlen zu lassen. Dieses Verfahren hat in anderen Bundesstaaten, wo das Verwaltungsrecht nicht auf dem Standpunkt steht, daß grundsätzlich das bürgerliche Recht für den Gehaltsanspruch anzuwenden sei, praktische Nachahmung gefunden. So hat in Baden das Großh. Finanzministerium verfügt, daß die preußische Regel über die Gehaltszahlung bis zum letzten Tage des sechsten Monats nach dem Vermißtwerden anzuwenden sei. Dieses Verfahren wird aber im Sinne des badischen Beamtengesetzes und der Vollzugsverordnung nicht nur für diejenigen Vermißten, die am besonderen Kriegsereignis beteiligt waren, sondern mit Recht bei jedem Falle von Vermißtheit eingehalten (Verfügung des Großh. Finanzministeriums vom 11. Juli 1916, die mir auf Anfrage vom Großh. Justizministerium freundlichst mitgeteilt wurde).

e) Selbständig ist auch Verschollenheitsrecht und Lebensvermutung nach der Reichsversicherungsordnung geregelt (vgl. darüber Hoffmann, Deutsche Jur.-Ztg. 1916, S. 619 ff.). Nach § 1265 RVO. können die gesetzlichen Leistungen auch dann gewährt werden, wenn der Versicherte verschollen ist und er gilt als verschollen, wenn während eines Jahres keine glaubhaften Nachrichten von ihm eingegangen sind und die Umstände seinen Tod wahrscheinlich machen. Der Todestag des Verschollenen wird durch die Versicherungsanstalt nach billigem Ermessen festgesetzt. Entsprechend Vers.-Ges. f. Angest. § 33 für die Gewährung der Renten an Hinterbliebene von Angestellten. Für diese Regelung ist die bürgerlich-rechtliche Todeserklärung auch nach der Bundesr.Bek. nicht Voraussetzung, und — zuwider dem Gedanken von v. Olshausen, Jur. Wochenschr. 1916, S. 643 und Schmidt, Rechtsverh. S. 23 — haben die Versicherungsanstalten auch in den letzten Monaten nicht das Urteil im Aufgebotsverfahren abgewartet. Anderseits ist auch, wenn man nach der Bundesr.Bek. § 3 der Meinung sein wollte, daß bei Verschollenheit aus besonderem Kriegsereignis die Lebensvermutung nur bis zum Kriegsereignis reicht, diese Meinung gegenüber der positiven Rechtsgestaltung der Reichsversicherungsordnung unerheblich.

VI. Das **Ende der Lebensvermutung** wird oft von **praktischen Rechtsfolgen** begleitet sein, indem der Rechtsgrund für gewisse während der Dauer der Lebensvermutung gezogene rechtliche Folgerungen durch die Todeserklärung wegfällt, welche den Tag des Vermißtwerdens oder einen anderen vor Ablauf der Verschollenheitsfrist liegenden Zeitpunkt im Todeserklärungsurteil feststellt. Ein Nachlaß, der auf Grund der Lebensvermutung für den Verschollenen in Anspruch genommen wurde, ist herauszugeben, wenn er nach der Todeserklärung den Zeitpunkt des Erbfalles nicht erlebt hat und ein anderer für diesen Fall der Erbe wäre. Wenn auf Grund der Lebensvermutung an den Abwesenheitspfleger Zahlungen gemacht worden sind, welche der Vermißte anzusprechen gehabt hätte, sind in diesem Falle Bereicherungsansprüche nach §§ 812, 818 begründet. Wenn auf Grund der Lebensvermutung zu Händen des Abwesenheitspflegers vom Schuldner des

Vermißten gezahlt ist, müßte, wenn das Todeserklärungsurteil auf den Zeitpunkt des Verschwindens lautete, nach der Reichsgerichtspraxis über die Zahlung an einen Nichtberechtigten zu schließen, an den Erben, der auf den Zeitpunkt des Vermißtwerdens oder auf einen etwas späteren Zeitpunkt den Vermißten beerbt, noch einmal gezahlt werden. So zu folgern aus der Reichsgerichtspraxis (Reichsgerichtsentscheidung, Bd. 66, S. 79; Recht 1911, Nr. 2841; Kommentar der Reichsgerichtsräte zu § 362 BGB., Bemerkung 4). Richtiger wird anzunehmen sein, daß an den Abwesenheitspfleger immer wirksam gezahlt wird und der Abwesenheitspfleger nur dem wahren Berechtigten gegenüber zur Abrechnung verpflichtet ist.

Die Witwe des für tot Erklärten kann, wenn durch die Todeserklärung der Zeitpunkt des Todes auf das Verschwinden datiert wird, sofort eine neue Ehe eingehen, da die zehnmonatliche Wartefrist des § 1313 schon vor dem Ablauf des Verschollenheitsjahres verstrichen wäre, während diese Frist, wenn auf das Ende des Verschollenheitsjahres für tot erklärt wird, erst an dem darauf folgenden Tage zu laufen beginnt.

VII. Wo die **Lebensvermutung fehlt** und die Todeserklärung noch aussteht, besteht der Zustand rechtlicher Ungewißheit, in welchem derjenige, der das Leben des Verschollenen behaupten will, den Nachweis, daß der Vermißte lebt, führen muß. Dieser Zustand besteht sicher nach Ende des Verschollenheitsjahres, ehe das Ausschlußurteil ergangen ist. Er soll auch nach der oben zu II abgelehnten Meinung immer bestehen, wo der Vermißte an dem „besonderen Kriegsereignis" im Sinne des § 2 beteiligt war.

Eine Abwesenheitspflegschaft (vgl. Bay. ObLG., Zeitschr. f. Rechtspfl. in Bayern, Bd. 14, S. 24; Zentr. Bl. f. freiw. Ger., Bd. 14, S. 525) kann auch hier für den Vermißten bestellt werden. Sie hat aber nur insoweit Bedeutung, als es sich um Wahrnehmung von Interessen und Rechten des Vermißten, die schon vor dem Ende der Lebensvermutung bestanden, handelt. In allen Fragen, in denen es darauf ankommt, ob das Recht, das geschützt werden soll, dem Vermißten oder seinen Erben zusteht, wird mangels Sicherheit über die Person des Berechtigten eine Rechtswahrnehmung nicht möglich sein: Erbrechte, die nach dem Ende der Lebensvermutung für den Vermißten in Frage kommen, können nicht geltend gemacht werden, da es dahinsteht, ob der Vermißte den Anfall erlebt hat. Eine Forderung, die dem Vermißten zustand, kann nicht eingeklagt werden, da es dahinsteht, ob sie noch dem Vermißten oder seinen Erben zusteht.

§ 4.

Für das Aufgebotsverfahren in den Fällen des § 1 gelten die Vorschriften der Zivilprozeßordnung, soweit nicht im folgenden ein anderes bestimmt ist.

I. Die **Zuständigkeitsvorschriften** des § 961 ZPO. gelten für die Bestimmungen des Aufgebotsgerichtes.

1. Von der **zweckbewußten Auslegung** dieser Bestimmungen hängt das Schicksal der Kriegstodeserklärung ab, so weit es die **Heeresangehörigen** betrifft. Zwei Gedanken streiten hier gegeneinander, zwischen denen die Rechtsprechung

zu wählen haben wird: nach dem einen muß versucht werden, die Todeserklärung der Leute derselben Truppe, die zusammen vermißt wurden, ohne daß es gelang, trotz der Nachforschung beim Feinde oder bei den überlebenden Kameraden alle aufzuklären, in einer Hand zu vereinigen. Dieser Gedanke der Konzentration war vor dem Erlaß der Bundesr.Bek. von Lenel vertreten worden (D. Juristenzeitung 1916, S. 21ff.). Er wurde von mir und von allen, die praktisch Kriegsvermißte planmäßig gesucht hatten, als vernünftig betrachtet. Wir haben Grund zu glauben, daß auch im Zentralnachweisebureau des Preußischen Kriegsministeriums dasselbe für richtig gehalten wurde. Aber die Forderung einer militärischen Todeserklärungsbehörde, so wie sie nach dem Gesetz von 1822 in den Listen des ehemals hannoverschen Leutnants Meyer arbeiten sollte (oben S. 68 f.) und wie sie heute durchaus möglich gewesen wäre, wenn man die von Lenel geforderte Todeserklärungsbehörde geschaffen hätte, ist gescheitert. Der an sich überzeugende Gedanke könnte jedoch im Rahmen unserer Gerichtsverfassung für die Leute derselben Truppe sachlich durchgeführt werden. Die Justizverwaltungen könnten durch Anweisung an die Staatsanwaltschaft darauf hinwirken, daß diese den Todeserklärungsantrag nach § 1 der Bundesr.Bek. bei dem Gerichte des Garnisonortes zur Durchführung bringen. Durch diese Konzentration innerhalb derselben Truppe wäre die Gewähr dafür geboten, daß die Todeserklärung über die mehreren bei derselben Gelegenheit vermißten Leute einheitlich behandelt würde, so daß die Umstände des Verschwindens den Tatsachen entsprechend gewürdigt werden könnten und nicht künstlich Überlebens- und Erbfälle geschaffen würden gegen den Zweck des § 20 BGB. Der Richter würde in lokaler Fühlung mit den Aufzeichnungen des Truppenteils zu einer Rechtsprechung gelangen, die dem Volksempfinden entspricht und würde praktisch dieselben Wege gehen, wie die Kameradennachforschung nach den Leuten derselben Truppe, welche von den Landesorganisationen vom Roten Kreuz betrieben worden ist. Bei der Nachforschung in diesen Auskunftsstellen hat es sich vielfach unumgänglich erwiesen, nach den Leuten derselben Truppe zu forschen, so daß in manchen Landesvereinen vom Roten Kreuz schon die Grundlage vorbereitet ist, welche vom Aufgebotsverfahren benötigt wird. Es würde dadurch doppelte Arbeit gespart und nicht nur formale Arbeit, sondern sachliche Wahrheitsforschung bei dem Aufgebotsverfahren geleistet werden können. Der andere Gedanke ist derjenige, welcher in der Begründung der Bundesr.Bek. vertreten wurde: es soll die möglichste Dezentralisation, am liebsten nach dem bürgerlichen Wohnort der einzelnen gesucht werden, da sich dort am ehesten Nachrichten über den Vermißten finden würden. Diese Voraussetzung ist unrichtig. Wo Nachrichten über den Vermißten in seiner Heimat vorhanden sind, sind es Lebensnachrichten oder Todesbekundungen. Beide schließen, wenn sie richtig sind, das Aufgebotsverfahren aus. Die Begründung scheint von der Vorstellung auszugehen, daß es möglich sein könnte, Vermißte noch lebend zu ermitteln, daß vor allem vermieden werden müßte, Leute für tot zu erklären, die sich längst in der Heimat gemeldet haben. Als wenn die doch recht ordentlich gehende Gefangenenkorrespondenz, die übersandten Listen des Feindes, die Arbeit der heimischen Nachrichtenorganisationen, es sehr wahrscheinlich machten, daß bei einigermaßen vorsichtiger Handhabung des Glaubhaftmachungserfordernisses beim Antrag solche Gefahr für das Aufgebotsverfahren bestände! Soweit Nachrichten über das Leben eingegangen sind, sind diese durch $1^1/_2$ Jahr angestrengter Arbeit der militärischen Nachweisbehörde und der ihr dienenden Organisation der Landesvereine vom Roten Kreuz bei den zuständigen Kriegsministerien längst gesammelt. Das Wissen der Familie wird bei Gelegenheit der Ermittlungen nach § 968 ZPO. ohnehin herangezogen. Dafür, daß im heimatlichen Wohnsitz das Aufgebotsverfahren nicht unbemerkt bleiben kann, kann nach § 6 der Bundesr.Bek. gesorgt werden. Für die Feststellungen, die positiv für die Todeserklärung in Betracht kommen, ist aber leider das Wissen der einzelnen Familien ganz ohne Wert. Und was den Wert des Aufgebotsverfahrens für das Hervorrufen von Meldungen betrifft, welche sich dem Antrag entgegenstellen, so wird gerade der Praktiker diesem Verfahren keinen besonderen Wert dafür beimessen, daß das gesamte in der Heimat des Vermißten verstreute Wissen für das Aufgebotsverfahren aufgerufen wird.

2. Nach § 961 ZPO. ist für das Aufgebotsverfahren das **Amtsgericht,** in dessen Bezirke **der Verschollene den letzten inländischen Wohnsitz hatte,** zuständig. Nach § 9 BGB. hat die Militärperson den Wohnsitz am Garnisonorte. Das ist für den Friedensstand von beschränkter praktischer Bedeutung, da der Garnisonwohnsitz keine Anwendung bei Militärpersonen findet, die nur zur Erfüllung der Wehrpflicht dienen oder die nicht selbständig einen Wohnsitz begründen können. Gilt dieses Friedensrecht auch für die Verschollenheit bei der Kriegstodeserklärung, so ist die weitgehende Zersplitterung gegeben: Aufgebotsverfahren im Amtsgericht des letzten bürgerlichen Wohnsitzes jedes einzelnen, der nicht unter die Berufssoldaten fällt. Nur die Offiziere, Ärzte, Maschineningenieure, die Militärbeamten des aktiven Heeres des Friedensstandes sowie die Kapitulanten des Unteroffizierstandes fallen dann unter § 9, dagegen fallen unter die Ausnahme des § 9 die Freiwilligen und ausgehobenen Rekruten von dem Tage, an welchem ihre Verpflegung durch die Militärverwaltung beginnt, Einjährig-Freiwillige vom Zeitpunkt ihrer definitiven Einstellung, ferner haben die aus dem Beurlaubtenstande zum Dienst einberufenen Offiziere, Ärzte, Maschineningenieure, Militärbeamten und Mannschaften nicht ihren ausschließlichen Gerichtsstand am Garnisonort. Alle, die nicht Militärpersonen von Beruf sind, begründen nach den Friedensstandpunkten den Wohnsitz nicht in der Garnison, daher würde das Aufgebotsverfahren für sie im Heimatsgericht stattfinden müssen. Der bürgerliche Wohnsitz der einzelnen Leute der Truppe käme in Betracht, und wenn die Truppe eines süddeutschen Bundesstaates auch mecklen-

burgischen und ostpreußischen Ersatz hätte, so würden die Kameraden, die am selben Tage vermißt waren, von hunderten verschiedener Gerichte in den entlegensten Teilen Deutschlands für tot zu erklären sein. Die Auslegung, daß der Begriff der Militärperson nach Friedensstandpunkt auch für die Kriegsverhältnisse gilt, ist schon in zahlreichen Entscheidungen der Gerichte wie bei den Verwaltungsbehörden hervorgetreten (vgl. Bayerisches Oberstes Landesgericht vom 3. Mai 1915, Recht 1915, Nr. 1702, Zeitschr. f. Rpfl. in Bayern 1915, 217, Kammergericht vom 28. Oktober 1915, Pr. Justiz-MinBl. S. 270; Jahrbuch Bd. 48, S. 74 ff.; Boschan, Recht 1915, S. 318 und die dort nachgewiesenen Ministerial-Erlasse: Reuß vom 27. November 1914 (Standesbeamte 1915, S. 1); des Sächsischen Ministeriums vom 2. November 1914 (Standesbeamte 1915, S.10); Schlegelberger, Gruchots Beitr. Bd. 59, S. 233. Vgl. auch die Rechtsauskunft des Zentralnachweisebüros des Kgl. Preuß. Kriegsministeriums, v. 8. Oktober 1914 in Nr. 30 des Standesbeamten, 1914, S. 233.

Aber gegen diesen Versuch, die Friedensbegriffe auf die Auslegung des § 9 ausschließlich anzuwenden, muß Einspruch erhoben werden. Der Grundgedanke, gegen den sich die eben erwähnte Praxis richtet, stammt aus dem Kommentar der Reichsgerichtsräte zu § 9 BGB. Er wurde schon vor dem Kriege richtig für die Bedürfnisse unserer Tage und nach der geltenden Gesetzgebung entwickelt. Der § 9 BGB. rechnet nur mit den Friedensverhältnissen, indem er sich für die Auffassung der Militärpersonen, welche den Wohnsitz im Garnisonort haben, und andererseits für die Befreiung der in Absatz 2 genannten Personen vom Wohnsitz in der Garnison an das Reichsmilitärgesetz vom 2. Mai 1874 § 38 anschließt. Dieses legt in den dem § 38 folgenden Bestimmungen den Friedensstand zugrunde; man vergleiche neben dem § 38, der den allgemeinen Gerichtsstand der Militärpersonen beim Gerichte des Garnisonorts feststellt, aber diejenigen, die nur zur Erfüllung der Wehrpflicht dienen oder welche selbstständigen Wohnsitz nicht begründen können nur bezüglich der Klagen wegen vermögensrechtlicher Ansprüche dem Gerichtsstand des Garnisonorts unterwirft, die darauf folgenden Bestimmungen. — § 40 über die Notwendigkeit der Genehmigung der Vorgesetzten zur Verheiratung der Militärpersonen des Friedensstandes. — § 41 über das Recht der Militärpersonen des Friedensstandes, die Übernahme von Vormundschaften abzulehnen. — § 42 über die Aufhebung der landesgesetzlichen Beschränkung hinsichtlich der Erwerbung, Veräußerung und Belastung von Grundstücken, die auch nur die aktiven Militärpersonen betreffen. — Endlich § 43: Notwendigkeit der Erlaubnis der militärischen Vorgesetzten für die Militärpersonen des Friedensstandes, um selbst ein Gewerbe betreiben zu können oder damit eine im Dienstgebäude bei ihr wohnende Person ihres Hausstandes ein solches Gewerbe betreiben darf. — Dagegen sind die folgenden Bestimmungen des § 44 Reichsmilitärgesetzes, die den Gegensatz schon deutlich durch die Voranstellung der Worte „in Kriegszeiten oder während eines Belagerungszustandes" hervorheben, auf den Kriegszustand berechnet. In Friedenszeiten kommt es für den Wohnsitz darauf an, wo der einzelne Heeresangehörige seinen Berufsmittelpunkt hat. Aber ist dies im Kriege wichtig? Dient denn der einzelne, der zu den Kategorien des § 38 Reichsmilitärgesetzes A 3 gehört, wirklich zur Erfüllung seiner Wehrpflicht? Man sollte doch nicht vergessen, daß die Rechtssätze über die Wehrpflicht nach Wehrpflichtgesetz §§ 1—13, soweit sie die Dauer der Dienstverpflichtung betreffen, nur für den Frieden gelten (Gesetz, betreffend die Verpflichtung zum Kriegsdienste vom 9. November 1867, § 14). Von der Mobilmachung an kann sicherlich in der mobilen Truppe von einer Trennung der verschiedenen Arten von Militärpersonen keine Rede mehr sein. Was die Trennung vom heimischen Wohnsitz und Beruf bedeuten kann, hat uns dieser Krieg gelehrt, und man kann sehr wohl auch behaupten, daß einer, der im August 1914 nach Frankreich hinauszog, sehr bald die Empfindung hatte, daß der Mittelpunkt seiner Betätigung außerhalb seines inländischen bürgerlichen Wohnsitzes lag.

Dem Kriegszustande entspricht es, alle Personen des § 38 Reichsmilitärgesetzes vom 2. Mai 1874, weil sie zum aktiven Heere gehören, außerdem aber die Personen des Landsturmes (§ 23 des Gesetzes betreffend Änderung der Wehrpflicht vom 11. Februar 1888), als Militärpersonen zu behandeln und sie der Regel des § 9 BGB. zu unterwerfen. Ihr Wohnsitz ist am Garnisonort. Ist das Regiment im Felde oder handelt es sich um ein Regiment, das nur für den Kriegszustand gebildet ist, so ist durch unsere Heeresorganisation tatsächlich gegeben, daß der letzte inländische Wohnsitz für die Militärpersonen derselben Truppe der heimische Garnisonort bezw. der Standort der Ersatzformation ist. Das Preußische Kriegsministerium hat in seinem Erlaß vom 27. Februar 1916 (Armeeverordnungsblatt S. 129) angeordnet, daß sich der Garnisonort für Formationen, die keinen Friedensstandort haben, danach bestimmt, wo die letzten Endes für jede neugeschaffene Formation im Inlande bestehende Ersatzformation ihren Sitz hat. Das scheint mir keine neuartige Bestimmung, über deren Anwendung in der Rechtsprechung der bürgerlichen Gerichte ein Zweifel sein könnte, weil sie nur militärische Verwaltungsvorschrift sei. Vielmehr formuliert jene Verfügung den Zustand, wie er tatsächlich nach unserer Heeresorganisation besteht. — Für das Aufgebotsverfahren ergäbe sich, wenn man die tatsächlichen Verhältnisse und die für den Krieg geltenden Grundregeln unseres öffentlichen Rechts zugrunde legt, **daß die Aufgebotsverfahren für die einzelnen Mitglieder der Truppe am Garnisonort bezw. wenn die Truppe keine Garnison hat, am Orte der Ersatzformation zu eröffnen sind.** Gegenüber den Verhältnissen des Kriegszustandes sollte man auch nicht die andere Ausnahme des § 9 Abs. 2 für praktisch halten, daß die Personen, welche in der Geschäftsfähigkeit beschränkt sind, nicht am Garnisonort ihren Wohnsitz gründen dürfen. Es herrscht Einigkeit in der Rechtsprechung und Rechtslehre, daß der gesetzliche Vertreter, der in den Diensteintritt des minderjährigen Fähnrichs bei seinem Regiment einwilligt, gleichzeitig nach §§ 7, 8 BGB. die Wohnsitzbegründung am Garnisonort, an dem sich der Fähnrich dauernd niederlässe, bewilligt (Planck-Knoke, Anm. 2 zu § 9, Enneccerus, Lehrbuch I, § 89, II, 2a). Für die zahlreichen Minderjährigen, die mit Zustimmung ihres gesetzlichen Vertreters an einem Garnisonort bei der Truppe eintreten, wird dasselbe anzunehmen sein, obwohl der Gedanke der dauernden Niederlassung, welche jenen Wohnsitz begründen sollte, nicht recht zutrifft.

3. Mit diesen Ausführungen soll nicht den **allgemeinen Erwägungen über den Wohnsitz** der neu eingezogenen Rekruten, der Kriegsfreiwilligen und der Angehörigen des Beurlaubtenstandes, die bei der Mobilmachung eingerückt sind, vorgegriffen werden. Es fragt sich, ob der militärische Wohnsitz am Garnisonort, wie wir ihn für den Kriegszustand fordern müssen, nicht Raum für einen zweiten zivilrechtlichen Wohnsitz läßt. Im allgemeinen (Kommentar der Reichsgerichtsräte, Planck-Knoke zu § 9; Biermann, Allgemeiner Teil § 124, S. 451; Oertmann, Kommentar zu § 9, Bemerkung 4; von Tuhr, Allgemeiner Teil, Bd. 1, S. 431; Enneccerus, Lehrbuch, Bd. 1, § 89, III) wird gelehrt, daß der militärische Wohnsitz ein zwingender sei. Ich gestehe, daß ich wissenschaftlich für den Kriegszustand die Meinung Löwenfelds bei Staudinger § 9 für wohl begründet halte, der neben dem militärischen Wohnsitz nach § 9 BGB. eine Fortdauer des letzten bürgerlichen Wohnsitzes für denkbar hält. Ein ausschließlicher militärischer Wohnsitz nach § 9 wäre für die Steuerpflicht, für die familienrechtlichen Beziehungen des nach der Mobilmachung zum Heere eingerückten Mannes des Beurlaubtenstandes schwer erträglich. Es müßte ja der gesetzliche Wohnsitz der Ehefrau und der ehelichen Kinder des einberufenen Mannes auch am Garnisonort sein. Die richtige Lösung der Schwierigkeiten liegt wohl darin, daß man den Zweck und die geschichtliche Herkunft des § 9 BGB. für die Auslegung zur Geltung bringt.

Der § 9 formuliert die allgemeinen Verhältnisse des Soldatenwohnsitzes zunächst mit Rücksicht auf den Friedensstand. Er ist nach seiner Herkunft aus §§ 14, 15 der älteren ZPO. von Haus aus nur auf den zivilprozessualen Wohnsitz des Militärs gerichtet und ließ von Haus aus einem zivilrechtlichen Wohnsitz Raum (Löwenfeld bei Staudinger § 9, Bemerkung 4, 1). Für den Friedenszweck hat das BGB. die aktiven Militärpersonen des Friedensstandes, also die Personen § 38 A 1 und 2 des Reichsmilitärgesetzes allein dem notwendigen Wohnsitz am Garnisonort unterworfen und für sie nach herrschender Lehre diesen Garnisonort zum ausschließlichen gemacht. Aber die Ausnahmen des Absatz 2 selbst zeigen, daß der § 9 des BGB. nur für den Friedensstand berechnet ist. Für den Kriegszustand darf der Grundsatz nur diejenige Bedeutung haben, welche § 39 Abs. 2 des Reichsmilitärgesetzes vom 2. Mai 1874 hatte. Er ließ einen zivilrechtlichen Wohnsitz neben dem militärischen durchaus zu. Ich halte die Entscheidung für richtig, welche das Kammergericht unter dem 8. Juli 1915, Deutsche Juristenzeitung 1915, S. 1036 fällte: Alle während eines Krieges Eingezogenen seien als Militärpersonen mit Wohnsitz am Garnisonort anzusehen. Aber daneben behielten sie ihren früheren Wohnsitz (vgl. auch Landgericht Posen vom 8. September 1915, Deutsche Juristenzeitung 1915, S. 1244). Wie nach § 39 des Reichsmilitärgesetzes ist der allgemeine Gerichtsstand der Militärpersonen am Garnisonort. Für alle Verhältnisse, die nicht mit dem Gerichtsstand zusammenhängen, ist ein anderer Wohnsitz möglich, sodaß der bürgerliche Wohnsitz für die freiwillige Gerichtsbarkeit, für das Standesamt wie für die Zwecke der inneren Verwaltung aufrecht erhalten wird.

4. Für das Aufgebotsverfahren ist nach diesen Ausführungen der militärische Wohnsitz am Garnisonorte für alle Heeresangehörigen zugrunde zu legen. Es wäre **unzweckmäßig, die Todeserklärung auch bei einem anderen Gerichte als dem Gerichte des Garnisonortes zuzulassen.** Das hat schon Seuffert, Recht 1916, S. 433ff. gesagt, wenn er auch nicht

klar andeutet, wie er sich vorstellt, wie die Personen des Beurlaubtenstandes, die nach § 9 BGB. nicht am Garnisonort ihren Wohnsitz haben, am Garnisonort für tot erklärt werden sollten. Dronke (Jur. Wochenschr. 1916, S. 638a), der in diesen Punkten sicherlich denjenigen Standpunkt vertritt, wie er den Verfassern der amtlichen Begründung der Bundesr.Bek. nahe lag, ebenso Schmidt, Rechtsverhältnisse der Vermißten, S. 29; Stern, Gruchots Beitr., Bd. 60, S. 561, will die Ausnahme von der allgemeinen Regel des § 9 BGB. auch für den Kriegszustand schlechthin gelten lassen: Die Personen, die selbständig keinen Wohnsitz begründen könnten, also die nur zur Erfüllung der Wehrpflicht auch der Landsturmpflicht dienten, auch die Kriegsfreiwilligen, welche die Dienstpflicht ohne gesetzlichen Zwang aufnehmen, aber den Heeresdienst nicht als Beruf erwählt haben, behielten danach nach ihrem Eintritt ihren bisherigen Wohnsitz am Orte ihrer ständigen Niederlassung bei. Wenn nach diesem Gesichtspunkt in der Praxis die Zuständigkeit des Gerichtes bestimmt würde, würde sich für das Gesamtbild der Kriegstodeserklärung ein wenig erfreulicher Zustand ergeben. Der privaten Initiative der Angehörigen des einzelnen Vermißten wäre weitester Spielraum gelassen, da die Aufgebotsanträge, wenn sie von den Angehörigen gestellt werden, nur infolge gelegentlicher praktischer Bedürfnisse erfolgen. Ein staatliches Vorgehen durch die Staatsanwaltschaften, welches sich auf die Todeserklärung der sämtlichen vermißten Angehörigen derselben Truppe richtete, wäre bei den Ersatzverhältnissen unmöglich. Über die Leute derselben Truppe, die in dem gleichen Gefecht oder in genau denselben Umständen vermißt werden, werden sich zahlreiche Verschiedenheiten bezüglich Feststellung des Todesmoments ergeben, indem ganz ähnlich liegende Fälle bald so aufgefaßt werden, daß der Zeitpunkt des Vermißtwerdens für die Bestimmung des Momentes des Todes zugrunde gelegt wird, bald von einem anderen Gericht der Tod auf das Ende des Verschollenheitsjahres datiert wird. Nur dank einer Rechtsprechung des höchsten Gerichtshofes, der bei der Revision auf die Anfechtungsklage dafür sorgen würde, daß die praktischen Erfahrungen der Vermißtennachforschung auch im Aufgebotsverfahren voll beachtet werden und daß die Zusammenhänge zwischen mehreren Vermißtenfällen, die sich bei derselben Gelegenheit ereignet haben, durch Erhebungen bei der militärischen Zentralbehörde geklärt werden, könnte das Todeserklärungsverfahren auf Grund der Bundesr.Bek. wirklich dazu dienen, Rechtssicherheit in den Fällen zu schaffen, für welche die Bundesr.Bek. die Ungewißheit und die wirtschaftlichen Schädigungen des Ungewißheitszustandes abwenden wollte.

5. So ist es für eine wissenschaftliche Auffassung des geltenden Rechtes unseres Erachtens möglich, nach dem Wortlaut der geltenden Bestimmungen für die Aufgebotsverfahren auf Grund der Bundesr.Bek. die sämtlichen Todeserklärungsverfahren für Leute derselben Truppe im Gericht des Garnisonorts bezw. des Standorts der Ersatzformation einzuleiten. Es fragt sich, ob diese Anschauung Aussicht hat, schon heute die Anerkennung in der Rechtsprechung zu finden oder ob dieselbe eines besonderen Eingreifens der Gesetzgebung bedürfte.

Die Aussicht dafür, daß die Rechtsprechung sich entsprechend den hier gegebenen Darlegungen entscheidet, ist eine unsichere. Daß die Folgerungen aus dem hier eingenommenen Standpunkt nicht übertrieben werden dürfen, ist schon oben unter 3 gesagt. Aber nach der Erörterung in der Begründung der Bundesr.Bek. im Reichsanzeiger und nach der Erläuterung Dronkes und den oben unter 2 erwähnten Ministerialverfügungen ist es wahrscheinlich, daß die Rechtsprechung den Wohnsitz des aus dem Beurlaubtenstande eingezogenen Mannes im letzten bürgerlichen Wohnsitz suchen wird. Man wird vielleicht nicht verfehlen, darauf hinzuweisen, daß § 6 der Bundesr.Bek. auf diesen hier bekämpften Standpunkt hindeutet. Danach kann das Gericht anordnen, daß das Aufgebot außer an die Gerichtstafel in der Gemeinde, in der der

Verschollene seinen letzten Wohnsitz gehabt hat, an die für amtliche Bekanntmachungen bestimmte Stelle angeheftet wird. Der letzte Wohnsitz, der hier gemeint ist, ist zweifellos der letzte bürgerliche Wohnsitz. Nach unserer Auffassung ergibt sich aus dieser Wortinterpretation kein zwingendes Argument.

Sollte die Praxis den hier eingenommenen Standpunkt ablehnen, so wäre de lege ferenda die hier gegebene Ausführung wichtig und eine Ergänzung der Bundesr.Bek. anzustreben. Aus den Kreisen der Praktiker ist schon die Sammlung der Aufgebotsverfahren verlangt worden, Sommer, Recht 1916, S. 417. Man hat mit Recht auf die unnützen Kosten und das entsetzliche Schreibwerk hingewiesen, das dadurch entstände, daß die Vermißten von der Scharnhorst und der Gneisenau oder von der Frauenlob nicht von e i n e m Gerichte für tot erklärt werden sollten.

6. Für das **Heeresgefolge**, also die sämtlichen unter § 1 Bemerkung I, 3 und 4 genannten Personen, kommt nur der letzte inländische Wohnsitz in Betracht. Für sie gibt es keinen Anhalt zur örtlichen Konzentration mehrerer Aufgebotsverfahren. Aber es besteht auch nur in geringem Maße ein Bedürfnis nach solcher Zusammenfassung. Nur wenige Fälle, in denen Angehörige derselben Sanitätsformation unter den ihr zugeteilten freiwilligen Krankenpflegern eine Anzahl von Verlusten hatten, sind vorgekommen. Für sie wird den zuständigen Gerichten durch die Umstände des Falles es nahe liegen, die Feststellungen im Todeserklärungsurteil einheitlich zu gestalten, trotz örtlicher Verschiedenheit der Zuständigkeit.

7. Für die **Zivilpersonen**, welche der Kriegsverschollenheit verfallen, kommt zunächst die Bestimmung über den letzten inländischen Wohnsitz in Betracht, in Ermangelung eines solchen wird nach § 961 ZPO. das zuständige Gericht für Angehörige eines Bundesstaates durch allgemeine Anordnung von der Landesjustizverwaltung, für andere Verschollene von dem Reichskanzler, durch allgemeine Anordnung bestimmt. Die Bestimmung ist für die Auslandsdeutschen, die in Zivil-

gefangenschaft geraten sind, wichtig. Gerade unter ihnen gibt es solche, die niemals einen inländischen Wohnsitz hatten oder deren letzter inländischer Wohnsitz nicht mehr zu ermitteln ist. Über die geltenden allgemeinen Anordnungen für die einzelnen Bundesstaaten vergleiche die Kommentare zu § 961 ZPO.

So ist es nicht anzunehmen, daß ein Deutscher, der infolge des Krieges verschollen ist und unter die Bundesr.Bek. fällt, in Deutschland nicht für tot erklärt werden könnte (anders anscheinend Seuffert, Recht 1916, S. 434).

II. **Antragsberechtigt** für den Antrag auf das Aufgebotsverfahren ist nach § 962 ZPO. der gesetzliche Vertreter des Verschollenen sowie jeder, der an der Todeserklärung ein rechtliches Interesse hat, der gesetzliche Vertreter mit Genehmigung des Vormundschaftsgerichts. Daneben hat nach § 16 Bundesr.Bek. der Staatsanwalt Antragsrecht.

1. Als **gesetzliche Vertreter** kommen in Betracht: der eheliche Vater bezw. die Mutter des Verschollenen, der Vormund, der Pfleger. Als Pfleger auch der Abwesenheitspfleger, obwohl für diesen nach den Worten des § 1911 BGB. die Befugnis angezweifelt werden könnte (vgl. aber Gerhard, Zeitschr. f. freiw. Gerichtsbarkeit, Bd. 4, S. 251ff. und Gaupp-Stein, Kommentar zu § 962 ZPO. Bem. I). — Alle gesetzlichen Vertreter, also auch der Vater des Verschollenen als Träger der elterlichen Gewalt, bedürfen der Genehmigung des Vormundschaftsgerichts, welches nach dem FGG. § 35ff. zuständig ist.

2. Unter den **Antragsberechtigten aus rechtlichem Interesse** kommen alle diejenigen in Betracht, für welche die Frage, ob der Verschollene lebt, rechtliche Bedeutung hat: also die **Ehefrau**, auch nach dem Urteil auf Aufhebung der ehelichen Gemeinschaft, das in der ehelichen Gewalt des Verschollenen befindliche **Kind**, dem nach § 1909 BGB. zur Durchführung der Todeserklärung des Vaters ein Pfleger bestellt werden kann. Auch die **Verlobte** des Verschollenen muß die Antragsberechtigung haben. Denn sie hat das Interesse daran,

feststellen, ob sie noch Rechtspflichten gegen den Verschollenen hat, die aus dem Verlöbnisvertrage folgen (Stutz, Rechtsnatur des Verlöbnisses, Freiburg 1900, S. 56ff.; Über den Vertrag beim Verlöbnis, Reichsgerichtsentscheidung vom 21. September 1905, Bd. 61, S. 271ff. und die Entsch. Jur. Wochenschr. 1906, S. 9, Nr. 3). Zu den in der erstgenannten Entscheidung erwogenen rechtlichen Folgen des Verlöbnisses (RGerichtsEntsch. Bd. 61, S. 272) kommt noch nach den kriegsrechtlichen Bestimmungen der einzelnen Landesgesetzgebungen die Befugnis der Braut des gefallenen Kriegsteilnehmers, die Bezeichnung „Frau" anzunehmen, den Namen des Gefallenen durch Namensänderung zu erwerben (vgl. für Preußen Erlaß des Ministers des Innern vom 15. Dezember 1915, der Standesbeamte 1916, S. 34; für Baden Justizministerialblatt 1916, S. 76, Erlaß vom 28. Juli 1916). Das rechtliche Interesse wird also auch für die Verlobte zu bejahen sein.

Anerkannt sind die auf **Erbrecht** beruhenden Berechtigungen derjenigen Personen, welche entweder behaupten, daß der Verschollene nicht Erbe oder Vermächtnisnehmer, Pflichtteilsberechtigter eines Dritten geworden sei oder welche aus dem Erbfall nach dem Verschollenen Rechte herleiten wollen. Wichtig ist auch, daß der Testamentsvollstrecker und der Nachlaßverwalter nach §§ 1975ff. BGB. die Todeserklärung des Verschollenen beantragen können, wenn der Verschollene für den Nachlaß eines Dritten als Berechtigter in Betracht kommt (Coenen, Zeitschr. f. Zivilprozeß, Bd. 42, S. 198ff.). Der Erbe, dessen Recht unbegrenzt ist für den Fall, daß der Verschollene einen bestimmten Zeitpunkt nicht erlebt, der zum Nacherben Berufene, der auf den Zeitpunkt des Todes des Verschollenen berechtigt ist, sind ebenso antragsberechtigt, weil sie rechtliches Interesse haben, endlich Anwärter aus Lehen- Stammguts- und Fideikommißrechten.

Im **Sachenrecht** werden Rechtsgegner des Verschollenen im allgemeinen kein Rechtsinteresse an der Todeserklärung haben, da sie die Bestellung eines Abwesenheitspflegers verlangen und gegen diesen ihre Rechte geltend machen können. Das ist allerdings bestritten, vgl. Staudinger-Engelmann Anm. 25 zu § 1911 BGB., ist aber gleichwohl mit dem Komm. der Reichsgerichtsräte für zutreffend zu halten (zu § 1911). Aber der Eigentümer einer belasteten Sache wird doch wegen Endigung des Nießbrauches, der dem Verschollenen zustand, Interesse an der Todeserklärung haben, und auch sonst sind im Sachenrecht vertragliche Gestaltungen denkbar, in denen das Leben des Verschollenen rechtliche Bedeutung hat.

Im Recht der **Schuldverhältnisse** wird jeder Gläubiger des Verschollenen ein Rechtsinteresse an der Todeserklärung haben, um seinen Anspruch gegen den richtigen Schuldner geltend zu machen (richtig Güldenstein, Jur. Wochenschr. 1916, 898; Seuffert Recht 1916, 435). Es wäre offenbar unrichtig, wollte man dem Gläubiger das rechtliche Interesse bestreiten, da er ja gegen einen Abwesenheitspfleger klagen könne. Denn einmal ist dessen Bestellung umständlich, andererseits riskiert der Gläubiger, daß, noch bevor das Urteil gegen den Abwesenheitspfleger ergeht, die Todeserklärung den Tod des Verschollenen auf den Zeitpunkt des Verschwindens datiert und dadurch der Abwesenheitspfleger auf diesen Zeitpunkt seine Legitimation zur Vertretung des Verschollenen datiert. Der Schuldner des Verschollenen hat, wenn er nur leisten will, kein rechtliches Interesse, da er nach § 372 BGB. hinterlegen kann, dagegen ist es möglich, daß die Schuld mit dem Tode des Verschollenen endet, und so hat der Leibrentenschuldner § 759 BGB., wie mancher Schuldner aus außervertraglichen Haftungsgründen das Recht, die Todeserklärung zu beantragen. Auch der Reichsmilitärfiskus bezw. die Militärpensionskassen und die Lieferungsverbände der Familienunterstützung werden unter Umständen ein rechtliches Interesse an der Todeserklärung haben, da von ihren Erfolgen und ihrem Inhalt die Gestaltung der Familienunterstützung der Angehörigen des Verschollenen, wie die Hinterbliebenenversorgung abhängt. Bei dem Vertrage zugunsten eines Dritten hat der Vertragsschuldner ein rechtliches Interesse daran, die Todeserklärung des Vertragsgegners herbeizuführen, wenn der berechtigte Dritte sein Recht mit dem Tode des Vertragsgegners erwirbt. Für die Lebensversicherungsgesellschaften wird daher die Berechtigung zum Antrag auf Todeserklärung wichtig sein. Vielleicht ergibt sich gerade durch diese Interessenten ein gewisser Druck auf möglichst gleichmäßige Handhabung der Rechtsprechung auf Grund der Bundesr. Bek. Endlich hat der Vertragsgegner als solcher im Vertragsverhältnis daran ein rechtliches Interesse, wenn ihm Rechte aus dem Tod des Vertragsgegners zustehen, also dem Vermieter, der nach § 569 BGB. kündigen könnte. Auch die Antragsbefugnis des unehelichen Kindes und der Kindesmutter steht fest.

3. Über das Antragsrecht des **Staatsanwaltes** vergleiche unten zu § 16.

4. Auf dem Zweck der Verordnung, welche nur die wirtschaftlichen Interessen der beteiligten Privatrechtsinteressenten in den Vordergrund stellt, beruht es, daß die **Militärbehörde kein Antragsrecht** im Aufgebotsverfahren hat. Das rechtliche Interesse fehlt für die Militärbehörde, da die Streichung des Vermißten in der Kriegsstammrolle oder in der Kriegsrangliste nach Anlage 9 § 4 Ziff. 7 der Heerordnung auch ohne gerichtliche Todeserklärung möglich ist. Allerdings soll man bisher von dieser Befugnis keinen Gebrauch gemacht haben, wie Olshausen, Jur. Wochenschr. 1916, S. 643a weiß (vgl. aber die oben S. 46 zitierte Verfügung des Preußischen Kriegsministeriums). Vom Standpunkt einheitlicher Gestaltung der Todeserklärung, der in dieser Zeit nicht zu kurz kommen dürfte, da ein erhebliches öffentliches Interesse an der Todeserklärung nach der Bundesr. Bek. besteht, wird aber die Militärbehörde bei den Staatsanwaltschaften anregen können, daß die Todeserklärung beantragt wird.

5. Neben dem Antragsteller kann ein anderer Antragsberechtigter **dem Verfahren beitreten** oder statt des Antragstellers in das Verfahren eintreten (§ 967 ZPO.).

III. Der **Antrag** kann schriftlich oder zu Protokoll des Gerichtsschreibers gestellt werden, § 947 ZPO. Abs. 1, Satz 1. Die Entscheidung auf den Antrag erläßt bei Zulässigkeit das Aufgebot, bei Nichtzulässigkeit oder Zweifel über die Zulässigkeit wird entweder das Aufgebot durch Beschluß abgelehnt oder eine Verhandlung angeordnet. Mündliche Verhandlung ist nicht nötig (§ 947 Abs. 1 Satz 2) und wird daher regelmäßig nicht stattfinden. Sie kann aber angeordnet werden. Dann ist der Antragsteller von Amts wegen zu laden (vgl. auch Seuffert, Recht 1916, S. 435). Die mündliche Verhandlung wird dann wünschenswert sein, wenn der Antragsteller selbst schon Ermittlungen nach dem Verschollenen angestellt hat, damit alles wünschenswerte Material auch wirklich zur Berücksichtigung im Aufgebotsverfahren kommt und um doppelte Arbeit zu ersparen, wenn sich Antworten des zuständigen Kriegsministeriums und der Truppe, Kameradenbriefe aus feindlicher Gefangenschaft, Mitteilungen über den Inhalt der feindlichen Nachrichten über den Vermißten schon in der Hand des Antragstellers befinden.

Wenn der Antragsteller bei der mündlichen Verhandlung ausbleibt, so kann nur nach dem Antrag eine Entscheidung gefaßt werden, die entweder in der Erlassung oder der Ablehnung des Aufgebotes besteht. Diese Entscheidung erfolgt durch einen Beschluß, der, sofern er nicht verkündet wird, dem Antragsteller von Amts wegen nach § 329 Abs. 3 zuzustellen ist. Der Beschluß, der den Antrag als unzulässig ablehnt, kann mit einfacher Beschwerde angegriffen werden (§ 567). Von der Ablehnung ist zu unterscheiden die Rückgabe des Antrages zur Ergänzung der Tatbestandsdarstellung und Angabe der Beweismittel. Sie ist als solche kein Beschluß über das Schicksal des Antrages.

IV. **Glaubhaftmachung** der zur Begründung des Antrages erforderlichen Tatsachen vor der Einleitung des Verfahrens ist nach § 963 ZPO. dem Antragsteller auferlegt. Das ist sowohl gegenüber den allgemeinen Vorschriften des Aufgebotsverfahrens (§ 947 ZPO.) wie gegenüber dem unten zu besprechenden Antrag nach § 11 der Bundesr.Bek. ein Mehr von Begründung. Die Glaubhaftmachung muß alle diejenigen Tatsachen umfassen, die oben unter den Erfordernissen einer zulässigen Todeserklärung besprochen worden sind. Also, es muß der Verschollene, dessen Todeserklärung beantragt wird, zu den Personen gehören, auf welche die Verschollenheitsbekanntmachung Anwendung findet (§ 1 Bemerkung I). Er muß am Kriege teilgenommen haben (§ 1, II). Er muß im technischen Sinne vermißt sein (§ 1, III). Es muß die Verschollenheit während eines Jahres nach dem Vermißtwerden nachgewiesen werden (§ 1, IV). Ist die Staatsangehörigkeit des Verschollenen zweifelhaft, so muß nachgewiesen werden, daß nach Art. 9 EGBGB. die Todeserklärung zulässig ist (vgl. oben Bemerkung IX zu § 1). Liegen Behauptungen vor, nach denen der Verschollene noch nach dem Momente des Vermißtwerdens gelebt hat, so muß der Antragsteller diese Behauptung vorlegen und sie als haltlose nachweisen. Zu dieser Glaubhaftmachung werden in der Praxis der Bürgerlichen Gerichte auch die Verschollenheitszeugnisse wertvoll sein, welche die zuständigen Kriegsministerien ausstellen. Die Landesvereine vom Roten Kreuz und die Ausschüsse für deutsche Kriegsgefangene in Frankfurt a. M. und Hamburg dürfen solche nicht mehr ausstellen.

Ferner muß die Zuständigkeit des Gerichts glaubhaft gemacht werden und die Antragsberechtigung des Antragstellers. Die Beweismittel zur Glaubhaftmachung sind nach § 294 ZPO. alle solche, die sofort zu einer Beweisaufnahme benutzt werden können. Der Antragsteller kann auch zur Versicherung an Eidesstatt zugelassen werden. Praktisch wird die Partei und der eventuell angerufene Zeuge die eidesstattliche Versicherung gleichzeitig mit dem Antrag schriftlich überreichen. Aber nach den tatsächlichen Verhältnissen und der umfassenden Ausgestaltung der Nachforschungstätigkeit durch die (oben

S. 29 f.) genannten Organisationen, wird es nicht in Betracht kommen dürfen, daß die Glaubhaftmachung sich auf die eidliche Versicherung beschränkt. Schon hier werden die Urkunden zu verlangen sein, welche dem Aufgebotsgericht als Grundlage für die Todeserklärung dienen sollen, die Auskunft des Truppenteils bezw. der militärischen Zentralnachweisbehörde des zuständigen Kriegsministeriums über die Tatsache, daß noch zur Zeit der Stellung des Antrages der Vermißte als vermißt und nicht als tot betrachtet wird, ferner der Nachweis des Ergebnisses einer etwaigen Nachforschung.

V. Muß nach der Würdigung der Glaubhaftmachung der Antrag als unzulässig abgelehnt werden und führt die einfache Beschwerde (oben unter III) nicht zur Abänderung dieses Beschlusses, so **kann der abgewiesene Antrag jederzeit wiederholt werden.** In diesem Fall ist gar kein Verfahren eingeleitet worden, da die Glaubhaftmachung vor Einleitung des Verfahrens stattzufinden hatte (§ 963 ZPO.) und diese „Einleitung" erst im Erlaß des Aufgebotes zu sehen ist.

VI. Über den **Inhalt** des Aufgebotes für die Todeserklärung gelten §§ 947, 964 ZPO. Danach würde das Aufgebot für den **Heeresangehörigen** zu lauten haben:

„Der Landwirt Gebhard Boll von Littenweiler hat beantragt, den vermißten und verschollenen Musketier Franz Boll von der 6. Kompagnie des Infanterieregiments Nr. 113, im Zivilverhältnis Landwirt in Littenweiler, zuletzt wohnhaft in Littenweiler, für tot zu erklären. Der bezeichnete Verschollene wird aufgefordert, sich spätestens in dem auf den 12 Oktober 1916, vormittags 9 Uhr, vor dem unterzeichneten Gericht, Zimmer 9, anberaumten Aufgebotstermine zu melden, widrigenfalls die Todeserklärung erfolgen wird. An alle, welche Auskunft über Leben oder Tod des Verschollenen zu erteilen vermögen, ergeht die Aufforderung, spätestens im Aufgebotstermine dem Gericht Anzeige zu machen."

Notwendig ist die militärische Adresse, die Bezeichnung des Aufgebotenen als Vermißten und Verschollenen einerseits zur Hervorhebung der Zuständigkeit des Gerichtes, wenn man den § 9 BGB. für alle Heeresangehörigen als grundlegende Bestimmung für das Aufgebotsverfahren ansieht (oben Bemerkung I, 4), nicht nötig ausdrückliche Angabe des Standorts des Regiments, da dieser bekannt ist. Die Praxis wird zu erwägen haben, ob sich Angabe des genauen Datums des Vermißtseins in der Aufgebotserklärung empfiehlt. Jedenfalls kann diese Angabe nur bei der Darstellung des Antrages, auf den das Aufgebot ergeht, erfolgen, da es sonst ausgeschlossen wäre, daß ein Aufgebotsurteil erginge, in welchem das Gericht das rechtliche Datum des Vermißtwerdens in einem Ereignisse sähe, welches zeitlich nach dem militärischen Vermißtwerden liegt (vgl. oben § 1 Bemerkung IIIb).

Die bürgerliche Berufsbezeichnung wird zur genauen Personalbeschreibung erfordert werden müssen. Die Angabe des letzten bürgerlichen Wohnsitzes ist zwar, wenn man die Zuständigkeitsvorschriften mit uns beurteilt (oben Bemerkung I), nicht rechtlich erforderlich, aber sie wird vernünftig sein, um die Personen genau zu bezeichnen und im Zusammenhang mit dem Aushang des Aufgebotes in der Gemeinde, in welcher der Vermißte den letzten Wohnsitz hatte, etwaige Nachrichten über den Verbleib des Vermißten hervorzurufen.

Für **kriegsverschollene Zivilpersonen** genügt das allgemeine in der Praxis angewandte Formular, nur muß im Antrag, der im Aufgebot wiedergegeben wird, deutlich sein, daß es sich um einen Kriegsvermißten handelt (z. B. ist beantragt, den zwischen dem 1. und 6. August 1914 in Nizza infolge des Krieges verschollenen Kellner Artur Meier von Lörrach, zuletzt in Deutschland wohnhaft in Freiburg im Breisgau, für tot zu erklären).

Keine Vorschriften enthält die Prozeßordnung über **die Mitteilung des Aufgebots an bestimmte Beteiligte.** Während des Krieges dürfte es aber ratsam sein, daß das Amtsgericht vom Aufgebot eines Kriegsteilnehmers an den Truppenteil und an das zuständige Königliche Kriegsministerium, Zentralnachweisebureau, Mitteilung macht. Diese Mitteilung rechtfertigt sich nach der Prozeßordnung aus der Pflicht des Aufgebotsgerichtes zur Wahrheitserforschung sowohl im Stadium der Glaubhaftmachung über den Antrag, wie bei Prüfung des Falles vor Erlassung des Ausschlußurteils. Es muß eine praktische Gewähr dafür geboten sein, daß amtliche Nachrichten, welche noch während des Laufes des Aufgebotsverfahrens über den Vermißten eingehen, dem Aufgebotsgericht vor dem Ausschlußurteil zur Kenntnis kommen. Für den Fortgang des Verfahrens ist es nach der Zivilprozeßordnung selbst erforderlich, das Aufgebot dem Antragsteller zuzustellen (§ 329 Abs. 3 ZPO.), vgl. oben bezüglich des Beschlusses, welcher das Aufgebot erläßt. Außerdem wird aber das Aufgebot auf Grund der Bekanntmachung immer **dem Staatsanwalt** zuzustellen sein. Das ist zwar nicht ausdrücklich gesagt, ist aber aus dem Antragsrecht, daß der Staatsanwalt nach § 16 hat, zu folgern (vgl. unten zu § 16). Daneben gibt es in einzelnen Bundesstaaten Vorschriften der Landesjustizverwaltung über die Mitteilung an vorgesetzte Dienstbehörden, wenn es sich um verschollene Beamte des Reiches oder eines Bundesstaates handelt (vgl. PrJustizMinVerf. vom 13. Juni 1916, PrJust.-MinBl. S. 129; Bad. Erlaß vom 23. Juni 1916 Nr. 5 Just. Min. Bl. S. 62 ff.).

VII. Über die Aufgebotsfrist und die **Bekanntmachung** des Aufgebots vgl. unten zu §§ 5, 6 der Bundesr.Bek.

VIII. Im **Aufgebotstermine** findet die mündliche Verhandlung nach § 952 Abs. 1 ZPO. öffentlich statt. Der Antragsteller, welcher nicht besonders geladen zu werden braucht, da ihm das Aufgebot zuzustellen ist und dieses Aufgebot die Terminsbestimmung enthält, hat vor der Sitzung den Antrag auf Erlaß des Ausschlußurteils zu stellen, wenn der Antrag nicht schon vor dem Aufgebotstermine gestellt war oder zu

Protokoll des Gerichtsschreibers erklärt ist (§ 952 Abs. 1 und 2). Dieser Antrag kann von demjenigen, der das Verfahren beantragt hat, oder von seinem Rechtsnachfolger, oder von einem neben dem Antragsteller in das Verfahren eingetretenen anderen Antragsberechtigten (§ 967 ZPO.), oder vom Staatsanwalt (§ 16 der Bundesr.Bek.) gestellt werden. — Wenn kein Antrag gestellt ist, erfolgt die Todeserklärung nicht; dann ist bei später einkommendem Antrag, der nur binnen einer vom Tage des Aufgebotstermins laufenden Frist von 6 Monaten gestellt werden kann, neuer Termin zu bestimmen § 954 ZPO.). Dieser Fristlauf ruht während der Gerichtsferien (Seuffert, Recht 1916, S. 438) nach § 223 ZPO. Eine öffentliche Bekanntmachung des nunmehr bestimmten Termins (§ 955 ZPO.) ist nicht erforderlich. Auf diese Weise kann das Aufgebotsverfahren ohne eine an sich zulässige Todeserklärung endigen, wenn die 6-Monatsfrist unbenützt abgelaufen ist oder zum zweiten Male der Antrag auf Erlaß des Todeserklärungsurteils versäumt wird (vgl. Gaupp-Stein, Kommentar zur ZPO. § 954). In diesem Falle hilft nur neuer Antrag auf Erlaß des Aufgebotes.

Soweit nicht durch eine vollständige Glaubhaftmachung des Antrages die Grundlage für den Erlaß des Ausschlußurteils geschaffen ist, indem die vorgelegten Urkunden dem Gerichte es gestatten, die nötigen Feststellungen zu treffen, hat das Gericht nach § 968 ZPO. unter Benutzung der im Antrag angegebenen Tatsachen und Beweismittel von Amts wegen die zur Feststellung des Sachverhalts erforderlichen Ermittlungen zu veranstalten und die geeignet erscheinenden Beweise aufzunehmen. Dabei ist das Ergebnis der schleunigen Beweisaufnahme bei der Glaubhaftmachung wichtig, aber da die Glaubhaftmachung nur einen beschränkten Überzeugungswert zu haben braucht, sind hier eingehendere Ermittlungen zu veranstalten. Während bei der Glaubhaftmachung es genügt, daß die Tatsachen nachgewiesen werden, die der Antragsteller vorlegt, hat das Aufgebotsgericht vor Erlassung des Aufgebotsurteils eine gesetzliche Pflicht zur Wahrheitserforschung von Amts wegen. In der Praxis wird es sich insbesondere fragen, ob die Ermittlung des Amtsgerichtes sich mit den Grundlagen begnügen kann, die nach der Erfahrung der letzten Jahre zur militärischen Feststellung genügen oder ob die einzelnen Punkte der Nachforschung vom Gericht nachgeprüft werden müssen. Genügt es einfach, daß das zuständige Kriegsministerium erklärt hat, der aufgebotene Mann sei vermißt, z. B. am 24. August 1914, amtliche Erhebungen seien vergeblich gewesen? Oder muß das Gericht ins einzelne gehend feststellen, daß in der von Frankreich übermittelten Gefangenen- und Totenliste der Name des Vermißten nicht vorkommt, daß ein direkt nach Frankreich von der Familie oder von einer Auskunftsorganisation durch Nachforschung bei den Kameraden oder durch Erhebung von Nachweisen des französischen Kriegsministeriums geführtes Ermittlungsverfahren ergebnislos gewesen sei, daß die Kameraden Beier und Schultze aus derselben Kompagnie im französischen Gefangenenlager befragt worden seien und beide erklärt hätten, der Aufgebotene müßte tot sein, da er zuletzt in einem Waldstück gesehen worden sei, in das französische Truppen eingedrungen seien, und da er nachher bei der Abführung der Gefangenen nicht erschienen sei? Im Interesse exakter Wahrheitsforschung wäre eine möglichst eingehende Gestaltung des Ermittlungsverfahrens nötig, aber bei der Geschäftslast der Gerichte, besonders auf Grund der Bundesr.Bek., wird von den Erleichterungen des Beweises nach § 17 der Bundesr.Bek. Gebrauch zu machen sein, indem der Richter versuchen muß, möglichst viele der zu ermittelnden Tatsachen durch einfache Erhebung beim Königlichen Kriegsministerium in schriftlicher, mit dem Dienstsiegel versehener Auskunft der Behörde nachweisen zu lassen. Immerhin wird es für den Richter des Aufgebotsverfahrens notwendig sein, die praktischen Verhältnisse und die Auskunftswege zu kennen.

Für die Verhältnisse hinter unserer Front ist vom Truppenteil kaum etwas zu erfahren, was über die alte Notiz, welche bei Gelegenheit des Vermißtwerdens des Mannes entstand, hinausgeht. Die Nachforschungen bei Sanitätsformationen sind, wenn sie nicht unmittelbar nach dem Vermißtwerden unternommen worden sind, ergebnislos. Das Königliche Kriegsministerium erhält einerseits die Meldungen der Truppenteile, andererseits die Meldungen aus den Lazaretten des Inlandes und der besetzten Gebiete. Auf Grund dieser amtlichen Meldungen stellen bis heute die Zentralnachweisebureaus nur Bescheinigungen darüber aus, daß Meldungen über einen Vermißten vorliegen oder nicht vorliegen, übernehmen also nicht eine weitergehende Versicherung für den objektiven Stand der Nachforschung nach dem Vermißten überhaupt. Die Gerichte werden aber versuchen können, vom Zentralnachweisebureau gutachtliche Äußerungen über Tatsachen, Feststellungen und Tatsachenbehauptungen zu erzielen. Feststellungen über nähere Umstände des Vermißtwerdens, welche mit Rücksicht auf den § 3 der Bundesr.Bek. wichtig werden könnten, werden allerdings beim Zentralnachweisebureau in seltensten Fällen vorliegen, da die dort vorliegenden Meldungen über solche Umstände nichts anzugeben pflegen.

Soweit die Nachrichten von der feindlichen Seite in Betracht kommen, verfügt das Zentralnachweisebureau des Königlich Preußischen Kriegsministeriums über die Auslandsnachrichten, welche auf Mitteilung der feindlichen Gefangenenliste beruhen. Diese Mitteilungen sind für den westlichen Kriegsschauplatz so reichlich, daß die Tatsache, daß ein betreffender Gefangener niemals auf der Gefangenenliste erschienen ist, ein starker Beweispunkt für den Tod des Vermißten ist. Auch für den östlichen Kriegsschauplatz wird die Mehrzahl der Gefangenen nicht bloß einmal, sondern öfters gemeldet, indem der Gefangene auf dem Transport, in den Lazaretten und in den Gefangenenlagern vielfach immer wieder gemeldet ist. Aber während auf dem westlichen Kriegsschauplatz es jedenfalls während des Jahres 1915 und in der ersten Hälfte des Jahres 1916 kaum vorgekommen ist, daß Leute nachgewiesen wurden, die der Feind auch nach Wochen nicht in seiner Gefangenenliste hatte, ist diese Sicherheit auf dem östlichen Kriegsschauplatz keineswegs gegeben. Die amtlichen Nachrichten der Gefangenenliste werden durch die Sammlung der Erkennungsmarken und der Nachlässe, die auf diplomatischem Wege dem zuständigen Königlichen Kriegsministerium zugestellt werden, ergänzt. Diese Erkennungsmarken sind, wie wir aus nichtamtlicher französischer Auskunft wissen, im Jahre 1914 und in der ersten Hälfte des Jahres 1915 einfach armeekorpsweise gesammelt worden ohne Angabe der Fundorte, so daß für die Kämpfe auf der Westfront vielfach Todesfeststellungen vermittelst der Erkennungsmarke für Todesbeurkundungen nicht möglich sind. Dagegen wird, wenn die Erkennungsmarke im Inlande oder im feindlichen Nachweisebureau vorliegt, der Mann in der feindlichen Gefangenenliste nicht vorkommt und vielleicht sonst sein Nachlaß, z. B. sein Soldbuch, auf dem Gefechtsfelde gefunden ist, mit Sicherheit im Todeserklärungsverfahren angenommen werden können, daß der Tod des Mannes als ermittelt zu gelten habe und der Richter des Aufgebotsverfahrens die Todeserklärung nach den oben zu §§ 2 und 3 dargelegten Grundsätzen erlassen kann.

Wichtig ist daneben die Berücksichtigung derjenigen Nachforschungstätigkeit, welche unmittelbar nach dem Vermißtwerden von den Verwandten oder von Nachweisorganisationen durchgeführt worden sind.

Eine Aufzählung dieser verschiedenen Organisationen ist ohne Interesse. Nur die wichtigsten Methoden der Nachforschung müssen dem Aufgebotsgericht bekannt sein:

1. Die sofort nach dem Vermißtwerden einsetzende telegraphische Nachforschung konnte vielfach in wenigen Tagen den Gefangenen lebend ermitteln, konnte bei Gefangenen, die bald nach der Gefangennahme in feindlicher Hand ver-

starben, schnell den Todestag feststellen, hat andererseits dazu geführt, bei hoffnungslos Vermißten sehr zeitig auf den Fall aufmerksam zu machen und konnte, wenn mehrere Nachrichten über denselben Fall im Laufe von 6—8 Wochen erhoben wurden, zur Gewißheit des Todes führen.

2. Die schriftliche Anfrage nach dem Vermißten bei dem feindlichen Nachweisamte hat in einer sehr großen Zahl von Fällen wenige Wochen nach dem Verschwinden dazu geführt, daß sich Anhaltspunkte ergeben: der Vermißte erscheint nicht auf den Listen des Feindes, sein Soldbuch oder ein Notizbuch oder Korrespondenz, die ihn zu erkennen gestattet, ist auf der Leiche gefunden. Gerade für solche Nachrichten ist es wichtig, daß die Landesorganisationen und die Ausschüsse für deutsche Kriegsgefangene in Hamburg und Frankfurt a. M. solche Nachrichten planmäßig gesammelt haben. Für den östlichen Kriegsschauplatz ist es leider notwendig gewesen, bei Todesfällen im Gefangenenlager, deren Beurkundung weder vom russischen Lagerkommandanten zu erzielen war, noch in der übermittelten Liste richtig erfolgte, durch Geldsendungen an den vermutlich Toten die Posturkunde mit dem Vermerk zu beschaffen, daß der Betrag dem Empfänger nicht ausgehändigt werden konnte, da er verstorben war.

3. Die Nachforschung bei den gefangenen Kameraden des Vermißten führte in sehr viel Fällen zu einer Klärung. Diese Nachforschung ist zunächst von deutschen Landesvereinsorganisationen betrieben, vor allem von den Ausschüssen Frankfurt a. M. und Hamburg planmäßig entwickelt worden. Diese Nachforschung erfolgte einerseits durch Befragung der einzelnen Kameraden, andererseits durch Bearbeitung von ganzen Namenslisten von seiten der sämtlichen Kameraden einer Truppe, die in feindlicher Hand gefangen waren, endlich durch eine Aufgebotsliste, welche in allen Lagern und Lazaretten des Feindes auf dem westlichen Kriegsschauplatze und auch bei den internierten Gefangenen in der Schweiz verbreitet wurde. Solche Listen sind zuerst vom französischen Kriegs-

ministerium amtlich in sämtlichen Gefangenenlagern angeschlagen worden, dann hat eine Vereinbarung der Roten Kreuze dazu geführt, daß einerseits das französische Kriegsministerium, anderseits das Zentralkomitee der deutschen Vereine vom Roten Kreuz, Abteilung Gefangenenfürsorge, mit Unterstützung des Königlich Preußischen Kriegsministeriums diese Listen zusammenstellte, die zuerst in der Form von Heften, dann in der Form von Anschlägen verbreitet wurden. Auf Grund der Kameradennachforschung werden die Aussagen vor zwei Zeugen, die im feindlichen Gefangenenlager der Protokollerrichtung beiwohnen, mit eidesstattlicher Versicherung des Aussagenden abgegeben, vom feindlichen Lagerkommandanten mit einem Dienststempel versehen und die Originale im Königlich Preußischen Kriegsministerium gesammelt. Alle Feststellungen, welche von den Vereinen gemacht wurden, sind als Material dem zuständigen Kriegsministerium zugegangen, oder sollten wenigstens dorthin zugegangen sein.

Das Beweisverfahren auf Grund des § 968 BGB. untersteht den allgemeinen Regeln. Für Vernehmung von Zeugen und Sachverständigen gelten die Vorschriften der §§ 373ff. ZPO. Einer Zeugnisverweigerung wird von Amts wegen zu begegnen sein. Der Antragsteller wird wie nach § 952 Abs. 3 gegebenenfalls an Eidesstatt zu vernehmen sein. Vgl. darüber Gaupp-Stein, Kommentar zu § 968 ZPO. Als Zeuge kommt der Antragsteller jedenfalls nicht in Betracht.

Die Entscheidung auf Grund des Aufgebotstermins enthält entweder eine Abweisung des Antrages auf Erlaß des Ausschlußurteils, oder eine Aussetzung des Verfahrens, oder eine Anordnung weiterer Ermittlungen, oder das Ausschlußurteil. Über die Ablehnung der Todeserklärung vgl. IX, über das Ausschlußurteil X.

IX. 1. Das **Ausschlußurteil ablehnender Beschluß** kann aus folgenden Gründen in Betracht kommen:

a) Weil das Ausschlußurteil unzulässig ist, da z. B. der Verschollene sich gemeldet hat oder da die Erfordernisse des

Vermißtwerdens nicht gegeben sind, indem nach der Truppenmeldung der angeblich Vermißte für fahnenflüchtig erklärt ist, oder da der Tod und der Todestag festgestellt ist und eine Ablehnung der militärischen Stellen, die Todesurkunde auszustellen, nicht nachgewiesen ist. Im letzteren Falle wird eine Erhebung über diese Frage anzuordnen sein, damit für den Fall, daß die militärische Urkundsbehörde die Todesbeurkundung ablehnt, ein Ausschlußurteil noch ergeht (vgl. oben § 2 II).

b) Weil nach dem Ergebnis der mündlichen Verhandlungen im Aufgebotstermine die Aussetzung des Verfahrens nach § 9 der Bundesr.Bek. angezeigt erscheint, z. B. da der Antragsteller bei der Begründung seines Antrages auf Ausschlußurteil gleichzeitig mitteilt, daß eine Meldung eingegangen sei, nach welcher der Verschollene am Tage des Vermißtwerdens gefallen sei und für diese Meldung erst eine amtliche Feststellung erfolgen müsse, auf Grund deren es sich erst ergeben würde, ob eine Todeserklärung möglich und nötig sei. Oder es kann eine Anmeldung auf das Aufgebot vorliegen (entsprechend § 953 ZPO.), die Behauptung enthaltend, daß der Aufgebotene noch lebe oder den Zeitpunkt des Vermißtwerdens überlebt habe.

Danach ist die Ablehnung der Todeserklärung entweder eine endgültige Abweisung oder eine zeitweise Ablehnung. Sie wird endgültig sein, wenn der Verschollene sich meldete und der sich Meldende als identisch mit dem Vermißten anerkannt wird. Oder wenn eine Todesurkunde, sei es eine inländische oder ausländische, dem Aufgebotsgericht vorliegt. In diesem Falle findet gegen den Beschluß, durch welchen der Antrag auf Erlaß des Ausschlußurteils zurückgewiesen wird, sofortige Beschwerde statt nach § 952 Abs. 4 ZPO.

Die Entscheidung ist eine vorläufige Ablehnung, wenn die Aussetzung nach § 9 der Bundesr.Bek. vorliegt, oder wenn ein Verfahren nötig ist, um sicherzustellen, daß die Erfordernisse der Todeserklärung in Wirklichkeit vorliegen, oder wenn das Eintreffen einer Nachricht, der Ablauf eines Zeitraumes abzuwarten sind. In diesem Falle findet entweder die Aussetzung des Verfahrens nach § 9 der Bundesr.Bek. (§§ 953, 969 ZPO.) oder eine weitere Ermittlung statt. Je nach dem Falle steht entweder gar kein Rechtsmittel zu, wenn nämlich nach § 952 Abs. 3 zunächst durch Beschluß weitere Ermittlungen angeordnet werden. Bei Aussetzung nach § 9 greift die sofortige Beschwerde ein. Oder wenn die Aussetzung des Verfahrens nach §§ 953, 969 ZPO. erfolgt, findet die einfache Beschwerde nach § 252 gegen den Aussetzungsbeschluß statt. Mit Rücksicht auf die Verschiedenheit der Rechtsmittel sind die Fälle des § 952 Abs. 4,3, des § 953 und des § 969 ZPO. eingehend darzulegen.

2. Nach § 952 Abs. 4 ZPO. findet gegen den Beschluß, durch welchen der Antrag auf Ausschlußurteil zurückgewiesen wird, sofortige Beschwerde statt. **Der Antrag wird hier abgewiesen, weil das Verfahren vom Aufgebotsgericht als unzulässig betrachtet wird**: sei es, daß kein Kriegsteilnehmer im Sinne des § 1 der Bundesr.Bek. vorliegt, oder daß ein Vermißtwerden nicht nachgewiesen werden kann, oder weil der Antragsteller zum Antrag nicht berechtigt sei, oder weil der Verschollene anerkanntermaßen identisch sei mit demjenigen, der sich auf das Aufgebot hin meldete. Gegen den Beschluß, der auch bei Ausbleiben des Antragstellers zu verkünden ist (§ 329 Abs. 1 ZPO.), findet die sofortige Beschwerde statt, deren Notfrist von der Verkündung des Beschlusses an läuft (§ 577 Abs. 2 ZPO.).

3. Nach § 952 Abs. 3 ZPO. kann vor Erlassung des Urteils eine **nähere Ermittlung**, insbesondere die Versicherung der Wahrheit einer Behauptung des Antragstellers an Eidesstatt **angeordnet werden.** Soweit diese Versicherung der Wahrheit auferlegt wird, kann es zu einer ähnlichen Gestaltung kommen wie nach dem Preußischen Gesetze vom Jahre 1822 (vgl. oben S. 68 f.). Abgesehen von diesem Beispielsfalle werden Ermittlungen möglich sein, wie die S. 119 oben unter 1a schon erwähnte, ob die militärische Urkundsbehörde die Ausstellung einer

Todeserklärung ablehnte. Ferner zur Erhebung einer protokollarischen Erklärung über die brieflich vorliegende Aussage eines Gefangenen, der die Umstände des Todes des Vermißten den Angehörigen meldete, ohne daß eine amtliche Todesbescheinigung in Betracht käme. Von Behauptungen, die sich bei Gelegenheit der Glaubhaftmachung vor Erlaß des Aufgebots im Aufgebotstermine ergeben, sind die „Anmeldungen" zu scheiden, welche auf das Aufgebot eingegangen sind.

4. § 953 ZPO. betrifft die **Anmeldungen, durch welche das von dem Antragsteller zur Begründung des Antrages behauptete Recht bestritten wird.** Es handelt sich also nicht um Bemängelungen des Verfahrens, die z. B. hervorheben, daß der Aufgebotene nicht Kriegsteilnehmer gewesen sei oder daß er nicht vermißt gewesen sei. Über solche Vorbringen ist, wenn sie zutreffen, durch Abweisung des Antrages zu entscheiden. Ebenso ist zu entscheiden, wenn das ganze Verfahren erledigt ist, also wenn der Verschollene sich gemeldet hat, oder wenn die Todesurkunde vorgelegt ist. Vielmehr handelt es sich auf dem Boden des § 953 ZPO. nur um solche Fälle, in welchen dem Antragsteller das Recht auf Todeserklärung bestritten wird, weil der Verschollene auch nach dem Tage des Vermißtwerdens noch gelebt habe oder weil er noch lebe.

a) Wenn die Meldung besagt, daß der Verschollene noch lebe, oder daß er nach dem im Antrag angenommenen Datum des Vermißtwerdens noch gelebt habe, ist unter Umständen der Antrag auf Ausschlußurteil sofort abzulehnen, wenn der Aufgebotsrichter zur Feststellung der Richtigkeit der Meldung gelangt. Aber wie steht es, wenn die Meldung bestritten ist? Also wenn der Antragsteller behauptet, daß die Meldung unrichtig sei. Hier wird man es mit dem Wesen des Aufgebotsverfahrens nicht vereinbar erachten dürfen, daß der Richter im Aufgebotsverfahren den Widerspruch klärt. Die Erfahrungen der Vermißtensuche zeigen, daß vielfach bei den Verwandten hoffnungslose Vermutungen über das Fortleben des Vermißten sich mit solcher Gewalt fortsetzen, daß sie zu entschiedenen Tatsachenbehauptungen führen. Je hartnäckiger die Behauptung auftritt, desto notwendiger ist eine Klärung im Prozeßwege. Es wird eine Aussetzung des Verfahrens stattfinden müssen, entsprechend dem § 953 ZPO. Allerdings handelt es sich in solchem Falle nicht um ein „angemeldetes Recht". Aber der § 953 muß doch offenbar auch angewendet werden, wenn sich, abgesehen vom Falle des § 969, ein Anmeldender gegen die Antragstellung zum Aufgebot wendet, um das Recht des Antragstellers auf Todeserklärung zu bestreiten. Die erheblichen Interessen, welche durch die Todeserklärung getroffen werden können, lassen es als unmöglich erscheinen, daß der Richter des Aufgebotsverfahrens — etwa in der Art, wie es Reinhold, Recht 1907, S. 46ff. gegenüber einer formell mangelhaften Meldung nach § 969 ZPO. empfahl — die angemeldete Tatsache mangels Beweises oder mangels Klarheit der Behauptung beiseite schiebt und dem Anfechtungsprozesse nach § 973ff. ZPO. die Klärung überläßt. Da ist z. B. der Verschollene seit dem 8. September 1914 vermißt. Im Herbst 1916 findet das Aufgebot auf Antrag des Bruders als gesetzlichen Erben statt. Die Witwe, die sich in den Gedanken, daß der Vermißte noch lebe, mit krankhafter Zähigkeit eingelebt hat, behauptet, daß der Verschollene Ende September 1914 in Maisons-Champagne im Lazarett gesehen worden sei und daß er nur vom Feinde an der Korrespondenz verhindert worden sei, eine Behauptung, welche die Antragstellerin auf gewisse Gefangenenaussagen stützt. Es ist unmöglich, dem Aufgebotsrichter solche Fragen zu überlassen, da vor ihm nicht kontradiktorisch verhandelt werden kann. Solche auf das Aufgebot hin angemeldete Behauptungen müssen im Prozeßwege beseitigt werden. Aber es fragt sich, welche Klage hier für den Antragsteller des Aufgebotsverfahrens gegeben ist: Etwa eine Feststellungsklage des Bruders des Verschollenen gegen die Ehefrau, daß der Verschollene nicht Ende September 1914 in Maisons-Champagne gewesen sei und daß kein Beweis für sein Leben vorliege? Eine Feststellungsklage nach § 256 ZPO. ist kaum gegeben, da das festzustellende Rechtsverhältnis fehlt, vielmehr eine nackte Tatsache vorliegt, über welche gestritten wird. Und wenn auch in manchem Falle die Praxis mit dem Begriff des Rechtsverhältnisses sehr weit gegangen ist und immer dort, wo einem Tatbestande rechtliche Wirkungen zwischen den Parteien zukommen, die Möglichkeit einer Feststellungsklage bejahen will (Oberlandesgericht Dresden, Rechtsprechung Bd. 30, S. 226), so fehlt es doch wohl an der rechtlichen Wirkung des vorliegenden Tatbestandes auf das Rechtsverhältnis zwischen dem Antragsteller und der angemeldeten Ehefrau: wenn der Verschollene wirklich das Vermißtwerden überlebt hätte, käme keinerlei Rechtswirkung für den Bruder in Betracht, der auf Feststellung klagen will. Ist kein Beweis für das Leben in jenem Zeitpunkte erbracht, so ist das auch nicht gleichbedeutend mit einem den Feststellungskläger berechtigenden Erbfall, da das Recht des Feststellungsklägers nicht von dieser Frage, sondern von der Todeserklärung abhängt. Ich halte diese Frage für eine reine Tatsachenfrage, für deren Entscheidung die Feststellungsklage nach § 256 ZPO. nicht gegeben ist (vgl. auch Reichsgericht, Entsch. Bd. 85, S. 440; Reichsgericht, Jur. Wochenschr. 1907, S. 47, Nr. 8). Aber wenn auch mit diesem Antrage aus formalen Gründen die Feststellungsklage unzulässig ist, so muß sie doch mit dem Antrage statthaft sein, das Antragsrecht des Antragstellers nach § 962 ZPO. gegenüber der anmeldenden Partei festzustellen. Dieses Antragsrecht ist als ein sekundäres (von Tuhr, Allgemeiner Teil des Bürgerlichen Rechts, Bd. 1, S. 159 ff.) Recht auf Todeserklärung aufzufassen, welches demjenigen zusteht, der ein rechtliches Interesse an der Feststellung des Todes hat, wenn die Todeserklärung an sich zulässig ist. Dieses Recht wird durch die im Aufgebot angemeldete Behauptung bestritten. Mit der Feststellungsklage nach § 256 würde dann richtig in solchem Falle zu klagen sein, und mit diesem Antrag würde der Antragsteller gegenüber der anmeldenden Partei sein Recht zur Durchführung des Aufgebotsverfahrens feststellen lassen. Dieses sekundäre oder Gestaltungsrecht (Begriff nach Seckel, Festgabe der Juristischen Gesellschaft zu Berlin 1903, S. 205ff.) auf Todeserklärung ist in der heutigen Theorie noch nicht erkannt, während die Notwendigkeit einer Feststellungsklage, welche dem Antragsteller im Falle des § 969 ZPO. zusteht, zwar von der Theorie anerkannt ist (Gaupp-Stein zu § 969; von Tuhr, Allgemeiner Teil, Bd. 1, S. 389; Seuffert, Recht 1916, S. 439), aber nach ihr auf Umwege verwiesen wird, wie die Feststellung des Familienstandes nach § 640 ZPO. oder auf Feststellung der Verwandtschaft nach § 256 ZPO.

Es handelt sich um eine Frage, die bisher auf dem Boden der Zivilprozeßordnung kaum praktisch gewesen ist, weil im Todeserklärungsverfahren wegen Verschollenheit es kaum jemals vorkommt, daß der Verschollene sich meldet und der Feststellungsprozeß über die Identitätsfrage folgt. Aber diese Frage wird auf dem Boden der Bundesr.Bek. sehr nahe liegen. Wer selbst mit dem bodenlosen Glauben von Frauen und Müttern gerungen hat und mit keinem Vernunftgrunde der klaren Beweislage Anerkennung schaffen konnte, der wird es nicht für abliegend erklären, daß nach der Bundesr.Bek. diese Feststellungsklage bald zu besprechen sein wird.

Für solche Feststellungsprozesse wird es wertvoll sein, die typischen Legenden über das Fortleben der Verschollenen zu kennen. Im Jahre 1915 lief das Gerücht um, daß mehrere hundert Deutsche in Maisons-Champagne im September 1914 im Lazarett gelegen hätten und dort verschwunden seien. Dieses Gerücht wurde durch eine Feststellung des Internationalen Komitees des Roten Kreuzes durch einen Brief des Bürgermeisters von Maisons-Champagne an die badische Gefangenenfürsorge und das Zeugnis zurückgeführter deutscher Sanitätsleute widerlegt. Zahlreiche Behauptungen lauteten darauf, daß deutsche Gefangene in Korsika gehalten würden, ohne Nachricht geben zu dürfen. Das stellte sich in jedem verfolgten Falle als falsch heraus. Im Jahre 1916 lief eine Legende von der Unterbringung von deutschen Offizieren und von Mannschaften in afrikanischen Gefangenenlagern herum, die von jeder Korrespondenz abgeschnitten seien. Nachforschungen über solche Fälle liefen immer so ab, daß die tatsächliche Unterlage sich einfach aufklärte und ein Anhalt für die Behauptung nicht blieb. Immer wieder laufen Nachrichten um, daß ein bestimmter Austauschgefangener oder ein in der Schweiz Internierter, der aus Frankreich zurückgekehrt sei, einen bestimmten Mann gesehen habe, der vermißt war. Wenn diese Bekundung ohne Angabe des Zeugen erfolgt, ist sie stets unglaubwürdig. Wenn ein bestimmter Gefangener namhaft gemacht wird, so ist die Nachprüfung durch das genaue Verzeichnis der Ausgetauschten, das vom Preußischen Kriegsministerium in den Verlustlisten veröffentlicht worden ist, leicht. Korrespondenzbeschränkungen in Frankreich oder England, wie sie für die Gefangenen aus den deutschen Kolonien in französischer Hand, von Juli 1915 bis Februar, März 1916 bestanden, kommen nicht mehr in Betracht, da die Schicksale dieser Leute vollständig nachweisbar sind. Ebensowenig kommen die in Frankreich häufig verordneten Korrespondenzbeschränkungen für einzelne Lager und Lazarette in Betracht, die vielfach sehr willkürlich auf Wochen verfügt wurden. Denn die Auskunftserteilung über die Kriegsgefangenen war eine ganz befriedigende. Der ernsteste Fall, der die Möglichkeit bot, daß lebende Leute auf Wochen und Monate ohne Fühlung mit der Heimat blieben, ist dadurch gegeben, daß Frankreich seit den Gefechten im September 1915 deutsche Kriegsgefangene im Etappengebiete unmittelbar hinter der Front hielt und vielfach zu Arbeiten verwandte, ohne ihnen die geordnete Unterkunft eines Gefangenenlagers zu bieten. Die Korrespondenz dieser Leute sollte nach den Verordnungen über das Auskunftsbureau des Pariser Kriegsministeriums gehen (bureau de renseignements pour les prisonniers de guerre). Aber es sind zahlreiche Fälle nachgewiesen, in denen diese Gefangenen während langer Zeit für die Nachrichten ihrer Familien unauffindbar waren. Auch in diesen Fällen, die übrigens für Offiziere nicht nachweisbar waren, ergab es sich bei näherer Nachforschung, daß die Leute in einer Liste des französischen Kriegsministeriums geführt wurden und solche Listen auch nach Deutschland zugestellt wurden. Seit der Sommeschlacht 1916 hat leider auch England dieses Verfahren eingeführt. Die Briefe der Gefangenen kommen mit dem Vermerke B. E. F. (british expeditionary force) zurück, und wir haben heut noch kein Urteil darüber, ob nicht auch hinter der englischen Front derzeit vereinzelte deutsche Vermißte monatelang ohne Verbindung mit der Heimat leben. Über die ernsteren Verhältnisse auf dem östlichen Kriegsschauplatze ist damit nichts gesagt. In sibirischen Lagern und Lazaretten Rußlands kommt es immer wieder vor, daß Leute, die monatelang für tot gehalten wurden, sich aus der Gefangenschaft melden. Eine Widerlegung typischer Fehlbehauptungen ist schwer möglich.

b) Ob, abgesehen von der Anmeldung, welche das spätere Leben des Verschollenen behauptet, auf dem Boden des § 953 ZPO. noch Aussetzungsfälle möglich seien, ist zweifelhaft. Insbesondere wird man erwägen können, ob, wenn die Anmeldung dahin geht, daß der Verschollene nicht vermißt, sondern übergelaufen sei, oder daß der angeblich verschollene Zivilist Landesverrat verübt habe und freiwillig mit den feindlichen Truppen außer Landes gegangen sei, das Verfahren auszusetzen sei. Das Verfahren, das hier in Betracht kommt, ist nach der Militärstrafgerichtsordnung die kriegsgerichtliche Erklärung als Fahnenflüchtiger (vgl. MStGO. § 360). Die Zivilprozeßordnung hat im § 953 zweifellos nicht solche strafgerichtlichen Verfahren im Sinne, wenn sie von der endgültigen Entscheidung über das angemeldete Recht spricht. Immerhin wird die Aussetzung bis zur Auskunft der Truppe über die Einleitung dieses Verfahrens dem Sinne des § 953 entsprechen. Eine Feststellungsklage, vermittelst deren die Frage, ob der Vermißte als Fahnenflüchtiger zu betrachten sei, zwar nicht unmittelbar, aber auf Grund eines Antrages wie zu a) oben erwogen, möglich wäre, könnte in Betracht kommen.

c) Endlich wird, wenn die Anmeldung während der Aufgebotsfrist ergibt, daß der Verschollene auch noch nach dem Tage des Vermißtwerdens gelebt habe, aber nach diesem späteren Tage verschollen ist, die Frage auftreten, ob die Möglichkeit, das Verfahren auszusetzen, besteht, bis der Fristlauf des Verschollenheitsjahres vollendet ist. Dronke hat diese Möglichkeit bejaht (Jur. Wochenschr. 1916, S. 640). Es könnte sich auch hier nur um eine entsprechende Anwendung des § 953 ZPO. handeln, da eine endgültige Entscheidung hier nicht zu erwarten ist, sondern nur der Ablauf des Verschollenheitsjahres aussteht. Es wäre zu verstehen, wenn die Rechtsprechung in solchem Falle stets den Antrag auf Ausschlußurteil abwiese, auf Grund § 952 Abs. 4, da eine Todeserklärung nach dem Antrage, wie er auf Erlassung des Aufgebots vorlag, nicht erfolgen kann (so wirklich Stern, Gruchots Beitr. Bd. 60, S. 566). Immerhin würde, da eine dem Verbot der Klageänderung entsprechende Vorschrift für das Aufgebotsverfahren fehlt, eine solche Rechtsprechung keine zwingende Gesetzesbestimmung für sich haben.

5. Daß der **Verschollene sich auf das Aufgebot meldet**, ist nach § 969 Aussetzungsgrund, wenn der Antragsteller die Identität des sich Meldenden mit dem Aufgebotenen nicht anerkennt. Der Antragsteller kann gegen den sich Meldenden Feststellungsklage erheben, und zwar meines Erachtens stets, nicht nur mit einer Feststellungsklage über die Verwandtschaft oder über das Vorliegen des Familienstandes, wie die Kommentare zu § 969 ZPO. sie für zulässig erklären (vgl. oben S. 124). Eine solche Meldung kann nur durch den aufgebotenen Verschollenen selbst geschehen. Da keine Form vorgeschrieben ist, kann sie auch durch Meldung im Brief an das Gericht erfolgen. Das Gericht kann, wenn die eingegangene Meldung eine offenbare Mystifikation ist oder wenn die Adresse, die für den Aufenthaltsort angegeben ist, derart ungenau ist, daß eine

Feststellung des sich Meldenden nicht erfolgen kann, über die Meldung als ungenügende Anmeldung hinweggehen, nach der Meinung von Reinhold, Recht 1907, S. 46ff.

6. Über die Aussetzung auf Grund § 9 der Bundesr.Bek. vgl. unten zu § 9.

X. Das **Ausschlußurteil.** Nach § 970 ZPO. hat das Gericht im Aufgebotsverfahren die Todeserklärung nur dann auszusprechen, **wenn die zur Begründung desselben erforderlichen Tatsachen als erwiesen erachtet werden.** In dem Urteil ist der Zeitpunkt des Todes nach Maßgabe des § 2 der Bundesr.-Bek. festzustellen.

1. Auch hier gilt die freie Beweiswürdigung des Gerichtes nach § 286 ZPO.

2. Die Tatsachen, die erwiesen sein müssen, sind oben zu § 1 ausführlich besprochen und in der Erläuterung zu VIII in diesem Paragraphen noch einmal aufgezählt. Über den Todestag vgl. insbesondere oben zu § 2. Vielfach wird der Tod durch die Auffindung des Soldbuches bei sonstigem Fehlen jedes Eintrages auf der Liste der Gefangenen und Toten dringend wahrscheinlich sein, manchmal werden die Ermittlungen ergeben, daß bei richtiger Tatsachenwürdigung eine zunächst nicht erkannte Leiche als Leiche des Verschollenen zu erachten sei. Eine Todeserklärung ist dabei, auch wenn die Leiche, nach dem Ergebnis der Ermittlung im Aufgebotstermine, erkannt worden ist, nach allerdings bestrittener Auslegung (vgl. oben S. 62ff.) möglich. Nur wenn der Todestag als Ergebnis der richterlichen Ermittlung derart feststeht, daß dann eine Todesurkunde erteilt werden kann, wird die Todeserklärung nicht mehr in Betracht kommen.

Einen Beschluß des Aufgebotsrichters, der nach der Aufgebotsfrist das Ausschlußurteil mit der Feststellung ablehnt, daß es bei der Gewißheit des Todes sein Bewenden habe, darf es meines Erachtens nicht geben. Allerdings ist das bestritten. Nicht nur Prozessualisten, welche von dem Ausschlußurteil verlangen, daß es die Antragsgrundlage, daß der Verschollene vermißt sei, bestätige, sondern auch Theoretiker und Praktiker, die bei der Auslegung des BGB. mitgearbeitet haben, nehmen an, daß ein Todeserklärungsurteil nicht mehr ergehen dürfe, wenn der Tod durch das Aufgebotsverfahren erwiesen sei (oben S. 63). Gegen diese Auffassung wurde schon oben in § 2 Einspruch erhoben, soweit es sich um die Auslegung des BGB. handelte und die Bedürfnisse und Regeln der Bundesr.Bek. in Frage kommen. Die aus dem Aufgebotsverfahren hergeleiteten Bedenken scheinen auf Vorurteilen zu beruhen, welche aus dem älteren preußischen Rechte folgen. Dort hat der Richter nur festzustellen, daß der Verschollene in Verschollenheit ist und daß die Frist abgelaufen ist. Positive Feststellungen über den Zeitpunkt des Todes gehörten nicht ins Todeserklärungsverfahren. Der Tod wird angenommen mit der Rechtskraft des Urteils, welches denselben erklärt (so die Verordnung von 1763 §§ 19 und 23, Landrecht II, 18, § 835). Dem entsprach noch der erste Entwurf zum BGB. § 21 und darauf bezieht sich auch der leider immer wieder zum BGB. zitierte Satz der Motive, der die Todeserklärung ausschließt, wenn der Tod im Aufgebotsverfahren erwiesen ist (S. 45 der Motive, Bd. 1). Aber die straffe Konsequenz des alten preußischen Todeserklärungsverfahrens ist eben im zweiten Entwurf des BGB. § 7 gebrochen, und wer die Ausführungen der Kommissionsprotokolle zu §§ 4, 21 des Entwurfes nachliest (Prot. d. Komm. f. d. 2. Lesung Bd. I, S. 6f., 18ff.), wird sich der Feststellung nicht entziehen können, daß mit den Worten des § 18 BGB. gesagt werden sollte, daß der Richter im Aufgebotsverfahren auch dann zum Urteil kommen soll, wenn er den Todestag entsprechend der Wirklichkeit festgestellt hat. Die Richtigkeit unseres Standpunktes ergibt sich, soweit die Verfahrensvorschriften in Betracht kommen, aus dem Schlusse, den Gaupp-Stein aus § 966 Abs. 1 Satz 2 ZPO. zieht. Nach freier Beweiswürdigung ist die Entscheidung doch sicher, daß der Verschollene nicht den hundertsten Geburtstag erlebt habe. Gleichwohl wird mit einem Todeserklärungsurteil nach solcher Zeit gerechnet. Auch die Bundesr.Bek. selbst gibt in dem § 2 einen ähnlichen Hinweis. Wenn der Verschollene infolge einer Sprengung oder eines anderen besonderen Kriegsereignisses vermißt ist, werden die Ermittlungen vielfach dahin gehen, daß mit Sicherheit anzunehmen sei, daß der Verschollene bei der Sprengung den Tod gefunden habe. Gerade für diesen Fall gilt zweifellos auch die Regel, daß im Urteil auf das besondere Kriegsereignis datiert werden muß und damit die Sicherheit, daß nach der Bundesr.Bek. Todeserklärungsurteile auch dort zulässig sind, wo die Ermittlungen des Aufgebotsrichters eine Gewißheit über Tod und Todeszeitpunkt geschaffen haben. Wer dieses annimmt, braucht darum nicht ein Todeserklärungsverfahren zuzulassen, auch wenn vor der Einleitung des Verfahrens der Tod feststeht, oder obwohl die militärische Urkundsbehörde bei Vorlage der richterlichen Ergebnisse zur Ausstellung der Todesurkunde bereit ist. Denn in beiden Fällen fehlt es am Rechtsschutzinteresse des Antragstellers.

3. Durch die Fassung des § 970 ZPO. wird bei der Auslegung der Bundesr.Bek. mit Notwendigkeit ein Zweifel entstehen, wenn der Richter im Aufgebotsverfahren den Todestag auf den Tag des Verschwindens bestimmen will. Nach § 970 ZPO. hat das Gericht die Todeserklärung nur dann auszusprechen, wenn die zur Begründung erforderlichen Tatsachen für erwiesen erachtet werden. Das macht für die allgemeine Verschollenheitslehre des BGB. wie für die Seeverschollenheit keine Schwierigkeiten. Aber bei der Kriegsverschollenheit könnte das Bedenken auftauchen: wie kann von Todeserklärung mit Feststellung des Todesmoments die Rede sein, wenn die Umstände in ihrem Zusammenklingen nur die Sicherheit ergeben, daß der Zeitpunkt des Todes im Moment des Verschwindens oder nur wenig später lag (vgl. oben zu § 2 II, am Ende)? Entweder nimmt man es mit der Erweislichkeit des Todesmoments genau und dann kommt man zu dem

wenig erfreulichen Ergebnis, daß, wo der Todesmoment nicht scharf erweislich ist, auf das Ende der Jahresfrist zuwider aller tatsächlichen Möglichkeit zu datieren sei. Oder man opfert die Schärfe des Beweises nach § 970 und bestimmt den Zeitpunkt nach dem Tage des Vermißtwerdens, auch wenn nicht volle Gewißheit darüber besteht, daß der Vermißte nicht ein oder zwei Tage nach dem Vermißtwerden noch gelebt hat.

Die ganze Fragestellung würde meines Erachtens den Zweck und die logische Grundlage der Todeserklärung verkennen, auch mit den Worten des § 970 ZPO. nicht in Einklang stehen. Der Zweck der Kriegstodeserklärung ist, durch einen konstitutiven Spruch des Richters ein juristisches Ende für das Leben der Personen vermutungsweise zu schaffen, wo die tatsächliche Grundlage zur Beurkundung nicht genügt. Der Gedanke des ganzen Verfahrens ist, durch Ablauf der Aufgebotsfrist auch das geringe Maß von Unsicherheit verschwinden zu lassen, welches immer besteht, wo nicht der Arzt mit medizinischer Untersuchung den Tod am leblosen Körper festgestellt hat. Hier muß der Richter die Möglichkeit haben, sich mit einer ungefähren Richtigkeit für Bestimmung des Zeitpunktes des Todes zu begnügen. Die Worte des § 970 ZPO. sprechen ja auch nur von den Tatsachen, welche die Grundlage der richterlichen Feststellung bei der Todeserklärung bilden, nicht von der Erweislichkeit des Schlusses, den der Richter daraus zieht. Der Richter muß als erwiesen betrachten können, daß der Verschollene nicht in der Liste des Feindes vorkommt, oder daß sein Soldbuch vom Feinde gefunden wurde, oder daß die gefangenen Kameraden nichts vom Verbleib des Vermißten gewußt haben, da er nicht bei der Abführung der Gefangenen miterschien. Ist dies erwiesen, so kann er nach seinem Ermessen den Tod datieren, den realen Verhältnissen möglichst entsprechend.

4. Über die Feststellung des Zeitpunktes des Todes vgl. oben zu § 2.

5. Über die Ergänzung des Urteils dort, wo die Feststellung des Todestages unterblieben war, besteht Streit. Die meisten (Gaupp-Stein, Bemerkung II zu § 970 ZPO.; Kommentare Neukamp, Petersen, Reincke, Struckmann-Koch, P. Daude, Aufgebotsverfahren nach Reichs- und Preußischem Landesrecht, 4. Aufl., S. 172ff.) lassen die Ergänzung des Urteils in entsprechender Anwendung des § 321 ZPO. zu. Danach ist also das Urteil auf Antrag durch nachträgliche Entscheidung zu ergänzen. Anders Seuffert, Kommentar zu § 970 ZPO., Note 2, und Recht 1916, S. 440ff. Nach ihm kann, wenn die Unrichtigkeit nicht auf einem Schreib- oder Rechenfehler beruht, das Urteil nur durch Anfechtungsklage angegriffen werden. Nach Seuffert ist der § 321 deswegen nicht anwendbar, weil es sich nicht um einen übergangenen Anspruch handelt und keine Parteien vorhanden sind. Übrigens hat die Frage geringe Bedeutung, da die Ergänzung nur binnen einer einwöchigen Frist, die man von der Verkündung des Todesurteils an laufen lassen müßte, möglich wäre, während nachher es bei der Anfechtungsklage nach § 973 ZPO. bewendete, die selbst zweifellos auch schon dann gegeben ist, wenn der Zeitpunkt des Todes im Urteil überhaupt nicht festgestellt war.

6. Über die Kosten vgl. § 971 ZPO.

§ 5.

Die Aufgebotsfrist muß mindestens einen Monat betragen.

Die kurze Aufgebotsfrist von wenigstens einem Monat wahrt nur die Vorstellungen des Aufgebotsverfahrens. Das Mindestmaß von einem Monat wäre ungenügend, um während der Kriegszeit nur einen Brief nach Frankreich zuzustellen und die Antwort darauf abzuwarten. Im Endeffekte wäre eine Monatsfrist nichts anderes als ein versteckter Verzicht auf jede Aufgebotsfrist, wie ihn Preußen im Gesetz vom 2. April 1872 § 5 und schon im älteren Gesetz von 1828 § 5 hatte. Aber jene Gesetze ergingen erst Jahre nach Friedensschluß, und so ist von der kurzen Aufgebotsfrist von einem Monat nur dann Gebrauch zu machen, wenn die Glaubhaftmachung eine Zusammenfassung desjenigen Materials ergibt, das den Tod des Verschollenen nach freier Beweiswürdigung als gewiß erscheinen läßt. Für entferntere Gegenden, z. B. für den östlichen Kriegsschauplatz, Mesopotamien und Persien sollten lange Fristen bestimmt werden, die den Verkehrs- und Auskunftsverhältnissen nach den fernen Ländern Rechnung tragen.

§ 6.

Die Bekanntmachung des Aufgebots durch öffentliche Blätter kann unterbleiben.

Das Gericht kann anordnen, daß das Aufgebot außer an die Gerichtstafel in der Gemeinde, in der der Verschollene seinen letzten Wohnsitz gehabt hat, an die für amtliche Bekanntmachungen bestimmte Stelle angeheftet wird.

Die Aufgebotsfrist beginnt mit der Anheftung des Aufgebots an die Gerichtstafel.

I. Die Vorschrift über das Unterbleiben der Bekanntmachung entspricht dem § 966 ZPO. Wie dort in den Fällen der Kriegs- und Seeverschollenheit und in der Unfallverschollenheit (§§ 15—17 BGB.) kann auch im Fall der Bundesr.Bek. eine Bekanntmachung des Aufgebots unterbleiben. Das Gericht wird von dieser Bestimmung bei vermißten Heeresangehörigen und vermißtem Heeresgefolge auf dem westlichen Kriegsschauplatz unbedenklich Gebrauch machen. Bei den Zivilpersonen in Frankreich und den sämtlichen Vermißten auf dem östlichen Kriegsschauplatze könnte es ratsam erscheinen, daß die Bekanntmachung im Reichsanzeiger nach § 948 und durch zweimalige Einrückung eines Auszuges in dem zur amtlichen Bekanntmachung am Sitz des Aufgebotsgerichts bestimmten Blatte, vielleicht im entsprechenden Blatte des Zivilwohnorts des Verschollenen nach § 204 Abs. 3 vorgenommen werde. Denn jede formale Garantie wird in diesen Fällen erwünscht erscheinen. Aber da das praktische Ergebnis dieser Auskunftsmittel erfahrungsgemäß in keinem Verhältnis zu den Kosten steht, kann auch darauf verzichtet werden. Wichtiger wird, wie schon oben angedeutet war (zu § 4 VI), sein, daß über jedes Aufgebot einer Militärperson dem zuständigen Kriegsministerium Mitteilung gemacht wird, für die Zivilpersonen aber wenigstens während des Krieges eine Mitteilung des Aufgebots an diejenige Stelle erfolgt, welche die Gefangenen in dem betreffenden Bundesstaate versorgte. Bei der Freiwilligkeit der in Betracht kommenden Stellen und der Unsicherheit darüber, wie sich die Benutzung ihres Materials nach dem Kriege gestalten wird, ist es schwer, eine Regel aufzustellen.

II. Das Gericht kann anordnen, daß das Aufgebot außer an die Gerichtstafel auch in der Gemeinde, in welcher der Verschollene seinen letzten Wohnsitz gehabt hat, an die zu amtlichen Bekanntmachungen bestimmte Stelle angeheftet wird

Gemeint ist dabei natürlich nicht der letzte rechtliche inländische Wohnsitz des Verschollenen, da nach richtiger Ansicht für die Militärpersonen der Garnisonort letzter inländischer Wohnsitz wäre (vgl. oben S. 95 ff.), sondern der letzte Mittelpunkt der zivilen bürgerlichen Lebensführung. Die Vorschrift ist zweckentsprechend. Sie wird von besonderem Werte in denjenigen Bundesstaaten sein, in denen die innere Verwaltung rechtzeitig die Gemeindebehörden auf Nachweis der in feindlicher Gefangenschaft befindlichen Personen hingewiesen hat. Das ist in Baden seit Anfang Mai 1915 (Erlaß des Großh.

Ministeriums des Innern an die Bezirksämter vom 12. Mai 1915) geschehen. Dort sind die Gefangenen bei den Bürgermeisterämtern, in Städten über 10000 Einwohnern beim Bezirksamt anzumelden und werden an die Gefangenenfürsorge des badischen Landesverein vom Roten Kreuz (Freiburg i. B.) gemeldet. In Württemberg, Bayern, im Königreich Sachsen sind ähnliche Ordnungen in Geltung. In der Provinz Posen sollen dem Vernehmen nach ähnliche Erhebungen bei der leitenden Stelle des Provinzialvereins vom Roten Kreuz stattfinden. Wo die innere Verwaltung mit dem Gefangenennachweis der freiwilligen Krankenpflege und der Vereine vom Roten Kreuz zusammenarbeitet, wird es schwer möglich sein, daß ein bei den Gemeinden als in Gefangenschaft befindlicher bekannter Mann durch irgendein Mißverständnis für tot erklärt wird.

§ 7.

Die Vorschrift des § 972 Abs. 1 Satz 2 der Zivilprozeßordnung findet keine Anwendung.

I. Die Erledigung der Aufgebotsanträge kann von der **Landesjustizverwaltung** für mehrere Amtsgerichtsbezirke **einem Amtsgerichte überwiesen werden.** Von dieser Vorschrift braucht, wenn die Praxis von der Auslegung zu § 9 BGB., wie oben (S. 96) vorgeschlagen, Gebrauch macht, nicht die Rede zu sein. Denn durch das Zusammenfließen der auf Angehörige desselben Truppenteils sich beziehenden Anträge würde eine sehr erhebliche Kostenersparnis eintreten, da zahlreiche Feststellungen für lange Reihen von Vermißtenfällen nur einmal gemacht zu werden brauchten. — Sollte die Rechtsprechung nicht auf Grund § 9 alle Aufgebotsverfahren, welche die Angehörigen eines bestimmten Truppenteils betreffen, im Gerichte des Garnisonorts konzentrieren, so wäre allerdings zu erwägen, ob die sämtlichen Aufgebotsverfahren, welche sich auf Leute desselben Truppenteils beziehen, nicht durch die Landesjustizverwaltung innerhalb des einzelnen Bundesstaates vor das Gericht des Garnisonorts des Truppenteils bezw. vor das Gericht des Standorts der inländischen Ersatzformation (vgl. oben S. 64ff.) zu verweisen wären. Genau bekannt sind mir die Verhältnisse im Großherzogtum Baden und für einige preußische Landesteile, und hier würde die Konzentration schon großen Segen stiften. Zweifelhaft ist allerdings, ob durch § 972 eine solche Befugnis der Landesjustizverwaltung übertragen ist. Es könnte scheinen, daß durch die Worte des § 972 Abs. 1 nur ermöglicht würde, die sämtlichen Fälle eines Amtsgerichtsbezirkes einem Amtsgerichte zuzuweisen. Aber dem Sinne der Zivilprozeßordnung, die nur vom Gedanken der Kostenersparnis ausgeht (Kommentar Gaupp-Stein zu § 972) und dem praktischen Bedürfnis der Bundesr.Bek. entspräche eine solche Ordnung der Landesjustizverwaltung durchaus.

II. **Der Satz 2 des Abs. 1 in § 972 ZPO. gilt auf dem Boden der Bundesr.Bek. nicht.** Es wäre also unmöglich, daß der Antragsteller des Aufgebotsverfahrens, wenn dieses nach der Landesjustizverwaltung im Garnisonort des Truppenteils stattzufinden hätte, Antrag stellt, die Erledigung durch das nach § 961 zuständige Gericht erfolgen zu lassen. So hat die Bundesr.Bek. wenigstens die Möglichkeit für die Konzentration geschaffen. Diese Möglichkeit wird aber auch, wenn die Justizverwaltungen von ihr Gebrauch machen wollten, doch nur unvollkommen den Zweck erfüllen, der bei richtigem Verständnis der Bedürfnisse von der Bundesr.Bek. selbst erfüllt werden könnte. Auch wenn die Landesjustizverwaltungen die Konzentration verfügten, würde eine Sammlung aller Aufgebotsanträge für Angehörige desselben Truppenteils nur innerhalb des einzelnen Bundesstaates helfen. Da infolge der Verhältnisse des Krieges die in den einzelnen Bundesstaaten garnisonierenden Truppenteile ihren Ersatz vielfach aus entlegenen Gegenden haben, würden zahlreiche Fälle einer Konzentration auf dem Boden des § 972 entgehen.

§ 8.

In dem Urteil ist der Zeitpunkt des Todes nach Maßgabe des § 2 festzustellen.

Vgl. oben zu § 2 und zu § 4 X.

§ 9.

Das Gericht kann das Verfahren auf die Dauer von längstens einem Jahre aussetzen, wenn eine weitere Nachricht nach den Umständen des Falles, insbesondere nach der Entfernung des letzten bekannten Aufenthaltsorts des Verschollenen, nicht ausgeschlossen erscheint. Gegen den Beschluß findet sofortige Beschwerde statt. Nach Ablauf der Frist ist das Verfahren von Amts wegen fortzusetzen.

I. Die Aussetzungsbefugnis nach § 9 der Bundesr.Bek. ist eigenartig. Sie scheint auf dem Gedanken zu beruhen, den Lenel, D. Juristenzeitung 1916, S. 31, entwickelte: „nach freiem Ermessen sei das Verfahren auf längere oder kürzere Dauer auszusetzen, was bei Vermißten des östlichen und wohl auch des südöstlichen und japanischen Kriegsschauplatzes öfters geschehen müßte".

Die Worte des § 9 erinnern an **den § 969 ZPO.**, der von einer Aussetzungsbefugnis spricht, wenn sich der angeblich Verschollene meldet und als solcher vom Antragsteller nicht anerkannt wird. Diese Aussetzungsbefugnis des § 969 ist ein Anwendungsfall des § 953 ZPO., und dieser letztere gibt die Aussetzungsbefugnis für den Fall, daß auf das Aufgebot hin Rechte, **welche dem Antrag entgegenstehen**, angemeldet werden. Aber ebenso wie im § 969 ZPO. wird anzunehmen sein, daß der § 9 der Bundesr.Bek. nicht nur für den Fall nach dem Aufgebot und vor Erlassung des Ausschlußurteils gilt. **Das Gericht kann in jedem Stadium des Verfahrens aussetzen**, auch wenn eben erst der Antrag auf Erlassung des Aufgebotsverfahrens vorliegt und der Erlaß des Beschlusses über das Aufgebot in Frage steht. Andererseits kann die Aussetzung auch erfolgen, wenn keine Anmeldung auf das Angebot eingegangen ist und das Gericht Zweifel darüber hat, ob nicht doch noch eine weitere Nachricht nach den Umständen des Falles erwartet werden könnte. Dadurch ist dem Aufgebotsgericht ein weitgehendes Ermessen gegeben, welches einerseits nach den Gesichtspunkten der Wahrheitserforschung, anderseits mit Rücksicht auf die Interessen des Antragstellers gehandhabt werden muß.

Begründet muß die Aussetzung stets mit der Möglichkeit werden, daß eine weitere Nachricht nach den Umständen des Falles nicht ausgeschlossen erscheint. — Das wird selbstverständlich der Fall sein, wenn noch die Antwort von Kameraden aussteht, die über ihr Wissen nach dem Verbleib des Vermißten gefragt worden sind oder wenn ein bei der feindlichen Regierung über solche Gefangenenaussagen beantragtes Protokoll (vgl. oben zu § 4 VIII, 3) noch nicht beim zuständigen Kriegsministerium eingetroffen ist. Aber auch die weite Entfernung des letzten bekannten Aufenthaltsortes des Verschollenen genügt, um die Aussetzung nach § 9 zu rechtfertigen. Nach den praktischen Verhältnissen wird es auch darauf ankommen, daß der Richter sich vergewissert, ob die Erkennungsmarken, welche bei Gelegenheit des Vermißtwerdens den Gefallenen vom Feinde abgenommen worden sind, beim zuständigen Kriegsministerium eingegangen sind. Diese Erkennungsmarken sind im Anfang des Krieges auch für den westlichen Kriegsschauplatz vielfach sehr spät, vielfach noch gar nicht in den Besitz der Heimat wieder gelangt. Es wird für die Feststellung des Todeszeitpunktes wichtig sein, daß festgestellt wird, ob die Erkennungsmarke beim zuständigen Kriegsministerium vorliegt oder ob ein Eingang derselben nach der Einsendung der Erkennungsmarken der gleichzeitig Vermißten noch zu erwarten ist. Vielfach sind die Texte der Erkennungsmarken durch amtliche Beurkundungen des Feindes bei dem zuständigen Kriegsministerium vorhanden, auch ohne daß die Erkennungsmarke selbst schon nach Deutschland gekommen ist. Da § 9 nicht verlangt, daß eine weitere Nachricht vom Leben des Verschollenen eingeht, kann die Aussetzungsbefugnis des § 9 der Bundesr. Bek. auch dann in Anspruch genommen werden, wenn eine Mitteilung über dieses wichtige Beweiszeichen noch aus dem feindlichen Auslande zu erwarten ist. Allerdings wird diese Frage nur insoweit eine Rolle spielen, als es sich um die Bestimmung des Zeitpunktes des Todes nach § 2 der Bundesr. Bek. handelt. Die Gewißheit des Todes ist auf dem westlichen Kriegsschauplatze jedenfalls gegeben, wenn der vermißte Heeresangehörige in den Listen des Feindes nicht vorkommt und Nachrichten in der Heimat nicht eingegangen sind. In diesem Falle ist es, wenn der Antrag auf Todeserklärung gestellt ist, richtiger, die Todeserklärung zu erlassen und auf das Ende des Verschollenheitsjahres den Zeitpunkt des Todes zu datieren, als den Erlaß des Ausschlußurteils abzulehnen und nach § 9 des Verfahrens auszusetzen. Denn eine zu freie Handhabung der Aussetzungsbefugnis wäre in die Gefahr, den ganzen Zweck der Bundesr.-Bek. zu vereiteln.

In den Händen eines vorsichtigen Richters wird der § 9 der Bundesr.Bek. vor allem eine wertvolle Handhabe dafür sein, um dort, wo bisher keine **ordnungsmäßige Nachforschung** nach den Vermißten stattgefunden hat, dieselbe zu **veranlassen**. Das Gericht hat durch den § 9 die Möglichkeit, sich selbst eine unnütze Kosten verursachende Beweiserhebung zu ersparen, indem es auf dem Standpunkte stehen kann, daß dort, wo eine ordnungsmäßige Nachforschung nach den Vermißten noch nicht stattgefunden hat, die Möglichkeit nicht ausgeschlossen sei, daß eine solche Nachforschung wichtige Tatsachen für das Aufgebotsverfahren ergeben könnte. Für die Partei, welche den Antrag auf Erlaß des Aufgebotsverfahrens stellt, ist auch dadurch die Notwendigkeit gegeben, zunächst bei den nachforschenden Stellen klarzustellen, daß eine Nachforschung ohne positives Ergebnis gewesen ist.

II. Von dieser Befugnis zur Aussetzung kann in demselben Verfahren mehrfach Gebrauch gemacht werden, aber nach den Worten des § 9 wird anzunehmen sein, daß das Gericht auf insgesamt nur ein Jahr aussetzen kann. So auch Stern, Gruchots Beitr., Bd. 69, S. 567.

III. Gegen den Aussetzungsbeschluß nach § 9 findet sofortige Beschwerde statt. Sie untersteht den Vorschriften des § 577 ZPO. Die Notfrist für die sofortige Beschwerde beginnt mit der Zustellung des Aussetzungsbeschlusses, welche von Amts wegen zu erfolgen hat (§ 329 Abs. 3 ZPO.). Ist die Aussetzung nach mündlicher Verhandlung beschlossen und verkündet worden, so beginnt die Notfrist entsprechend § 952 ZPO. mit der Verkündung (vgl. § 577 ZPO. und Gaupp-Stein, Bemerkung II zu § 577).

§ 10.

Für die Anfechtung eines nach dieser Verordnung erlassenen Ausschlußurteils gelten die Vorschriften der Zivilprozeßordnung.

Erhebt der für tot Erklärte die Anfechtungsklage, so ist die Klage nicht an die Fristen der §§ 958, 976 der Zivilprozeßordnung gebunden.

I. Gegen das Ausschlußurteil gibt es ebensowenig wie sonst gegen das Ausschlußurteil ein Rechtsmittel (§ 957 Abs. 1 ZPO.; R.Ger. v. 6. Oktober 1910; Recht 1911 Nr. 596). Nur die Anfechtung des ohne Parteiprozeß zustande gekommenen Spruches findet statt, und die Anfechtung dient nur dem Zwecke, das unzulässige oder mit Unrecht ergangene Urteil aufzuheben oder zu berichtigen. Jedoch hat das Anfechtungsrecht durch die Bundesr.Bek. einen eigenartigen Ausbau erfahren: einerseits indem die Fristen der §§ 958 und 976 für den Fall fortfielen, daß der für tot Erklärte wieder erscheint und das Todeserklärungsurteil anficht. Die bisherige seltsame, wenn auch ungefährliche Gestaltung, daß der für tot Erklärte einen Monat nach erlangter Kenntnis vom Todeserklärungsurteil das Anfechtungsrecht verliert und dann selbst von Fall zu Fall sein Leben gegen die Vermutung, daß er in dem im Urteil festgestellten Zeitpunkte gestorben sei, dartun muß (Reichsgericht, Gruchots Beitr., Bd. 74, S. 1194 ff.; auch Jur. Woch. 1903, S. 126; D. Juristenzeitung 1903, S. 223, Nr. 43), ist für die Kriegstodeserklärung geschwunden. Aber nur das Gestaltungsrecht des wieder sich Meldenden, der für tot erklärt war, ist anders geregelt. Im übrigen ist die Anfechtung geblieben, was sie war: Rechtsmittelersatz. Nach Ablauf der Frist, binnen der die Anfechtungsklage zusteht, hat der einzelne Berechtigte nicht mehr das Recht, geltend zu machen, daß die Todeserklärung unzulässig gewesen oder zu Unrecht erfolgt sei. Nach Ablauf der Frist gegen alle Anfechtungsberechtigten bleibt es bei der Vermutung des Todes für den festgestellten Zeitpunkt. Diese Vermutung kann hinfort im Einzelfall durch Gegenbeweis gebrochen werden. Sie hat vielleicht nur eine auf das Privatrecht beschränkte Bedeutung, so daß die Vermögensbeschlagnahme desjenigen Vermögens, welches der Überläufer oder Landesverräter bei seinem Verschwinden hatte, auch nach einer Todeserklärung erfolgen kann. Aber die Todeserklärung gilt im Privatrecht als eine Vermutung, die demjenigen, der sich auf den Tod des Verschollenen beruft, den Beweis des Todes erleichtert.

Wegen des Verhältnisses zum Fristlauf sind bei der Kriegstodeserklärung zwei Fälle scharf zu trennen: einerseits die unter den allgemeinen Grundsätzen stehende Anfechtung von seiten eines Dritten, der nicht der für tot Erklärte selbst ist, anderseits die Anfechtung bei Wiederkehr des für tot Erklärten.

II. Die **Anfechtung, die ohne Auftreten des für tot Erklärten erfolgt,** untersteht nach der Bundesr.Bek. den Vorschriften der §§ 957, 958, 973—976 ZPO.

1. Die **Anfechtungsgründe** sind im allgemeinen die des § 957 Abs. 2 ZPO. und des § 973. In den Fällen der ersten Bestimmung läuft die Notfrist nur einen Monat, teils — in den Fällen Ziff. 1—3, 5 des § 957 Abs. 2 — vom Tage, da der Kläger des Anfechtungsprozesses das Todeserklärungsurteil erfährt, teils — in den Fällen Ziff. 4 u. 6 des Abs. 2 § 957 ZPO. — läuft die Frist erst mit dem Tage, an welchem der Anfechtungsgrund dem Kläger bekannt geworden ist, wenn

nicht der Kläger schon vom Anfechtungsgrunde in dem Zeitpunkte Kenntnis hat, in welchem er vom Erlaß des Ausschlußurteils Kenntnis erhält (§ 958 ZPO.). In den Fällen des § 957 ist die Anfechtungsklage nach Ablauf von zehn Jahren, vom Tage der Verkündung des Ausschlußurteils an gerechnet, unzulässig. In den Fällen des § 973 läuft die Frist — nicht als Notfrist! — nur innerhalb eines Monats nach Erlassung des die Todeserklärung aussprechenden Urteils (Gaupp-Stein, Bemerkung 1 zu § 976; Seuffert, Recht 1916, S. 443). Für diesen praktischen Unterschied ist es wichtig, zwischen den einzelnen Fällen scharf zu scheiden, in denen das Todeserklärungsurteil wegen Unzulässigkeit des Verfahrens angefochten wird, und in denen es auf dem Boden des § 973 angefochten wird, weil die Todeserklärung mit Unrecht erfolgt sei oder weil der Zeitpunkt des Todes zu unrichtig festgestellt sei.

a) Wegen **Unzulässigkeit** (§ 957 Abs. 2 Ziff. 1) wird die Kriegstodeserklärung anzufechten sein, wenn ein Fall nicht vorlag, in welchem die Zivilprozeßordnung oder die Bundesr. Bek. das Aufgebotsverfahren zuläßt, also wenn der für tot Erklärte nicht Kriegsteilnehmer war, wenn er nicht infolge des Krieges in Verschollenheit geriet, wenn er nicht vermißt war, z. B. weil er Überläufer war, ferner wenn die Verschollenheitsfrist nicht abgelaufen ist oder, wenn die Kriegstodeserklärung zuwider den Vorschriften des Art. 9 EG. z. BGB. erfolgt ist. Die Fälle, die oben in den Bemerkungen zu § 1 bei den Voraussetzungen der Kriegstodeserklärung besprochen worden sind, können zu Anfechtungen wegen Unzulässigkeit der Todeserklärung Anlaß geben.

Wenn die Todeserklärung erfolgt war, obwohl schon vor dem Aufgebotsverfahren die Leiche des Verschollenen gefunden und anerkannt war, wird eine Anfechtung dann natürlich statthaft sein, wenn sich ein anderer Zeitpunkt des Todes, als im Urteil festgestellt, ergibt. Aber das wäre ein Fall der Anfechtung nach § 973 ZPO. Wird gleichzeitig auch nach § 957 die Anfechtung wegen Unzulässigkeit möglich sein, weil das Verfahren nicht hätte eingeleitet werden dürfen, wo der Tod vor Einleitung des Aufgebotsverfahrens gewiß war? Die herrschende Lehre, die das Todeserklärungsverfahren mit Recht in diesem Falle für unzulässig erklärt, wird die Anfechtung vielleicht bejahen wollen. Ich vermisse das rechtliche Interesse zur Aufhebung der Todeserklärung im Wege der Anfechtung, das ja nach § 974 ZPO. nachgewiesen werden muß. Daß durch das Urteil im Anfechtungsprozesse die dem Nachlasse der Verschollenen auferlegten Kosten dem Antragsteller auferlegt werden könnten (unten S. 180 ff.) genügt doch wohl nicht. Eine militärische Todesurkunde kann auch trotz der Todeserklärung in solchem Falle ausgestellt werden, da sich aus der bloßen Tatsache, daß eine Todeserklärung ergeht, keine urteilsmäßige Feststellung darüber ergibt, daß der Tod noch im Moment des Urteils ungewiß war.

Ebenso liegt der Fall, wenn die Anfechtung wegen Unzulässigkeit darauf gestützt wird, daß in Wahrheit Nachrichten über den Tod des Verschollenen schon vor dem Aufgebotsverfahren vorlagen.

b) Die übrigen Fälle der Anfechtung nach § 957 ZPO. bedürfen mit Rücksicht auf die Kriegstodeserklärung keiner besonderen Erläuterung (vgl. die Kommentare zu § 957).

c) **Mit Unrecht** ist die **Kriegstodeserklärung** ergangen, wenn das Vermißtwerden für den Zeitpunkt der militärischen Vermißtenmeldung angenommen worden ist, während in Wirklichkeit ein späteres Leben des Vermißten erwiesen war und erst nach dem letzten nachweislichen Lebenszeitpunkt ein Vermißtwerden angenommen werden konnte. Also wenn nachgewiesen wird, daß der Vermißte noch Tage nach der militärischen Vermißtenmeldung gelebt hat. Bei der Rechtsauffassung, die in der Begründung auftritt und von Dronke verteidigt worden ist (oben S. 44 ff.), wird die Rechtsprechung auf Grund des § 976 auch die Frage zu klären haben, ob vom Zeitpunkte des Eingangs der Nachricht über das Verschwinden oder von der militärischen Vermißtenfeststellung selbst die

Jahresfrist zu rechnen ist. Rechnet das Aufgebotsgericht das Verschollenheitsjahr vom Zeitpunkte des Eingangs der letzten Lebensnachricht in der Heimat, so ist nach unserer Auffassung das Ausschlußurteil anfechtbar, wenn es den Tod auf das Ende des Verschollenheitsjahres datierte.

Fast immer werden die Fälle, in denen mit Unrecht die Todeserklärung erging, auch die Fehlerhaftigkeit der Feststellung des Zeitpunktes betreffen, so daß in der Praxis es kaum möglich sein wird, für die Kriegstodeserklärung die beiden Fälle des § 973 zu trennen.

Durch die Fristvorschriften des § 976 ist es gegeben, daß nach dem Verstreichen des ersten Monats, nach Verkündung des Todeserklärungsurteils, die anfechtungsberechtigten Interessenten werden behaupten müssen, daß sie selbst vor noch nicht einem Monat Kenntnis vom Ausschlußurteil erhalten haben und daß das letztere unzulässig gewesen sei (vgl. R.Ger. vom 2. Februar 1903; Gruchots Beitr. Bd. 47, S. 1194 ff.; Jur. Woch. 1903 S. 126). In der Praxis wird es für die Kriegstodeserklärung sogar oft drückend sein, daß der Anfechtungsberechtigte nach § 957 Abs. 2 Ziff. 1 nicht noch einen Monat mit der Anfechtung Zeit hat, wenn er erst nach Erlaß des Ausschlußurteils vom Anfechtungsgrunde Kenntnis erhielt: also wenn nachträglich bekannt wird, daß der Vermißte ein Überläufer gewesen sei, oder daß er gar nicht infolge des Krieges verschollen gewesen sei. Die Vorschriften über die Anfechtungsklage sind bisher auf dem Gebiet der Todeserklärung so selten angewendet worden, daß erst bei der Anfechtung der Kriegstodeserklärung die Härte voll empfunden werden dürfte. — Drückend wird es auch sein, daß die Berichtigung des Todeszeitpunktes im Anfechtungsprozesse an die kurze Monatsfrist des § 976 gebunden ist: einen Monat nach der Verkündung des Urteils läuft die Anfechtungsfrist für diesen Zweck, allerdings nicht als Notfrist und daher nicht von den Gerichtsferien gehemmt, aber ohne Möglichkeit einer Parteivereinbarung, welche die Frist erstrecken könnte (Seuffert, Kommentar zu § 976 Bemerkung 1; Gaupp-Stein, Kommentar zu § 976 Bemerkung 1; Seuffert, Recht 1916, S. 443; anders Petersen, Bemerkung 1 zu § 976). Das ist für das praktische Bedürfnis sicherlich nicht einwandfrei, da auch eine spätere Berichtigung im Anfechtungsverfahren noch möglich sein sollte. Aber der § 976 Abs. 1 ist ausdrücklich. Die Forderung, daß auch noch nach zehn Jahren es möglich sein müßte, den festgestellten Todeszeitpunkt im Anfechtungsprozesse zu berichtigen (Seuffert, Recht 1916, S. 444) kann nur de lege ferenda gemeint sein, da die Frist in den Fällen des § 973 von der Verkündung des Ausschlußurteils an, ohne Rücksicht auf die Kenntnis des Anfechtenden, läuft (so auch Gaupp-Stein, Bemerkung 1 zu § 976).

2. Die **Berechtigung zur Anfechtung** hat — abgesehen von dem Fall, daß der für tot Erklärte wiederkehrt — jeder, der ein rechtliches Interesse an der Todeserklärung oder an der Berichtigung des Zeitpunktes des Todes hat (§ 974 ZPO.). Die Witwe des für tot Erklärten kann ihren festen Glauben an das Leben des Verschollenen gegen den Antragsteller geltend machen, sofern der Feststellungsprozeß gegen ihre Meldung über das Leben des Mannes, die auf das Aufgebot hin einging, nicht schon stattgefunden hatte und zwischen dem Antragsteller und ihr Rechtskraft geschaffen hatte. Ob die Verlobte des Verschollenen auch ein rechtliches Interesse an der Anfechtung der Todeserklärung hat, wird zweifelhaft sein. Ich möchte die Frage aus demselben Grunde bejahen wie vorher das Antragsrecht der Verlobten (vgl. oben zu § 4 II, 2).

Der gesetzliche Vertreter ist, was die Berechtigung zur Anfechtung betrifft, von jeher Gegenstand der Erörterung gewesen (vgl. Protokolle zum BGB., Bd. 1, S. 27). Man wird mit Seuffert, Recht 1916, S. 442 unterscheiden: die Träger der elterlichen Gewalt können auch die Anfechtungsklage noch §§ 957 und 973 ZPO. erheben, wenn ihr Sohn für tot erklärt ist. Allerdings gilt auf den festgestellten Zeitpunkt des Todes, daß die elterliche Gewalt ein Ende gefunden habe. Aber da die Anfechtung die prozessuale Form für die Bestreitung und die Beseitigung der Vermutungsgrundlage sein soll, ist das rechtliche Interesse für die Anfechtungsklage zweifellos gegeben, nicht anders als für die Ehefrau. Dabei möchte ich das personenrechtliche Interesse der Inhaber der elterlichen Gewalt auch dort bejahen, wo es sich um die Frage der Berichtigung des Zeitpunktes, auf den der Tod festgestellt ist, handelt, wenn also vermögensrechtliches Interesse, wie die Nutznießung am Vermögen des Kindes oder das Erbrecht am hinterlassenen Vermögen desselben, nicht in Betracht kommt. Nur für einen solchen Fall will Seuffert das rechtliche Interesse bejahen. Aber meines Erachtens folgt das rechtliche Interesse des Vaters aus dem „Recht für die Personen des Kindes zu sorgen" § 1627 BGB. Dieses Recht hat vermutungsweise auf den festgestellten Zeitpunkt des Todes sein Ende gefunden. Wer die Grundlage der Vermutung angreift, um ein früheres oder späteres Eintreten des vermutlichen Todes feststellen zu lassen, muß durch dieses Recht für die Person des Kindes zu sorgen, ausreichend legitimiert sein. — Die Rechtsordnung muß dem Vater auch, abgesehen von vermögensrechtlichem Interesse, die Befugnis geben, feststellen zu lassen, daß der Sohn nach Menschenermessen den Tod auf dem Schlachtfelde gefunden hat, denn für die Familie ist diese Gewißheit von einem hohen idealen Wert. Die Praxis hat ganz andere Fälle rechtlichen Feststellungsinteresses an vergangenen Rechtsverhältnissen geschützt. Man denke nur an die allerdings viel bestrittene Rechtsprechung zur Feststellungsklage gegen den rechtsfähigen Verein von seiten des Mitgliedes, das nach seiner Austrittserklärung durch den Vereinsbeschluß ausgeschlossen wurde (RGerEntsch., Bd. 80, S. 189ff.).

Anders als die Inhaber der elterlichen Gewalt stehen Vormund und Abwesenheitspfleger. Ihr Amt endet mit Erlaß des Todeserklärungsurteils (§ 1884 Abs. 2, § 1921, Abs. 3 BGB.). Sie können nur bei Vorliegen eines eigenen Interesses als anfechtungsberechtigt in Betracht kommen (so auch Gaupp-Stein, Kommentar zu § 974 ZPO.; Seuffert, Recht 1916, S. 442ff.).

Im übrigen wird man auf die Antragsberechtigung nach § 962 ZPO. verweisen können (vgl. oben zu § 4 II, 2) und den Satz aufstellen, daß jeder, der antragsberechtigt ist, es sei denn, daß eine Antragsberechtigung auf einem mit der Todeserklärung endenden Amte beruht, auch ein rechtliches Interesse für die Anfechtungsklage hat: also auch die Lebensversicherungsgesellschaft, bei welcher der für tot Erklärte versichert war, und welche durch Festsetzung eines früheren Todeszeitpunktes in ihren Verpflichtungen berührt wird.

Endlich gibt es eine prozeßrechtliche Legitimation des Antragstellers zur Anfechtung: daß er selbst Anfechtungsklage erheben kann, folgt aus § 974 Abs. 2 ZPO. Im Sinne dieser Bestimmung wird man aber nicht annehmen, daß auch der Abwesenheitspfleger zur Anfechtungsklage berechtigt ist, wenn der Antrag zur Todeserklärung von ihm gestellt war. Denn von ihm ist ein Antrag nur im Namen des Verschollenen selbst gestellt, nicht aus eigenem Recht für die Person des Abwesenden zu sorgen. Im Ergebnis trifft hier die Reichsgerichtsentscheidung vom 29. Oktober 1910, Bd. 74, S. 327ff. zu.

3. Die **Anfechtungsklage richtet sich gegen** denjenigen, der die Todeserklärung erwirkt hat, oder falls der Antragsteller selbst mit der Anfechtungsklage klagt, oder wenn er verstorben oder unbekannten Aufenthalts oder im Auslande ist, gegen den Staatsanwalt. Dieser ist bei den allgemeinen Vorschriften über die Anfechtungsklage gegen das Ausschlußurteil bei der Todeserklärung nur als prozessualer Lückenbüßer genannt. Er hat nach der Bundesr.Bek. eine ganz andere Stellung, da er auch antragsberechtigt ist und folglich auch für jede Anfechtungsklage in Betracht kommt (vgl. unten zu § 16).

Die passive Legitimation für die Anfechtungsklage ist nur durch die prozessuale Lage gegeben. Wer die Todeserklärung erwirkt, ist grundsätzlich Anfechtungsgegner. Wenn der Abwesenheitspfleger oder der Vormund die Todeserklärung herbeiführte, kann er selbst allerdings nicht als Beklagter bei der Anfechtung in Betracht kommen, da er nicht in seinem eigenen Namen oder auf Grund eines besonderen ihm zustehenden Verwaltungsrechts den Antrag auf Todeserklärung stellte und jede Folge der amtlichen Stellung nach Aufhören seiner amtlichen Befugnis ausgeschlossen ist (vgl. das eben erwähnte Urteil des Reichsgerichts, Bd. 74, S. 327ff.).

4. Die **Wirkung der erhobenen Anfechtungsklage** für das materielle Recht ist im Prozeßrecht die Begründung der prozessualen Berechtigungsstellung, die durch den Tod des Berechtigten nicht endet, sondern vom Erben des Anfechtungsberechtigten aufgenommen werden kann, ohne daß dieser selber Anfechtungsrecht zu haben oder Anfechtungsfristen nach §§ 958, 976 ZPO. zu wahren braucht. Im bürgerlichen Recht ist die Wirkung, daß nach § 1349 BGB. ein Ehehindernis für den Ehegatten des für tot Erklärten entsteht, es sei denn, daß die Anfechtung erst zehn Jahre nach dem Ausschlußurteil erfolgte.

5. Der **Anfechtungsprozeß** steht nach § 975 ZPO. unter der Herrschaft der Grundsätze, welche für die Anfechtungsklage gegen den die Entmündigung aussprechenden Beschluß Anwendung finden. Für die Bekanntmachung des Ausschlußurteils gilt § 956 ZPO., die Befugnis zur Einrückung des das Ausschlußurteil aufhebenden Urteils im Anfechtungsprozesse im Reichsanzeiger. Dadurch ist für den Anfechtungsprozeß die Verhandlungsmaxime, die sonst im Zivilprozesse herrscht, ausgeschlossen.

6. **Zuständig für die Anfechtungsklage** ist nach § 957 ZPO. das dem Aufgebotsgericht übergeordnete Landgericht. Dieser Gerichtsstand ist, wie die Entstehungsgeschichte und der Zweck des § 957 Abs. 2 ergeben, ein ausschließlicher, Reichsgerichtsentscheidung vom 24. Februar 1912, Bd. 78, S. 377ff. Eine Parteivereinbarung, welche die Sache einem anderen Gerichte überweisen könnte, oder eine vom Anfechtungsgegner geduldete Erhebung der Klage an dessen allgemeinen Gerichtsstande ist also nicht statthaft. Die Urteile nach § 957 ZPO.

sind gemäß § 547 Nr. 2 ohne Rücksicht auf den **Wert des Streitgegenstandes** revisibel. Dem Reichsgericht erwächst dadurch eine dankbare Aufgabe auf dem Boden der Bundesr.Bek. Beim Reichsgericht Anhörung des Oberreichsanwalts nach § 37 Abs. 4 GVG.

7. Im **Anfechtungsverfahren** gelten nach den oben unter 5 aufgestellten Grundsätzen folgende **Regeln**:

a) Nach § 667 ZPO. ist jede Verbindung mit einer anderen Klage und jede Widerklage ausgeschlossen. Nur sind mehrere Anfechtungsprozesse gegen dasselbe Todeserklärungsurteil zum Zwecke gleichzeitiger Verhandlung und Entscheidung zu verbinden. So kann es vorkommen, daß der Antragsteller des Aufgebotsverfahrens in dem einen Prozeß, in dem er selbst wegen Berichtigung der Todeserklärung gegen den Staatsanwalt klagt, Kläger ist, während in einem anderen, in dem die Zulässigkeit des Aufgebotsverfahrens angefochten wird, der Antragsteller selbst Beklagter nach § 974 Abs. 2 ist. Das ist prozessual seltsam, aber, da keine Verhandlungsmaxime gilt, ungefährlich.

b) Die Parteien haben nach §§ 975, 669 das Ergebnis der amtsgerichtlichen Sachuntersuchung, soweit nötig, vorzutragen. Im Falle der Unrichtigkeit oder Unvollständigkeit des Vortrages hat der Vorsitzende zu veranlassen, daß die Berichtigung oder Vervollständigung, nötigenfalls unter Wiedereröffnung der Verhandlung, erfolgt. Auch für dieses selbständige Forschungsrecht wird es wichtig sein, diejenigen tatsächlichen Gesichtspunkte zu kennen, welche schon oben bei der Besprechung der Ermittlung nach § 968 ZPO. dargelegt worden sind (vgl. zu § 4, VIII). Ein Recht darauf, daß die von dem Amtsgericht bei Gelegenheit der Ermittlung gemachte Erhebung wiederholt wird, hat die anfechtende Partei nicht (vgl. Entsch. d. Reichsgerichts, Bd. 81, S. 193 ff., welche entsprechend zum Anfechtungsprozeß im Entmündigungsverfahren entscheidet).

c) Die Verweisung auf § 670 ZPO., die § 975 ZPO. enthält, beseitigt für das Verfahren im Anfechtungsprozesse die Parteidisposition. Wie im § 670 ist der Parteieid ausgeschlossen. Ein prozessual wirksames Anerkenntnis gibt es ebensowenig wie in Ehesachen (§ 617 Abs. 1). — Die Vorschriften über die Frage der unterbliebenen oder verweigerten Erklärung über die Tatsachen oder über die Echtheit von Urkunden gelten nicht, die Parteien können nicht auf Beeidigung der Zeugen und Sachverständigen verzichten, das gerichtliche Geständnis wirkt nur als Beweismittel, der Antrag, dem Gegner die Vorlegung einer Urkunde aufzugeben, hat nicht die Wirkung nach § 421ff. ZPO.

d) Nach §§ 975, 673 Abs. 1 haftet die Staatskasse bei Unterliegen des Staatsanwaltes für die Kosten des Verfahrens.

8. Das **Urteil auf die Anfechtungsklage** weist entweder die Anfechtungsklage ab oder hebt das ergangene Ausschlußurteil auf oder berichtigt dasselbe. Das aufhebende Urteil beseitigt die Vermutungswirkung der Todeserklärung, wirkt also insofern rechtsgestaltend und daher für und gegen alle (vgl. Gaupp-Stein zu § 325 ZPO., Bemerkung VI, 2). — Das ist in § 976 ZPO. auch für dasjenige Urteil ausgesprochen, welches die Todeserklärung berichtigt. Das Urteil im Anfechtungsstreit wird den Militärbehörden zuzustellen sein (vgl. PrJustMinBl. 1916, S. 129ff.).

Wenn das Ausschlußurteil aufgehoben oder berichtigt wird, tritt eine Rückwirkung des Urteils im Anfechtungsprozesse auf die älteren Rechtsverhältnisse ein: bei Aufhebung der Todeserklärung gilt die als gelöst betrachtete Ehe nicht mehr als gelöst, die elterliche Gewalt nicht als erloschen. Aber die Rückwirkung macht vor gewissen Tatsachen, die inzwischen im Vertrauen auf die Todeserklärung eingetreten sind, halt (vgl. im allgemeinen Hellwig, Grenzen der Rückwirkung, S. 46ff.). Die neue Ehe, welche die Gattin des Verschollenen eingegangen ist, wird durch die spätere Aufhebung der Todeserklärung nicht berührt (§ 1348 BGB.). Eine Zahlung, die an den kraft Todeserklärung als Erbe Betrachteten geleistet worden ist, braucht nicht nochmals geleistet zu werden (§ 2370 BGB.).

Nur für das Urteil, welches die Todeserklärung aufhebt oder berichtigt, kann die Befugnis des Gerichts, nach eingetretener Rechtskraft das Urteil zu veröffentlichen (§ 956 ZPO.), vernünftigerweise ausgeübt werden. — Da die Rechtskraft vom ungenützten Ablauf der Rechtsmittel abhängt und letztere durch die Parteizustellung des Urteils in Lauf gesetzt wird, ist die Bekanntmachung in Wirklichkeit davon abhängig, daß die Parteien die Nachweisung über den Eintritt der Rechtskraft freiwillig liefern. Neben der Aufhebung des Urteils im Anfechtungsprozesse kommt für die Abänderung dieses Urteils praktisch auch in Betracht, daß auch nach dem das Ausschlußurteil berichtigenden oder die Anfechtung nach § 973 abweisenden Urteile das Ausschlußurteil wegen Unzulässigkeit des Verfahrens mit einem der Vorbringen nach § 957 Abs. 2 angegriffen werden kann. Führt diese Anfechtungsklage wegen Unzulässigkeit des Verfahrens zu einem das Ausschlußurteil aufhebenden Erkenntnis, so ist mit dem Ausschlußurteil auch die prozessual zu seinem Inhalt gewordene Berichtigung im Anfechtungsprozesse unwirksam geworden (vgl. Protokolle zum BGB., Bd. 1, S. 276; Gaupp-Stein, Kommentar zu § 976 ZPO. Bemerkung 4).

III. **Die Anfechtung durch den für tot Erklärten selbst.** Der für tot Erklärte, der nach dem Ausschlußurteil sich wieder meldet, hat nach der Bundesr.Bek. zwei Wege, um die Vermutung seines Todes, die er bei jeder aus ihr gegebenen Folgerung durch den Gegenbeweis widerlegen kann, aus der Welt zu schaffen. Das Gestaltungsrecht bei Aufhebung der Todeserklärung wird entweder durch Anfechtungsklage oder durch einfachen Antrag ans Aufgebotsgericht ausgeübt. Über den letzteren vgl. unten zu § 11. Die Anfechtungsklage des

Zurückgekehrten ist auch nach der Bundesr.Bek. immer möglich, und zwar im weiteren Umfange als nach dem geltenden Recht, da nicht die Fristen der §§ 958, 976 ZPO. gelten. Dadurch wird die Anfechtung des Zurückgekehrten über ihre in den allgemeinen Vorschriften begründete Bedeutung als bloßer Rechtsmittelersatz hinausgehoben. Sie wird aber nach § 974 nur dort zulässig sein, wo der Zurückgekehrte ein rechtliches Interesse an der Anfechtung hat. Es ist also zweifelhaft, ob sie zulässig ist, wo der einfache Antrag bei den Aufgebotsgerichten nach § 11 der Bundesr.Bek. genügt.

Die Grundsätze für die Durchführung der Anfechtungsklage von seiten des für tot Erklärten selbst sind im übrigen dieselben wie für die Anfechtungsklage der Dritten. Nur werden zahlreiche Fragen, die oben unter II besprochen wurden, ohne jede Bedeutung im Anfechtungsprozesse sein.

a) Es wird praktisch nicht darauf ankommen, ob der für tot Erklärte ansicht, weil die Todeserklärung unzulässig (§ 957 Abs. 2) oder weil sie mit Unrecht ergangen ist.

b) Die Berechtigung zur Anfechtung wird zunächst immer gegeben sein. Aber die Praxis wird sich fragen, ob der heimgekehrte für tot Erklärte wirklich noch ein rechtliches Interesse an der Anfechtungsklage hat, wenn ihm der Weg des Aufhebungsantrages und -beschlusses offen steht.

c) Die Anfechtungsklage richtet sich gegen denjenigen, der die Todeserklärung erwirkt hat oder nach den oben unter II, 3 besprochenen Grundsätzen gegen den Staatsanwalt.

d) Das Verfahren im Anfechtungsprozesse wird infolge der Rechtsgestaltung sich ausschließlich um die Frage drehen, ob der für tot Erklärte mit dem Wiedererschienenen identisch ist.

Vorbemerkung zu §§ 11—15.

Die Bundesr.Bek. hat unser Prozeßrecht um ein auf den ersten Blick ganz eigenartiges Anfechtungsrecht bereichert, die

Anfechtung des Ausschlußurteiles durch den Antrag des Zurückgekehrten, der bisher als tot vermutet war, und als seine Folge die Aufhebung des Ausschlußurteiles durch den Beschluß des Aufgebotsgerichtes. In der Terminologie der „Anfechtung“ ist dieses Verfahren wirklich neu. Diese Anfechtung äußert ihre Anfechtungswirkung nicht durch die Anfechtungserklärung, sondern durch den Beschluß über die Wiederaufhebung der Todeserklärung. Es ist nicht möglich, von einer nach den Grundsätzen des bürgerlichen Rechts zu beurteilenden Anfechtungserklärung zu sprechen, wie wir solche bei der Anfechtung gegenüber der Behörde nach § 143 Abs. 3, nach § 1597, nach § 1955 BGB. kennen. Sondern der deutliche Standpunkt der Bundesr.-Bek. und ihrer Begründung ist, daß die Anfechtung auch dadurch erfolgen kann, daß auf einen Antrag ein Beschluß des Aufgebotsgerichtes selbst das Ausschlußurteil aufhebt. Auf den ersten Blick ohne ein Vorbild in der Prozeßordnung, ist das ganze Verfahren in Wirklichkeit nichts als eine Nachahmung der Wiederaufhebung der Entmündigung, welche auf Antrag des Entmündigten durch Beschluß erfolgt. Der § 11 der Verordnung ist im Geiste des § 676 ZPO. dem § 647 ZPO. nachgebildet, zu § 12 der Bekanntmachung gaben §§ 652, 678 die Anregung. Der § 13 entspricht dem § 679. Der § 14 zieht die Folgen aus diesem Verfahren für den Aufgebotsbeschluß, § 15 fügt die Anfechtung durch Antrag in die Vorschriften über Anfechtungsklage nach § 973 ff. ZPO. ein. Das Antragsrecht steht dem Zurückgekehrten und dem Staatsanwalt nach § 16 zu, gerade wie auch nach § 675 der Antrag auf Wiederaufhebung der Entmündigung dem Entmündigten und dem Staatsanwalt zusteht. Nur in bezug auf die Rechtsmittel sind der Aufhebungsbeschluß auf Grund der Bundesr.Bek. und die Wiederaufhebung der Entmündigung prozeßtechnisch ganz verschieden behandelt. Der Wiederaufhebungsbeschluß kann im Wege der sofortigen Beschwerde vom Staatsanwalt angegriffen werden (§ 678 ZPO.). Die Aufhebung der Todeserklärung unterliegt keinem Rechtsmittel. Man wird gut tun, diesen Unterschied stark zu unterstreichen, denn da die Bundesr.-Bek. ihr Vorbild für den Anfechtungsbeschluß offenbar im Verfahren auf Wiederaufhebung der Entmündigung suchte, könnten sich in der Rechtsprechung allerlei Konsequenzen ergeben, bei denen die Tatsache vollständig zu kurz kommt, daß der Sache nach ein Ausschlußurteil, das die Todeserklärung ausspricht, doch ganz anders zu behandeln ist wie ein Entmündigungsbeschluß. Der letztere erfordert sachlich zweifellos die erkennende Tätigkeit eines Richters, der den ergangenen Beschluß deswegen, weil die Entmündigung zu unrecht geschehen war, oder weil inzwischen die Umstände verändert sind, aufhebt. Und die Wiederaufhebung der Entmündigung gibt dem bisher Entmündigten erst die volle Geschäftsfähigkeit wieder zurück. Ganz anders steht die Anfechtung der Todeserklärung durch Antrag und Beschluß. Die Todeserklärung schafft für den für tot Erklärten, wenn er doch lebt, keine Geschäftsunfähigkeit. Die Identitätsfrage ist regelmäßig einfach zu lösen, wenn der für tot Erklärte selbst erscheint. Ob der Beschluß auf Wiederaufhebung der Todeserklärung bei dieser Lage rechtlich wirklich notwendig für unsere Rechtsordnung war — ob er glücklich in der Praxis wirken wird, kann heute noch nicht abschließend beurteilt werden. Ich zweifle an der Notwendigkeit und an der praktischen Bewährung. Die Anfechtung der Todeserklärung durch Antrag und Aufhebungsbeschluß soll nach dem zweifellosen Zweck der Bestimmung eine Erleichterung für den Zurückgekehrten sein, der nicht die Anfechtungsklage durchzuführen braucht, um die Vermutung, die auf der Todeserklärung ruht, auszuschließen. Die Rechtsprechung wird sich dieses Gedankens erinnern müssen, um Folgen zu vermeiden, die aus der Nachbildung des Wiederaufhebungsverfahrens wegen Entmündigung entstehen könnten. Die Wiederaufhebung der Entmündigung setzt nach einem sachlich gerechtfertigten Entmündigungsprozesse voraus, daß dem aufhebenden Amtsgericht eine Veränderung der Umstände nachgewiesen wird, unter denen die Entmündigung erging. Allerdings ist es abgelehnt worden, daß, wie die Entscheidung des Landgerichts Karlsruhe (Badische Rechtspraxis 1902, S. 245) es forderte, die Heilung nachgewiesen werden müsse. Es könnte die Wiederaufhebung auch erfolgen, wenn die Entmündigung zu unrecht geschehen ist (Gaupp-Stein, Bemerkung 1 zu § 675 ZPO.). Aber das wird von dem Antragsteller eben nachgewiesen werden müssen. Diese Vorschriften auf die Todeserklärung anwenden, bedeutet, daß vom Zurückgekehrten ein schärferer Nachweis verlangt wird als er zwar nicht nach der Rechtsordnung, aber nach den praktischen Verhältnissen des Rechtslebens bisher erbringen mußte. Allerdings muß auch nach allgemeinem bürgerlichen Recht der Zurückgekehrte stets die Vermutung, daß er in dem durch die Todeserklärung festgestellten Zeitpunkte gestorben sei, widerlegen (Oertmann, Erläuterung 2a, β zu § 18; Windscheid-Kipp, § 53, Zusatz 2; von Tuhr, Bd. 1, S. 392, Anm. 29; Reichsgericht vom 2. Februar 1903, D. Juristenzeitung 1903, S. 223; Jur. Wochenschr. 1903, S. 126; vgl. auch Planck-Knoke, Bemerkung 4 zu § 18). Aber diese Widerlegung erschien bisher so wenig schwer, daß manche (Rehbein, Bd. 1, S. 12g; Dernburg, Bd. 1, § 53, IV) davon sprachen, daß die Vermutungswirkung der Todeserklärung mit der Rückkehr des für tot Erklärten wegfalle. Der Wiedererschienene tritt nach allgemeinen Grundsätzen mit dem vollen Grad von Glaublichkeit, die sein Auftreten bei den nächsten Angehörigen hat, auf und fordert seinen alten Platz im Rechtsleben wieder. Die Anfechtungsklage wird ihm nur dazu dienen, die durch seine Existenz widerlegte Todesvermutung auch für die Begriffswelt des Gesetzbuches zu beseitigen. Versäumt er die Anfechtungsklage, so ist nach den allgemeinen Vorschriften darin auch kein besonderer Schaden zu sehen. Nur wegen der Möglichkeit, daß die Vertrauenswirkung der Todeserklärung nach § 2370 BGB. weiter dauert, wird es vorsichtig sein, die Anfechtungsklage zu erheben. Mit dem Anfechtungsverfahren nach der Bundesr.Bek. soll nun der Weg gegeben sein, auch ohne Anfechtungsklage die Todeserklärung zu beseitigen. Aber die Lage für den Heimgekehrten wird zweifellos etwas gegenüber den allgemeinen Vorschriften des bürgerlichen Rechts und der Zivilprozeßordnung erschwert. Der Zweifel an der Identität, der nach den allgemeinen Vorschriften gar nicht aufzutreten braucht, muß vom Richter des Aufgebotsverfahrens von Amts wegen erwogen werden. Der Staatsanwalt, sowie derjenige, welcher die Todeserklärung erwirkt hat, sind zu hören. Und sie werden notwendig die Frage stellen müssen, ob der sich Meldende wirklich der für tot Erklärte sei. Ergibt sich ein Zweifel, so ist der Antrag zurückzuweisen und der Antragsteller auf den Weg der Anfechtungsklage zu verweisen. Wenn sich Zweifel ergeben, befindet sich der Antragsteller praktisch in einer Lage, welche derjenigen des Entmündigten nach Abweisung des Wiederaufhebungsantrages ähnlich sieht. Allerdings hat er nach bürgerlichem Recht nichts an seiner Geschäftsfähigkeit verloren. Aber der Zweifel an der Identität, der gerichtlich durch Abweisung des Antrages unterstrichen worden ist, wird ihm so nachgehen, daß jeder Dritte, dem gegenüber der für tot Erklärte seine Rechte ausüben will, ihm diesen Zweifel wieder entgegenhalten wird. Dem wiederkehrenden nach allgemeinem bürgerlichem Recht für tot Erklärten werden solche Zweifel nur entgegengehalten, wenn eine Prozeßpartei sie aufzugreifen wagt. Der Richter, der über den Antrag auf Aufhebung der Todeserklärung zu erkennen hat, hat eine praktische Verantwortung, die es ihm auferlegen wird, die Ermittlungen, die er nach § 968 ZPO. anzustellen hat, möglichst umfassend zu gestalten.

Das Antragsverfahren nach §§ 11ff. der Bekanntmachung setzt nur voraus, daß der Antrag beim Aufgebotsgericht schriftlich eingeht. Das Verfahren ist also auch dann möglich, **wenn der für tot Erklärte** in die Heimat zurückgekehrt und **nach Stellung dieses Antrages verstorben** ist. Oder wenn er **noch in feindlicher Gefangenschaft ist,** aber schriftlich im Briefe ans Gericht diesen Antrag stellt.

§ 11.

Hat der Verschollene die Todeserklärung überlebt, so kann er ihre Aufhebung bei dem Aufgebotsgerichte beantragen.

Der Antrag kann schriftlich oder zu Protokoll des Gerichtsschreibers gestellt werden. Der Antrag soll eine Angabe der ihn begründenden Tatsachen und die Bezeichnung der Beweismittel enthalten.

I. Der Antrag des für tot Erklärten auf Wiederaufhebung des Todeserklärungsurteils muß **bei dem Aufgebotsgericht** gestellt werden. Dieses ist **ausschließlich zuständig.**

II. Er kann ebenso wie der Antrag auf Wiederaufhebung der Entmündigung §§ 647, 676 ZPO. bei dem Gericht schriftlich eingereicht oder zu Protokoll des Gerichtsschreibers angebracht werden. Es ist die Form der Prozeßordnung für die amtsgerichtliche Klage nach § 496 ZPO.

1. Nicht brauchbar als Grundlage eines Antrages nach § 11 ist also ein bloßer **Brief des für tot Erklärten,** der aus feindlicher Gefangenschaft eingeht und das Überleben des Totgeglaubten beweist. Dieser Brief muß mindestens einen Auftrag an eine bestimmte Person enthalten, in Vertretung des für tot Erklärten einen Antrag nach § 11 zu stellen.

2. Der **Inhalt des Antrages** muß die Bitte enthalten, das Todeserklärungsurteil aufzuheben. Bezüglich der Kosten wird Antrag möglich sein, daß die dem Antragsteller erwachsenden außergerichtlichen Kosten demjenigen auferlegt werden, der das Ausschlußurteil erwirkt hat (vgl. dazu § 18).

3. Der Antragsteller kann seinen **Antrag** jederzeit bis zum Schluß der Verhandlung, das heißt bis zum Beschlusse des angegangenen Gerichts und noch in der Beschwerdeinstanz **zurücknehmen.**

4. Der Antrag kann auch durch einen **Bevollmächtigten** gestellt werden. Da eine Vertretung durch Anwälte nicht geboten ist, hat das Gericht den Mangel der Vollmacht von Amts wegen zu berücksichtigen (§ 88 Abs. 2 ZPO.). Zweifelhaft kann sein, ob eine zur Anfechtungsklage erteilte Prozeßvollmacht auch zur Stellung des Antrages auf Aufhebung des Ausschlußurteiles bei dem Aufgebotsgericht ermächtigt. Nach den Worten des § 81 ZPO. wäre sie nicht genügend, da das Verfahren kein Prozeß ist. Aber man wird annehmen dürfen, daß entsprechend dem Zweck der Bundesr.Bek. die Vollmacht für die Anfechtungsklage auch für das diese ersetzende richterliche Verfahren genügt, zumal die Stellung des Anfechtungsantrages die Wirkung der Erhebung der Anfechtungsklage hat.

5. Der Antrag kann **jederzeit gestellt werden,** ist an Fristen nicht gebunden und ist auch nach Erhebung der Anfechtungsklage zulässig, wie aus dem § 15 der Bundesr.Bek. hervorgeht, nach welchem das Verfahren über die Anfechtungsklage bis zur Entscheidung über den Anfechtungsantrag auszusetzen ist.

III. Wie in den §§ 647, 676 ZPO. ist Sollvorschrift für den Antrag, daß er eine Angabe der begründeten Tatsachen und die Bezeichnung der Beweismittel enthalten soll. Also kann der Richter, auch wenn die Angabe der Tatsachen unvollkommen ist oder die Beweisführung unschlüssig ist und nicht genügende Beweismittel angegeben sind, von einer Zurückweisung wegen Unvollkommenheit des Tatsachenvorbringens absehen. Glaubhaftmachung ist nicht erfordert. Die Beweismittel werden bei Wiederkehr des für tot Erklärten solche über seine Identität, bei Stellung des Antrages im Namen eines noch in Gefangenschaft befindlichen für tot Erklärten, auch Beweismittel über die Tatsache, daß der für tot Erklärte das Ausschlußurteil kennt und seine Aufhebung durchzusetzen wünscht, sein müssen.

§ 12.

Vor der Entscheidung ist der Staatsanwalt sowie derjenige zu hören, der die Todeserklärung erwirkt hat.

I. Die Anhörung des Staatsanwaltes entspricht dem Vorbild des Wiederaufhebungsverfahrens gegen den Entmündigungsbeschluß (§ 676 Abs. 3, § 652 ZPO.). In beiden Fällen, sowohl nach der Bundesr.Bek. wie im Wiederaufhebungsverfahren gegen den Entmündigungsbeschluß nach der Zivilprozeßordnung, entspricht dieses Anhörungserfordernis dem Antragsrecht des Staatsanwaltes.

II. Die Anhörung des Antragstellers des Todeserklärungsurteils ist ohne Beispiel im Wiederaufhebungsverfahren gegen den Entmündigungsbeschluß. Die Vorschrift war nötig, wenn man dem Antragsteller, der das Todeserklärungsurteil erwirkt hatte, kein Rechtsmittel gegen den Anfechtungsbeschluß geben wollte. Der Antragsteller wird vielfach ein Interesse daran haben, die Zweifel gegen die Identität vorzubringen. Ein Zwang gegen den Antragsteller zum Erscheinen bei einer mündlichen Verhandlung, die das Gericht für sein Anhören anordnet, ist nicht gegeben. Er braucht auch nur die Gelegenheit zu schriftlicher oder mündlicher Äußerung zu erhalten (vgl. ZPO. §§ 99 Abs. 3, 102, 225 Abs. 2, 387 Abs. 1, 622, 844 Abs. 2, 891, 1034, 1041 Abs. 1 Nr. 4, 1045 Abs. 2). Äußert sich der Antragsteller, der das Ausschlußurteil erwirkt hat, nicht, so wird er als säumig angesehen werden (§ 230 ZPO.). Eine Verzögerung des Beschlusses darf im Interesse des für tot Erklärten nicht in Betracht kommen.

§ 13.

Der § 968 der Zivilprozeßordnung gilt entsprechend.

Ergeben sich Zweifel, ob der Antragsteller der für tot Erklärte ist, so ist der Antrag zurückzuweisen und der Antragsteller auf den Weg der Anfechtungsklage zu verweisen.

I. Das **Verfahren** ist ein Offizialverfahren ohne notwendige mündliche Verhandlung. Die Öffentlichkeit ist nicht ausgeschlossen (anders Gerichtsverfassungsgesetz § 172 Abs. 2).

II. Das Gericht hat auch hier die **Pflicht der Wahrheitserforschung** wie sonst nach § 968 ZPO. (vgl. oben § 4, VIII). Das Gericht wird auf die Umstände des Vermißtwerdens einzugehen haben, auf die Gründe der Nachrichtenlosigkeit, auf die Tatsachen, die der Antragsteller für seine Identität mit dem Vermißten anführen kann.

III. Die **Beweisaufnahme** ist auch hier durch Zeugen und zur Nachprüfung der Behauptung des Antragstellers, eventuell mit Sachverständigen vorzunehmen (§§ 373ff.). Einer Zeugnisverweigerung ist von Amts wegen zu begegnen. Die eidesstattliche Versicherung des Antragstellers wird auch hier wie im Aufgebotsverfahren in Betracht kommen.

IV. Der **Beschluß, welcher auf den Aufhebungsantrag ergeht,** wird in § 13 nur sofern geregelt, als es sich um die Abweisung wegen Zweifel an der Identität handelt. In diesem Falle ist der Antragsteller auf den Weg der Anfechtungsklage zu verweisen.

1. Es genügt im Gegensatz zum Aufgebotsverfahren, in welchem die Meldung auf das Aufgebot hinreicht, um das Ausschlußurteil auszusetzen und den Antragsteller auf den Klageweg zu verweisen (§ 953 ZPO.), nicht, daß eine Behauptung, welche die Identität in Zweifel zieht, auftritt, sondern es müssen sich für die richterliche Würdigung dieser Behauptung Zweifel an dem Vorbringen des Antragstellers ergeben. Der Richter muß feststellen, daß der Antragsteller nicht seine Identität zweifelfrei nachweisen kann. Gerade deswegen wird, wenn eine anzweifelnde Behauptung dem Antrag entgegentritt, eine umfassendere Beweiserhebung nötig sein. Auch eine Widerlegung der vom Gegner vorgebrachten Behauptung wird möglich sein und wird erfolgen müssen, wenn nicht das ganze Antrags- und Beschlußverfahren für den für tot Erklärten gefährlich sein soll.

2. Abgesehen von diesem Beschluß ist ein das Aufhebungsverfahren einstellender Beschluß nicht vorgesehen. § 14 der Bundesr.Bek., welcher die sofortige Beschwerde erwähnt, hat anscheinend nur eine Zurückweisung im Auge, welche unter Verweisung des Antragstellers auf den Klageweg stattfindet. Gleichwohl ist es für möglich zu halten, daß der Beschluß den Antragsteller schlechthin abweist, ohne ihn auf den Klageweg zu verweisen:

a) Wenn festgestellt wird, daß ein Ausschlußurteil gar nicht ergangen ist oder ein solches durch Anfechtungsklage aufgehoben ist.

b) Wenn der Antrag bei dem nicht zuständigen Gericht gestellt ist.

c) Wenn die Vollmacht des Vertreters des Antragstellers nicht nachgewiesen ist.

Der Beschluß ist von Amts wegen (§ 329 ZPO.) zuzustellen. Auch der Staatsanwaltschaft wird angesichts des Antragsrechtes der §§ 16 und 12 der Beschluß zuzustellen sein. Einen Beschluß, der den Antrag wegen Säumigkeit des Antragstellers in der Vertretung seines Antrages abwiese, gibt es nicht. Es können aber die Zweifel an der Identität gerade aus einem Verhalten des Antragstellers, der durch das Nichterscheinen bei einer angeordneten mündlichen Verhandlung die Durchführung des Verfahrens unmöglich macht, sich ergeben, so daß eine Zurückweisung des Antrages mit Verweisung auf den Klageweg dadurch gerechtfertigt wäre. Über die Anfechtung des abweisenden Beschlusses vgl. § 14, 3.

§ 14.

Die Entscheidung kann ohne mündliche Verhandlung ergehen. Sie erfolgt durch Beschluß. Gegen die Aufhebung der Todeserklärung findet kein Rechtsmittel statt; gegen die Zurückweisung des Antrags steht dem Antragsteller die sofortige Beschwerde zu.

I. Über das Allgemeine vgl. oben zu § 13.

II. **Der Beschluß, durch welchen die Todeserklärung aufgehoben wird,** ergeht prozessual unter ähnlichen Verhältnissen wie die Wiederaufhebung der Entmündigung, aber da ein Rechtsmittel gegen den die Todeserklärung aufhebenden Beschluß nicht zulässig ist, ist das Antragsverfahren ein einfaches Mittel, um die Todeserklärung zu beseitigen. Über die Zulassung einer Beschwerde bei Vorliegen eines Nichtigkeits- oder Restitutionsgrundes vgl. de lege ferenda Seuffert, Recht 1916, S. 445.

Der Beschluß ist durch Verkündung rechtskräftig, wenn eine mündliche Verhandlung stattgefunden hat. Er ist sonst von Amts wegen dem Antragsteller zuzustellen (§ 329 Abs. 3 ZPO.).

III. Über die **Kostenbestimmung** im Beschlusse vgl. unten zu § 18.

IV. Über die **Veröffentlichung** des Beschlusses ist keine Bestimmung getroffen. Seuffert, Recht 1916, S. 446 hat aus der Bestimmung ZPO. §§ 975, 976 gefolgert, daß auch für diesen Beschluß die Einrückung im Reichsanzeiger angeordnet werden kann. — Das ist meines Erachtens nicht anzunehmen, da praktische Wirkungen der Todeserklärung nach Wiederaufhebung durch Beschluß nicht zu befürchten sind, § 2370 BGB. aber mit seinem Vertrauensschutz auch nach der Wiederaufhebung nicht jede Wirkung verliert, vielmehr möglich ist, daß der Dritte, der sich mit dem vermutlichen Erben des für tot Erklärten einläßt, den Aufhebungsbeschluß nicht gekannt hat und trotz dieses Beschlusses geschützt wird. Über die Mitteilung des Beschlusses an die Militärbehörden vgl. Pr. Just.-MinBl. 1916, S. 129ff. Bad. Just. Min. Bl. 1916 S 62 Nr. 4, Erl. vom 23. Juni 1916.

V. Wenn der **Beschluß den Antrag zurückweist**, sei es, daß die Zurückweisung schlechthin erfolgt (§ 13 Bemerkung IV, 2), sei es, daß der Antragsteller auf den Weg der Anfechtungsklage verwiesen wird, so steht dem Antragsteller und nur ihm die sofortige Beschwerde zu, nach den Grundsätzen des § 577 ZPO. Nur auf den ersten Fall will Lemme (Recht 1916, S. 373) die sofortige Beschwerde beschränken, weil § 13 Satz 2 nicht besonders in § 14 in bezug genommen ist. Aber wegen der praktischen Bedeutung des Beschlusses, der auf die Anfechtungsklage verweist, wird man auch gegen ihn die sofortige Beschwerde als sachlich notwendig erachten müssen (so auch Stern, Gruchots Beitr., Bd. 60, S. 572, Recht 1916, S. 508ff.; ebenso wie Lemme auch Miltner, Leipz. Zeitschr. 1916, S. 731; Riezler, a. O. S. 164). Der Fristlauf der sofortigen Beschwerde muß ebenso, wie im Falle des § 952 ZPO., nach dem Ausschlußurteil mit der Verkündigung des Beschlusses beginnen sonst mit der Zustellung von Amts wegen.

Die **sofortige Beschwerde** kann bei dem Amtsgericht, welches den Beschluß erlassen hat, oder bei dem Beschwerdegericht eingelegt werden (§ 569, Abs. 1; § 577 ZPO.). — Die Form für die Einlegung der Beschwerde ist die Einreichung einer Beschwerdeschrift nach § 569 Abs. 2 ZPO. Da sie durch Erklärung zu Protokoll des Gerichtsschreibers erfolgen kann (§ 569 Abs. 2), ist sie vom Anwaltszwange frei (§ 78 Abs. 2 ZPO.). Der Antragsteller kann auch beim Landgericht ohne Anwalt die sofortige Beschwerde gegen die Zurückweisung des Aufhebungsantrages einlegen. Auch die schriftliche Erklärung, welche das Beschwerdegericht nach § 573 ZPO. vor der Entscheidung fordern kann, ist ohne Anwaltszwang (§ 573 Abs. 2 ZPO.). Bestritten ist, ob die mündliche Verhandlung über die Beschwerde, welche von dem Beschwerdegericht nach § 573 Abs. 1 angeordnet werden kann, vom Antragsteller selbst oder nur durch einen bei dem Landgericht zugelassenen Rechtsanwalt wahrgenommen werden kann. Dafür Seuffert, Recht 1916, S. 447 und schon vorher im Kommentar zu § 573 Nr. 2; Weismann, Lehrbuch des deutschen Zivilprozeßrechts, Bd. 1, S. 454. Dagegen und für Anwaltszwang unter Ablehnung des Schlusses aus § 78 Abs. 2 ZPO. die Rechtsprechung Reichsgericht, Bd. 7, S. 403; Bd. 9, S. 391; Bd. 35, S. 348; Bd. 36, S. 362; Gaupp-Stein, Bemerkung IV zu § 78 und Bem. I. 2 zu § 573; OLG. Bamberg, Blätter für Rechtsanwendung, Bd. 70, S. 214. Wegen der Konsequenzen, welche sich für die Auslegung des § 78 ergeben, wird die Auffassung der Rechtsprechung für richtig zu halten sein.

§ 15.

Der Antrag auf Aufhebung der Todeserklärung hat dieselben Wirkungen wie die Erhebung der Anfechtungsklage.

Ist die Todeserklärung durch Klage angefochten, so ist das Verfahren über die Anfechtungsklage bis zur Entscheidung über den Antrag auszusetzen.

Wird die Todeserklärung aufgehoben, so wirkt der Beschluß für und gegen alle.

I. Aus der Rolle des Aufhebungsantrages folgt, daß er die **Wirkung der Anfechtungsklage** haben muß.

1. Es entsteht also durch den Antrag eine prozeßähnliche Berechtigungsstellung für den Antragsteller. Durch den Tod des Antragstellers endigt das Verfahren nicht, vielmehr kann der Erbe des Antragstellers das Verfahren aufnehmen und selbst die Aufhebung der Todeserklärung betreiben, ohne durch die Anfechtungsfristen der §§ 958, 974 ZPO. gehindert zu sein.

2. Prozessual kommt in der Wirkung auf das Verfahren nur in Betracht, daß die etwa von anderen gleichzeitig mit der Anfechtung des für tot Erklärten erhobenen Anfechtungsklagen nach dem Gesichtspunkte des § 976 nicht verhandelt werden dürfen. Mehrere Anfechtungsprozesse sind zu verbinden und diese Verbindung ist zwingend vorgeschrieben. Schon nach den allgemeinen Gesichtspunkten des § 148 ZPO. wäre das Verfahren auf die übrigen Anfechtungsklagen auszusetzen. Darüber hinaus wird diese Aussetzung nach § 15 der Bundesr.Bek. aber auch auferlegt.

3. Im materiellen Recht bedeutet die Gleichstellung von Anfechtungsantrag und Anfechtungsklage, daß nach § 1349 BGB. ein Ehehindernis für den Ehegatten des für tot Erklärten entsteht, es sei denn, daß die Anfechtung erst zehn Jahre nach dem Ausschlußurteil erfolgt, ferner, daß nach § 2360 BGB. der Erbschein, der vom Scheinerben auf Grund des Ausschlußurteils beantragt ist, in „analoger" Anwendung

dieser Vorschrift (Planck-Strohal, Kommentar zu § 2360 Bemerkung 1) nicht ohne Gehör des Antragstellers, der die Aufhebung der Todeserklärung beantragt hat, erteilt werden soll. Die Wirkung des öffentlichen Glaubens der Todeserklärung nach § 2370 endet aber nicht mit der Stellung des Antrages (so unrichtig Dronke, Jur. Wochenschr. S. 642), sondern erst mit dem Aufhebungsbeschlusse.

II. Die **Wirkung** der Aufhebung durch Beschluß entspricht der Wirkung des Aufhebungsurteils im Anfechtungsprozesse. Mit dem Aufhebungsbeschluß ist die Todeserklärung mit Wirkung gegen alle beseitigt. Aber der § 2370 BGB. kennt die Möglichkeit, daß auch nach der Aufhebung der Todeserklärung ein Dritter, der von dem vermutlichen Erben im Vertrauen auf die Todeserklärung erwarb, geschützt wird, wenn er nichts von der Aufhebung weiß.

Eine zweifellose Lücke in der Gesetzgebung besteht bezüglich der Wirkung des Aufhebungsbeschlusses auf die zweite Ehe des Ehegatten des für tot Erklärten. Nach § 1348 Abs. 2 BGB. bleibt die erste Ehe dieses Ehegatten auch dann aufgelöst, wenn die Todeserklärung infolge einer Anfechtungsklage aufgehoben wird. Gilt das auch für den Fall des Aufhebungsbeschlusses? — § 15 sagt nichts ausdrückliches darüber. Infolgedessen will Lemme, Recht 1916, S. 373 ff. einfach die Vorschrift in Anwendung bringen, daß dieser Beschluß „für und gegen alle wirkt". Das hätte die Folge, daß die zweite Ehe als nichtig zu gelten hätte und die erste nicht gelöst wäre. Von dieser Entscheidung darf nicht die Rede sein. Allerdings spricht § 15 nur von dem Antrag auf Aufhebungsbeschluß und legt diesem die Wirkung der Erhebung der Anfechtungsklage bei. Aber in dieser Vorschrift, wie in der Vorschrift über die allseitige Wirkung des Beschlusses nach § 14 liegt doch gleichzeitig, daß alle materiellen Wirkungen des Anfechtungsprozesses auch auf das Beschlußverfahren übertragen sein sollten. So wird es anzunehmen sein, daß die ältere Ehe auch dann aufgelöst bleibt, wenn die Todeserklärung durch Aufhebungsbeschluß aufgehoben wird (so schon Stern, Recht 1916, S. 509).

§ 16.

In den Fällen des § 1 und des § 11 ist auch der Staatsanwalt antragsberechtigt.

I. Während bisher nach den allgemeinen Vorschriften der Staatsanwalt im Aufgebotsverfahren zur Todeserklärung nur eine beschränkte Rolle gespielt hat (§ 974 Abs. 2 ZPO.), ist er bei der Kriegsverschollenheit schlechthin mit Antragsrechten nach §§ 1 und 11 der Bundesr.Bek. ausgestattet. Der Staatsanwalt ist hier wie sonst im Prozesse in Ehe- und Entmündigungssachen Partei, im öffentlichen Interesse kraft Amts berufen, und die Landesjustizverwaltungen werden es in der Hand haben, ob sie durch entsprechende Instruktion die Durchführung der Todeserklärung so gestalten wollen, daß den Interessen der Heeresverwaltung und des Volkes entsprochen wird.

II. Folgende Anträge des Staatsanwalts bei der Kriegstodeserklärung kommen in Betracht: zunächst kraft ausdrücklicher Gesetzesbestimmung:

1. Der Antrag auf Erlassung des Aufgebots.
2. Der Antrag auf Erlassung des Aufhebungsbeschlusses nach § 11

aber folgeweise auch:

3. Der Antrag auf Erlaß des Ausschlußurteiles im Aufgebotstermine (oben § 4, VIII), wenn der ursprüngliche An-

tragsteller, der das Aufgebot beantragt hatte, zurückgetreten oder verstorben ist, da für den Staatsanwalt auch die Befugnis des § 967 ZPO. besteht und folgeweise auch der Staatsanwalt neben dem Antragsteller oder an seiner Statt in das Verfahren eintreten kann.

4. Die Anfechtungsklage nach §§ 957, 973 ZPO. Das letztere wird man vielleicht bezweifeln wollen, da nur für den Antrag nach § 11, also für den Anfechtungsbeschluß der Bundesr.Bek. dieselbe ausdrücklich vom Antragsrechte des Staatsanwaltes spricht (so tatsächlich Stern, Gruchots Beitr., Bd. 60, S. 569). Aber wenn einmal der Staatsanwalt Antragsrecht nach § 1 hat und dadurch im Sinne des § 962 als Vertreter eines rechtlichen Interesses anerkannt wird, muß dieses Recht auch für die Anfechtung nach § 973 ZPO. zugestanden werden. Es liegt im öffentlichen Interesse, daß eine unzulässige oder mit unrichtiger Bestimmung des Todeszeitpunktes erlassene Todeserklärung angefochten werde. Zudem ist mit der Befugnis zur erleichterten Anfechtung nach § 11 doch wohl auch die Befugnis zur Anfechtungsklage zugestanden.

Kann der Staatsanwalt daneben auf das Aufgebot hin eine Anmeldung im Sinne des § 953 vornehmen, also den Erlaß des Ausschlußurteiles durch eine tatsächliche Behauptung hindern, welche das Leben des Vermißten auch nach dem im Ausschlußurteil festgestellten Zeitpunkt des Todes behauptet? — Auch daran wird ein Zweifel nicht möglich sein, denn diese Anmeldung kann im Aufgebotsverfahren der Todeserklärung der Sachlage nach nicht die Bedeutung haben, daß ein angemeldetes Recht dem Recht des Antragstellers, die Todeserklärung herbeizuführen, entgegengesetzt wird (vgl. oben S. 122).

III. Die Bundesr.Bek. hat im übrigen die exakte Ausgestaltung der Stellung des Staatsanwaltes im Aufgebotsverfahren wegen Kriegsverschollenheit nicht gegeben. Sie überließ dieselbe der Praxis und diese wird, mit Rücksicht auf die Antragsrechte des Staatsanwaltes, demselben Gelegenheit bieten müssen, in das Verfahren einzugreifen. Als Vorbilder sind §§ 652, 659 ZPO. wichtig. Der Beschluß, der das Aufgebot enthält, ist auch dem Staatsanwalt zuzustellen, damit eventuell von ihm ein Antrag auf Ausschlußurteil gestellt werden kann. — Ebenso sollte entsprechend § 659 ZPO. das Ausschlußurteil dem Staatsanwalte zugestellt werden, da eine Anfechtung durch ihn in Frage kommt. Nach § 299 ZPO. wird im Aufgebotsverfahren nach der Bundesr.Bek. auch dem Staatsanwalt das Recht auf Akteneinsicht zustehen, da er als parteiberechtigt in Betracht kommt.

Da die Vorschriften des Entmündigungsverfahrens über die Zustellung an den Staatsanwalt nicht aufgenommen sind, kann ihre Verletzung nicht einen Beschwerdegrund bilden. Aber sie werden gleichwohl vom Aufgebotsrichter zu beachten sein.

§ 17.

In einem Verfahren nach den Vorschriften dieser Verordnung genügt zum Nachweis von Tatsachen, die bei dem Truppenteile des Verschollenen bekannt sind, eine mit dem Dienstsiegel versehene schriftliche Erklärung des militärischen Disziplinarvorgesetzten.

Soweit es sich um Tatsachen handelt, die bei der obersten Militärverwaltungsbehörde bekannt sind, genügt zum Nachweis die schriftliche, mit dem Dienstsiegel versehene Auskunft der Behörde.

I. Die Vorschriften sind von der Begründung wie von den ersten Erläuterern als eine erhebliche Erleichterung des Beweisverfahrens angesprochen worden: „Die hauptsächlichsten Hilfsmittel bei der Ermittlung der für die Entscheidung des Gerichts in Betracht kommenden Tatsachen werden in vielen Fällen Wahrnehmungen von Kameraden und Vorgesetzten des Verschollenen sein. Nach den allgemeinen Vorschriften der Zivilprozeßordnung müßten diese als Zeugen vernommen werden, und zwar in der Regel im Wege der Rechtshilfe durch Ersuchen der zuständigen Militärgerichtsbeamten. Es geht jedoch weder an, noch erscheint es erforderlich, die Truppen und Militärgerichtsbeamten im Felde mit derartigen Ersuchen zu belasten. Zum Nachweis der bei dem Truppenteile des Verschollenen bekannten Tatsache soll es daher genügen (Abs. 1), wenn der den Vorgängen am nächsten stehende Disziplinarvorgesetzte des Verschollenen, nämlich in der überwiegenden Mehrzahl der Fälle der Kompagnie-, Schwadrons- oder Batterieführer, sie durch eine schriftliche Erklärung gerichtskundig macht". So die Begründung. Die Bestimmung ist nicht neuartig. Auch das Gesetz vom 2. April 1872 ließ den Nachweis, daß der Vermißte an dem Kriege teilgenommen hat, daß er in demselben vermißt worden und seit dem Friedensschluß eine Nachricht von dem Leben nicht eingegangen ist, auch durch schriftliche auf Grund amtlicher Nachrichten ausgestellte Zeugnisse einer Militär- oder Zivilbehörde geführt werden. Damit war auch nach dem Kriege von 1870/71 die Bescheinigung des Kriegsministeriums gedeckt. Darüber hinaus ist nur die Truppenmeldung mit dem Dienstsiegel, wie die Heerordnung vom 28. September 1875/22. November 1887 sie vorsieht (vgl. Anlage 9 § 4 Nr. 4 der Heerordnung über die Benachrichtigung des Standesbeamten, betreffend Sterbefälle in Lazaretten), im bürgerlichen Recht wirklich neu. Ein praktisches Bedürfnis, diese Bescheinigungen auch, wenn sie von den übrigen Nachforschungsstellen ausgestellt sind, ebenso gelten zu lassen, liegt nicht vor, da alles rechtserhebliche den zuständigen Kriegsministerien gemeldet werden muß.

Die ganze Bestimmung entspricht dem in der Praxis geübten und durch die Rechtsprechung anerkannten Verfahren: wo ein Beamter nur über den Inhalt der Akten seiner Behörde auszusagen hätte, kann auf Antrag der Partei die persönliche Vernehmung, welche über die persönlichen Wahrnehmungen des Beamten selbst im allgemeinen nichts, was über den Akteninhalt hinausginge, ergeben würde, durch ein Ersuchen der Behörde um amtliche Auskunft ersetzt werden. Man schafft so die Urkunde für einen Urkundenbeweis nach § 432 ZPO. (vgl. Gaupp-Stein vor § 373 Bemerkung 5 und Fußnote 36). Prozeßrechtlich war es nur nötig, diese für den Parteiprozeß geltende Befugnis auch ins Aufgebotsverfahren und in die Anfechtungsklage mit ihrem Offizialbetrieb hineinzunehmen und die entsprechende Vorschrift über die Beurkundungsform militärischer Stellen zu treffen, die im Friedensbetriebe nicht als gleichbedeutend mit inländischen Behörden angesehen werden: statt der obersten Militärbehörde ist jetzt auch der Truppenteil, der Kompagnie-, Schwadrons-, Batterieführer zur Beurkundung zuständig. Die Zentralnachweisebureaus, „die keine selbständigen Behörden sind, sondern als Abteilungen der obersten Militärverwaltungsbehörden der deutschen Kontingente, der Marine und der Schutztruppen eingerichtet“ sind, haben für die Beurkundung den Charakter einer selbständigen Behörde im Sinne des Prozeßrechtes erlangt.

II. Die **Beurkundungserleichterung** für die den **Truppenteilen** bekannten Tatsachen.

1. Die Tatsachen und Wissensgrundlagen, um welche es sich hier handelt, sind:

a) Zunächst der Akteninhalt der militärischen Listen. Der Kompagnie-, Schwadrons-, Batterieführer führt die militärische dienstliche Liste über die in Gefechten Vermißten, erteilt die amtliche Auskunft über die Tatsache, daß der Mann vermißt sei, stellt klar, ob ein zunächst als verwundet oder gefallen bezeichneter Heeresangehöriger nicht richtiger als vermißt zu betrachten sei, gibt Auskünfte über den Wortlaut der Erkennungsmarke, über die Umstände des Verschwindens eines Vermißten. Diese amtlich geführten Listen sind die wichtigste Grundlage für die Beurkundungen im Sinne des § 17.

b) Daneben kommen praktisch wohl nur während des Krieges Vernehmungen in Betracht, welche der Führer des Truppenteils bei den Kameraden des Vermißten veranstaltet. Diese Erhebungen werden von beschränkter Bedeutung sein, sei es wegen des starken Wechsels im Personalbestand der Truppenteile, sei es wegen der Unsicherheit der Wahrnehmungen und des Erinnerungsvermögens, die gerade für die Vermißtensuche jedem, der tausende solcher Fälle überblickt, aus der Erfahrung bekannt sein werden. Wer es versuchte, unmittelbar nach einem Gefecht, in dem größere Verluste eintraten, die Aussagen der Kameraden, die im selben Zuge oder in derselben Batterie mit den Vermißten standen, zu sammeln und schriftlich zu fixieren, wird den beschränkten Wert dieses Auskunftsmittels erkannt haben. Die Einzelheiten in der Darstellung der Umstände werden auch rechtlich keine Rolle spielen. Für den Richter genügt die Feststellung des Truppenteiles, daß der Verschollene vermißt war, vielleicht die einhellige Feststellung durch mehrere Kameradenaussagen. Für die Erhebungen ist mehr von den Gefangenen zu erwarten und für einzelne Truppenteile ist dieses Material bei besonders günstiger Gelegenheit oder für größere Gefechte planmäßig gesammelt uud aufgearbeitet. Das Zentralnachweisebureau des Königlich Preußischen Kriegsministeriums hat für das Jahr 1915 dabei schon eine weitreichende Sammlung der Aussagenprotokolle, ihr Inhalt wird also mit dem Dienstsiegel des Zentralnachweisebureaus für die gerichtliche Beurteilung des Falles verwertbar sein (vgl. unten III).

2. **Die mit dem Dienstsiegel versehene schriftliche Erklärung** muß vom militärischen Disziplinarvorgesetzten des Verschollenen abgegeben werden. — Also für den einzelnen Mann oder Truppenoffizier der Kompagnieführer, der Schwadronsführer, der Batterieführer. Ist dieser selbst der Verschollene, vom Bataillons- oder Abteilungskommandeur; wenn dieser selbst vermißt ist, vom Regimentskommandeur usw. Für Stäbe hat der Befehlshaber des Stabes die Auskunft zu erteilen.

Für die Sanitätsformation wird der Disziplinarvorgesetzte derselben in Betracht kommen. Also der Kommandeur der Sanitätskompagnie, der Chefarzt oder leitende Arzt auf dem Verbandsplatze, im Feldlazarett, im Kriegslazarett. Wer im einzelnen Falle der Disziplinarvorgesetzte ist, bestimmt sich einerseits nach Disziplinarstrafordnung für das Heer vom 31. Oktober 1872 (Armeeverordnungsblatt S. 330), die auch in Sachsen und Württemberg gilt und für Bayern als Königlich Bayerische Disziplinarstrafordnung vom 12. Dezember 1872 (Militärverordnungsblatt S. 508) erlassen ist. Andererseits bestimmt sich im einzelnen Falle nach der militärischen Organisation, wer als Disziplinarvorgesetzter zu betrachten ist. Auskünfte darüber sind von den stellvertretenden Generalkommandos, sowie vom Kriegsministerium (Armeeverwaltungsdepartement) zu erlangen. Für die Marine gilt in derselben Weise die Disziplinarstrafordnung für die Kaiserliche Marine vom 1. November 1902 (Marineverordnungsblatt S. 116). Die amtliche Auskunft erteilende Stelle, betreffend Fragen der militärischen Organisation, ist das Reichsmarineamt.

In der Praxis wird für die Frage, ob ein Verschollener militärisch als vermißt zu betrachten ist, nicht nur ein einzelnes Lazarett, sondern ein höherer Verband vielfach in Frage kommen, wenn der Vermißte vom Truppenteil als verwundet bezeichnet worden ist und nachher nicht auffindbar ist. Für die Vermißtensuche hat es sich sehr bewährt, die Fragen an den Generalarzt der Division zu richten, ob in den ihm unterstehenden Feldlazaretten der Verwundete eingeliefert worden ist.

3. Die militärischen Beurkundungen kommen zunächst für die Heeresangehörigen in Betracht. Das militärische Nachweiswesen der Heerordnung, Anlage 9, §§ 1, 3, 4 umfaßt auch das auf dem Kriegsschauplatze befindliche Personal der freiwilligen Krankenpflege, sowie diejenigen Deutschen, welche sich in einem Dienst- oder Vertragsverhältnisse bei dem Reichsheer auf dem Kriegsschauplatze befinden, endlich können sonstige Personen, welche sich bei einer Behörde oder Truppe aufhalten, oder ihr folgen, auf Befehl des betreffenden Kommandeurs oder Vorstandes in die Kriegsstammrolle aufgenommen werden, wenn die Sicherung einer genauen Auskunft über ihre persönlichen Verhältnisse im dienstlichen Interesse liegt (Anlage 9, § 1, Ziff. 5 zur Heerordnung). Diesen Bestimmungen entspricht es, daß nach der militärischen Disziplinarstrafordnung für das Heer nach § 2 Nr. 3, Marinedisziplinarstrafordnung § 2 Nr. 4, 6 und § 44 auch das Heeresgefolge der Disziplinargewalt untersteht. So ist für das gesamte Personal, welches im § 1 der Bundesr.Bek. in Betracht kommt, abgesehen von den in feindliche Hand geratenen Zivilisten, die militärische Beurkundung rechtlich möglich. Nur soweit tatsächlich die militärischen Disziplinarvorgesetzten sich außerstande erklären, eine Beurkundung zu erteilen, wird nach den oben zu § 1 Bemerkung III d, 1 entwickelten Gesichtspunkten bei der Ortskommandantur im Etappengebiet bezw. bei den militärischen Stellen, welche das Wissen über die Vorgänge im Etappengebiet zu ermitteln imstande sind (Etappeninspektion, Generalquartiermeister West oder Ost), die Ermittelung zu führen sein, nach dem Kriege beim zuständigen Kriegsministerium.

4. Die amtliche Auskunft des Disziplinarvorgesetzten muß mit dem **Dienstsiegel** versehen sein. Diese Vorschrift entspricht dem Bedürfnis, die Auskunft als amtliche zu bezeichnen und die auskunftgebende Stelle deutlich zu bezeichnen.

Sie enthält einen Fortschritt über den geltenden Rechtszustand hinaus, entspricht anderseits denjenigen Verhältnissen, welche sich praktisch schon für die freiwillige Gerichtsbarkeit im Heere und der Marine entwickelt haben. Nach der Bundesr. Bek. für die freiwillige Gerichtsbarkeit im Heere und der Marine vom 14. Januar 1915 (RGBl. S. 18) ist, wenn der Truppenteil wie die Kompagnie kein Dienstsiegel führt, die Unterschrift dadurch zu beglaubigen, daß neben dem Beglaubigungsvermerk, den der militärische Disziplinarvorgesetzte erteilen kann, das Dienstsiegel des nächst höheren, ein solches führenden Verbandes gesetzt wird (vgl. Erlaß des Königlich Preußischen Kriegsministeriums vom 20. Januar 1915, Armeeverordnungsblatt S. 20, mit dem dort abgedruckten Muster, auch bei Schlegelberger, Gruchots Beitr. 1915, S. 276). Die militärischen Vorschriften des Nachweiswesens verlangen beglaubigte schriftliche Nachweise (Anlage 9 zur Heerordnung § 4 Ziff. 6 für die Feststellungen über den Tod Vermißter, § 5 Nr. 4 über die Sterbefallanzeigen in Lazaretten, Nr. 5 bei Sterbefällen auf Transporten). Aber nach § 17 der Bundesr. Bek. ist eine Beglaubigung nicht nötig, es genügt die Unterschrift eines Disziplinarvorgesetzten mit Beifügung seines Dienststempels, oder wenn er keinen Dienststempel führt, mit dem Dienststempel des höheren Verbandes. Über das Verfahren des Näheren Pr. Kriegsmin.-Erl. vom 20. April 1916 ABBl. S. 191 (Pr. JustMBl. S. 134; Bad. JustMBl. S. 68). Solche amtlichen Auskünfte sind in dieser Form in der Praxis auch schon für zahlreiche andere Fragen erteilt worden, z. B. bei den Ausweisen über die Krankenträgereigenschaft eines nach der Genfer Konvention auszuliefernden Sanitätsmannes, über die Befähigung eines in Gefangenschaft geratenen Unteroffiziers als Reserveoffiziersaspirant usw.

III. Die **Auskünfte der obersten militärischen Verwaltungsbehörde** werden von den Zentralnachweisebureaus des Preußischen, Bayerischen, Sächsischen, Württembergischen Kriegsministeriums erteilt, für die Schutztruppen vom Oberkommando der Schutztruppen beim Reichskolonialamt, für die Marine vom Zentralnachweisebureau des Reichsmarineamtes. In Bayern, Sachsen und Württemberg sind den Zentralnachweisebureaus die Auskunftsstellen des Landesvereins vom Roten Kreuz „angegliedert". Das bedeutet nicht, daß diese Stellen auch zur Erteilung einer mit dem Dienstsiegel versehenen Auskunft berechtigt wären. Ihre Auskunft wird praktisch als Quelle amtlichen Wissens ebenso in Betracht kommen, wie die Meldung der anderen Landesvereine vom Roten Kreuz und der Ausschüsse für deutsche Kriegsgefangene in Frankfurt a. M. und Hamburg. **Für die Rechtsanwendung kommen nur Zeugnisse der zuständigen Kriegsministerien, des Reichsmarineamtes und des Oberkommandos der Schutztruppen beim Reichskolonialamt in Betracht.** Wenn nach der Demobilmachung die genannten amtlichen Nachweisestellen aufgelöst sein werden, wird diejenige Abteilung der betreffenden Behörde, welcher die Geschäfte zugeteilt sein werden, zur Erteilung der amtlichen Auskunft berechtigt sein (vgl. die Begründung der Bundesratsvorlage im Reichsanzeiger vom 22. April 1916).

Die Tatsachen, über welche Meldungen bei diesen Zentralbehörden vorliegen, sind oben zu § 4 Bemerkung VIII schon besprochen.

§ 18.

Für das Verfahren nach den Vorschriften dieser Verordnung werden Gerichtsgebühren nicht erhoben.

Wird ein Ausschlußurteil gemäß § 14 aufgehoben, so können die dem Antragsteller erwachsenen außergerichtlichen Kosten (§ 91 der Zivilprozeßordnung) demjenigen auferlegt werden, der das Ausschlußurteil erwirkt hat. Auch kann angeordnet werden, daß derjenige, der die Todeserklärung erwirkt hat, die Kosten erstattet, die gemäß § 971 der Zivilprozeßordnung dem Nachlaß des für tot Erklärten zur Last gefallen sind.

I. Die allgemeine Kostenvorschrift der Bundesr.Bek. enthält zunächst eine Ausschaltung des § 44 Gerichtskostengesetzes für das Verfahren auf Grund der Bundesr.Bek., anderseits eine zivilprozessuale Bestimmung über die Kostenlast für den Fall, daß das Ausschlußurteil durch den Beschluß nach § 14 der Bundesr.Bek. aufgehoben wird.

Die Gerichtskostenfreiheit findet ihr geschichtliches Motiv in § 6 des Preuß. Gesetzes vom 2. April 1872. Sie entspricht den zahlreichen militärischen Gebührenfreiheiten, insbesondere der Gebührenfreiheit nach der Bundesr.Bek. über die freiwillige Gerichtsbarkeit in Heer und Marine vom 14. Januar 1915 (RGBl. S. 18), § 5. Über das Verhältnis von Satz 2 und 3 zum System des Zivilprozesses vgl. unten unter IIIb.

II. Infolge § 18 Satz 1 sind **gebührenfrei:**

1. Das Aufgebotsverfahren nach der Bundesr.Bek.

2. Die Anfechtungsklage nach § 10, und zwar nicht nur, wenn sie von dem für tot Erklärten selbst erhoben wird.

3. Die Anfechtung des Ausschlußurteils durch Antrag und Beschluß, sowie die Beschwerdeinstanz in diesem Anfechtungsverfahren, welches durch §§ 11ff. der Bundesr.Bek. geschaffen ist.

Dagegen dürfte keine Gebührenfreiheit für einen Feststellungsprozeß zustehen, der bei Erfolgen einer Anmeldung im Aufgebotsverfahren gegen den Anmeldenden notwendig wird. Denn dieser Feststellungsprozeß beruht nicht auf den Vorschriften der Bundesr.Bek. Man kann das für eine Lücke in der Bekanntmachung halten, aber im Wege der Auslegung ist dieser Lücke kaum abzuhelfen.

Die Gerichtskostenfreiheit ändert nichts an der Verpflichtung zum Ersatz der Auslagen des Gerichts nach §§ 79 bis 80a des Gerichtskostengesetzes (vgl. schon Seuffert, Recht 1916, S. 446 ff. wo mißverständlich § 80 b zitiert ist).

III. Die Kostenlastbestimmung des § 18 trifft nur die Aufhebung des Ausschlußurteiles durch Beschluß nach §§ 11, 14. Also sind die allgemeinen Bestimmungen der §§ 91, 95, 96, 97, 971 ZPO. auf die **Kostenlast des Aufgebotsverfahrens** sowie auf die **Anfechtungsklage** anzuwenden.

1. Die außergerichtlichen Kosten (Anwalts- und Reisekosten der Parteien) im Aufgebotsverfahren fallen nach § 971 ZPO., wenn das Ausschlußurteil ergeht, dem Nachlasse zur Last, soweit sie zur Durchführung des Verfahrens notwendig waren. Wegen der allgemeinen Fragen vgl. dabei Gaupp-Stein, Kommentar zu § 91 VII.

Auf diese Kosten hat das Gericht im Ausschlußurteil auch ohne Antrag zu erkennen (§ 308 Abs. 2 ZPO.). Diese Kosten sind Nachlaßschulden nach § 1967 Abs. 2 BGB. und Masseschulden im Nachlaßkonkurse nach § 224 Nr. 3 KO. — Diese Kosten werden nach der allgemeinen, wenn auch von Gaupp-Stein zu § 971 bestrittenen Meinung auch dem sich meldenden Verschollenen obliegen, daher wird die Möglichkeit geschaffen, daß sie bei Aufhebung des Ausschlußurteils dem Antragsteller, der das Ausschlußurteil erwirkt hat, auferlegt werden. Insofern ist die Bestimmung des § 18 eine Bestätigung der herrschenden Meinung durch authentische Interpretation. Die Befugnis zu einer solchen steht dem Bundesrat zweifellos zu, wenn er auf Grund § 3 des Ermächtigungsgesetzes seine Kriegsbekanntmachung erläßt. Sonst könnte der Rechtsprechung die

Möglichkeit bleiben, die Bestimmungen der Bundesr.Bek. eigenmächtig und zuwider dem Zweck dieser Bekanntmachung in den Widerspruch zu einer von der Praxis beliebten Interpretation des geltenden Rechts zu bringen.

2. Die **außergerichtlichen Kosten der Prozeßführung auf die Anfechtungsklage** unterstehen den allgemeinen Regeln. Wird die Anfechtungsklage abgewiesen, so fallen diese Kosten dem Kläger nach § 91 ZPO. zur Last. Eine zweifellose Schwierigkeit ergibt sich aber für die Kostenbestimmung, wenn das Ausschlußurteil im Wege des Anfechtungsurteiles aufgehoben wird. Die bisher dem Nachlaß des für tot Erklärten auferlegten Kosten (§ 971 ZPO.) bieten hier bösen Anstoß. — Sollen diese Kosten dem Vermögen des für tot Erklärten verbleiben? — Sollen sie vielleicht nur im Wege des besonderen Anspruches wegen unerlaubter Handlung einklagbar sein, also bei Fehlen von Vorsatz und Fahrlässigkeit unersetzt bleiben? So sagen es die Motive des ersten Entwurfes zum BGB. (1, 46), die für den Fall, daß der Verschollene nach Erfolg der Todeserklärung vorhanden ist oder wenn ein anderer, als der im Ausschlußurteil festgesetzte Zeitpunkt des Todes nachgewiesen wird, diese Kosten dem Vermögen des für tot Erklärten belassen. Auf demselben Standpunkte steht der Kommentar Seuffert zu § 971, sowie Seuffert im Recht 1916, S. 447ff.; Dronke aO. S. 641; Stern, Gruchots Beitr., Bd. 60, S. 570 (anders nur Petersen Komm. zu § 971). Die Schwierigkeiten ergeben sich einmal dadurch, daß das Aufgebotsverfahren bis zum Ausschlußurteil noch nicht Teil des Rechtsstreites zwischen dem Anfechtungskläger und dem Antragsteller des Aufgebotsverfahrens ist, ferner dadurch, daß dort, wo die Anfechtung nicht durch den für tot Erklärten selbst erfolgt, die Kosten des Nachlasses jedenfalls Kosten eines Dritten sind und daher nicht im Verhältnis des Anfechtenden zum Antragsteller des Aufgebotsverfahrens nach § 91 ZPO. auferlegt werden können. Gleichwohl möchte ich die Auferlegung der Kosten des Aufgebotsverfahrens auch im aufhebenden Urteil des Anfechtungs-

prozesses für richtig halten. Wenn der Aufgebotsrichter vor dem Ausschlußurteil die Unzulässigkeit oder den Mangel des Rechtsgrundes für das Ausschlußurteil erfährt, muß er abweisen und dem Antragsteller die Kosten auferlegen. Da die Anfechtung im Klagewege praktisch zunächst Rechtsmittelersatz ist, kommt folgeweise die Wirkung des § 91 ZPO. auch für das Urteil im Anfechtungsprozesse in Frage. — Über die rechtslogischen Bedenken müssen wir uns meines Erachtens hinwegsetzen, da jedenfalls der Antragsteller, schon wenn er das Aufgebot beantragt, eine zivilprozessuale Parteistellung hat und der Rechtsstreit, welcher nach der Anfechtungsklage beginnt, eine rechtliche Folge des Aufgebotsverfahrens ist. Man kann auch sehr wohl behaupten, daß nach der positiv-rechtlichen Behandlung der Zivilprozeßordnung das Aufgebotsverfahren zum streitigen Verfahren gehört (vgl. Gaupp-Stein, Vorbemerkung III zu § 946 ZPO.). Endlich enthält die Anfechtungsberechtigung des Anfechtungsklägers eben die Befugnis für diesen, sich das Eigeninteresse des für tot Erklärten praktisch anzueignen, wenn der Anfechtende nicht der für tot Erklärte selbst ist. Der erste der beiden Bedenken erregenden Gesichtspunkte, der die Anwendung des § 91 nicht zulassen will, weil ein Teil des Rechtsstreites im Aufgebotsverfahren noch nicht vorläge, liegt ja in derselben Fragestellung auch für die Kosten des Entmündigungsverfahrens vor, die nach dem Entmündigungsbeschlusse den Entmündigten treffen und dennoch Kosten des Rechtsstreites sind (vgl. Gaupp-Stein, Bemerkung 1 zu § 658 ZPO. und mit ausführlicher guter Begründung Oberlandesgericht Dresden, Rechtsprechung, Bd. 25, S. 141), daher auch durch ein aufhebendes Urteil im Anfechtungsprozesse dem Antragsteller auferlegt werden sollten.

Daß die Möglichkeit, die außergerichtlichen Kosten des Aufgebotsverfahrens im Aufhebungsurteile dem Antragsteller aufzuerlegen, der sinngemäßen Auslegung des geltenden Rechts entspricht, scheint heute mittelbar durch § 18 der

Bundesr.Bek. selbst gesagt zu sein. Diese Bestimmung gibt dem Richter die Befugnis, im Aufhebungsbeschluß auch die nach § 971 dem Nachlaß des für tot Erklärten zur Last fallenden Kosten dem Antragssteller aufzuerlegen. Wenn man die hier vertretene Meinung mit Seuffert, Recht 1916, S. 448 für unrichtig hält, gerät man in einen verwunderlichen Gegensatz zwischen der Bundesr.Bek. und den Verhältnissen bei der Anfechtungsklage, welche durch die Bundesr.Bek. doch offenbar nur entsprechend auf den Anfechtungsbeschluß übertragen werden sollte.

Aber auch wenn man mit uns im Aufhebungsurteil des Anfechtungsprozesses die Kosten des Aufgebotsverfahrens dem Antragsteller auferlegt, ist doch nicht jede Schwierigkeit beseitigt. Allerdings wenn der für tot Erklärte selbst im Anfechtungsprozesse klagt, wenn sein gesetzlicher Vertreter anficht oder wenn derjenige anficht, der an Stelle des für tot Erklärten dessen Vermögen von dem kraft der Todesvermutung gewordenen Erben herausfordern kann, so wird die Entscheidung bezüglich der Kosten auch die Wirkung haben, daß solche Kosten, soweit sie nicht beigetrieben sind, nicht gefordert werden können, beigetriebene Kosten der obsiegenden Partei im Anfechtungsprozesse ersetzt werden. Aber dieses Ergebnis ist praktisch unmöglich, wo der Anfechtende selbst nicht Rechtsnachfolger des für tot Erklärten wird oder nicht als gesetzlicher Vertreter des für tot Erklärten handelte. Hier sind die Kosten, auch wenn nachher im Anfechtungsprozesse die Aufhebung der Todeserklärung erfolgt und man die Kosten dem Antragsteller des Aufgebotsverfahrens auferlegen wollte, doch nicht dem Nachlasse oder dem noch lebenden für tot Erklärten zurückzuerstatten, da das Urteil nur im Verhältnis zwischen dem Anfechtenden und dem Antragsteller eine Vollstreckungsgrundlage sein kann. Aber schon die Möglichkeit, daß dem Anfechtenden für tot Erklärten oder einem Rechtsnachfolger desselben die Kosten ersetzt werden, ist für die Auslegung der Vorschriften über das Aufgebotsverfahren wichtig.

IV. Die **besonderen Bestimmungen über die Kostenlast** im Aufhebungsbeschluß nach §§ 11, 14 der Bundesr.Bek. sind deswegen notwendig, weil für diesen Beschluß die Sätze der §§ 91ff. ZPO. versagen. Der Anfechtungsbeschluß ergeht nicht in einem Rechtsstreit, und das Verfahren, das mit dem Aufhebungsbeschlusse endet, kann nicht ein Rechtsmittel oder ein Rechtsmittelersatz im Sinne der Prozeßordnung genannt werden. Aus diesem Grunde ist auch nicht einfach die entsprechende Anwendung des § 91 ZPO. verfügt, sondern es wurden eigenartige Befugnisse des beschließenden Richters für die Regelung der Kostenlast bestimmt. Von diesen Befugnissen kann der Richter Gebrauch machen, aber er ist nicht verpflichtet, sich ihrer zu bedienen. Prozeßrechtlich ist es eine der interessantesten Bestimmungen der neuen Bundesr.Bek.

Würden die besonderen Bestimmungen des § 18 fehlen, so wären nach den allgemeinen Grundsätzen der Zivilprozeßordnung die außergerichtlichen Kosten des Beschlusses über die Aufhebung der Todeserklärung von dem Antragsteller selbst zu tragen, da das Beschlußverfahren kein Rechtsstreit im Sinne der Prozeßordnung ist, mangels Gegenübertreten zweier Parteien. Dieser allgemeine nicht ausgesprochene Grundsatz der Prozeßordnung kommt für das Aufgebotsverfahrens bei dem Ausschlußurteil nach § 952 ZPO. auch zur Anwendung. Dort trägt der Antragsteller die Kosten, soweit nicht ein Gegner, der im Aufgebotsverfahren Widerspruch erhoben hatte, nach § 91 oder nach § 971 der Nachlaß des für tot Erklärten die Kosten zu tragen hat (vgl. Gaupp-Stein, Bemerkung III, 3 zu § 952 ZPO.). Im Entmündigungsverfahren ist nach § 677 bei folgender Wiederaufhebung der Entmündigung die Kostenlast dem Entmündigten auferlegt, der selbst oder in dessen Interesse der Staatsanwalt die Wiederaufhebung durchgeführt hat. Nach denselben Grundsätzen hätte für die Aufhebung der Todeserklärung durch Beschluß nach § 14 **der Antragsteller die Kosten, soweit sie als außergerichtliche entstehen, zu tragen.**

Diese gesetzliche Regel wird auch durch die Bundesr.Bek. nicht ausgeschlossen. Aber diese verleiht dem Gericht, das die Todeserklärung durch Beschluß aufhebt, die Befugnis, die Kosten dem Antragsteller, der das Ausschlußurteil erwirkte, aufzuerlegen und sogar die Kosten des Aufgebotsverfahrens, die nach dem Ausschlußurteil dem Nachlaß zufielen, ihm aufzuerlegen. Diese Bestimmung entspricht der Tendenz, dem Aufgebotsverfahren durch positive Vorschriften den Charakter eines Rechtsstreites zu verleihen und dieselben Rechtssätze zur Anwendung zu bringen, die sonst Folge eines gegen den Spruch eingelegten Rechtsmittels sind.

1. Die außergerichtlichen Kosten des Aufhebungsverfahrens umfassen die Kosten des Anwalts des Antragstellers (vgl. entsprechend zu § 658 ZPO.; Gaupp-Stein, Bemerkung I zu Anm. 2 und aus der Praxis Landgericht I Berlin, Blätter f. Rechtspflege im Bezirke des Kammergerichts Bd. 17, S. 18, 87; Oberlandesgericht Dresden, Rechtsprechung Bd. 25, S. 141; dagegen Kammergericht, Rechtsprechung Bd. 15, S. 76). Endlich die Entschädigung des Antragstellers für die durch notwendige Reisen oder durch die notwendige Wahrnehmung eines Termines entstehende Zeitversäumnis.

2. Die außergerichtlichen Kosten des Aufgebotsverfahrens, die nach § 971 ZPO. dem Nachlasse des für tot Erklärten zur Last fallen, können dem Antragsteller auferlegt werden. Sie trafen den für tot Erklärten, ihre Auferlegung zu Lasten des Antragstellers schafft also dem für tot Erklärten den Erstattungsanspruch. Dieser kann sich, falls der Staatsanwalt nach §§ 1, 16 die Todeserklärung erwirkt hatte, gegen die Staatskasse richten, wird aber in diesem Falle praktisch gleich Null sein.

3. Nach welchen Gesichtspunkten das Aufgebotsgericht, das nach § 14 der Bundesr.Bek. die Todeserklärung aufhebt, diese Kosten auferlegen kann, ist nicht gesagt. Seuffert, Recht 1916, S. 447 meint, das Gericht werde gewöhnlich von der

Befugnis Gebrauch machen; es sei aber auch denkbar, daß dies nicht geschieht, wenn derjenige, welcher das Ausschlußurteil erwirkt, dringenden Grund hatte, den Antrag zu stellen. Das ist wenig befriedigend: ein dringender Grund zur Klärung der Ungewißheit über den Verbleib des Verschollenen ist nach dem Sinne der Bundesr.Bek. immer da, wenn die Erfordernisse des Aufgebotsverfahrens nach § 1 der Bekanntmachung vorliegen und das rechtliche Interesse nach § 962 ZPO. gegeben ist. Meines Erachtens werden die Gesichtspunkte, nach denen das Gericht sein Ermessen bei dem Erkenntnis über die Kosten übt, einerseits in der Person des Antragstellers, anderseits in dem Verhalten des Verschollenen zu suchen sein.

Ist das Aufgebot und das Ausschlußurteil von einem gesetzlichen Vertreter (Inhaber der elterlichen Gewalt, Vormund, Abwesenheitspfleger) beantragt, so wird eine Auferlegung der Kosten nicht in Frage kommen, da diese Personen im Namen des Verschollenen selbst die Todeserklärung beantragt haben. Hat der Ehegatte, die Verlobte, das eheliche Kind durch seinen gesetzlichen Vertreter die Todeserklärung erwirkt, so wäre die Kostenbelastung eine Härte, da das personenrechtliche Interesse dieser Personen an der Klärung der Rechtslage es rechtfertigte, daß sie das Aufgebotsverfahren betrieben. Hat dagegen der Erbe, der durch die Todeserklärung in die Erbenstellung gelangte, die Todeserklärung erwirkt, so ist es gerecht, ihm bei der Aufhebung der Todeserklärung die Kosten aufzuerlegen. Er führt sein Recht in vermögensrechtlichem Interesse durch, und wenn ihm ein Recht nicht zur Seite stand, muß er die Kosten seiner Rechtsverfolgung tragen. Sollte die Staatsanwaltschaft die Todeserklärung im öffentlichen Interesse betreiben, so wäre in einem Falle, in dem die Todeserklärung zu unrecht erfolgt ist und Aufhebung nach § 14 der Bundesr.Bek. erginge, auch keine Auferlegung der Kosten auf die Staatskasse gerechtfertigt. Denn das öffentliche Interesse an der Klarstellung bestand, wenn die materiellen

Voraussetzungen der Todeserklärung vorlagen, und der Grund dafür, daß der für tot Erklärte diese Kosten trägt, ist derselbe wie im § 658 ZPO., wenn die Entmündigung erfolgt. Aber auch das Verhalten des Verschollenen wird zu würdigen sein. Wo dieser aus Gründen, die in seiner Person lagen, kein Lebenszeichen gab und dadurch die Todeserklärung ermöglichte, wird die Auferlegung der Kosten nach § 18 unbillig sein. Bei dem Stand unserer Volksbildung wird es kaum vorkommen, daß Leute wegen Schwerfälligkeit mit der Feder nicht heimschreiben können. Aber es sind vereinzelte Fälle vorgekommen, in denen Sonderlinge unter dem Druck der Gefangenschaft nicht mehr die moralische Kraft hatten, nach Hause zu schreiben, oder in denen aus allerlei seltsamen Gründen die Benachrichtigung der Heimat unterlassen wurde. Hier muß auch heute der Gedanke weiterwirken, den Friedrich der Große in § 30 der Verordnung vom 25. Oktober 1763 als Grund annahm, den Verschollenen, der 30 Jahre nach der letzten Nachricht wiederkehrte, sein gesamtes Vermögen durch Verjährung einbüßen zu lassen, „weil es des Abwesenden eigene Schuld ist, daß er in solcher sehr langen Zeit keine Nachricht von sich gegeben; indem es fast nicht möglich ist, daß jemand, ohne eine strafbare Nachlässigkeit und Sorglosigkeit zu begehen, in so langer Zeit keine Gelegenheit sollte bekommen haben, von sich nach seiner Heimat Nachricht zu geben". Das Verschulden des Verschollenen am Ergehen der Todeserklärung wird bei der Kostenverteilung nach § 18 in Ansatz kommen müssen (so auch Stern, Gruchots Beitr., Bd. 60, S. 572). Wenn dies geschieht, wird die Bestimmung des § 18 der Bundesr.Bek. nicht in vielen Fällen praktisch werden. Auf dem westlichen Kriegsschauplatze ist die Korrespondenz der Gefangenen gut gelaufen. Auf dem östlichen sind allerdings viele Fälle nachgewiesen, in denen durch Hinterhältigkeit oder Willkür der Lagerkommandanten und Lazarettvorstände, sowie durch russische Zensurverhältnisse Gefangene monatelang ohne Möglichkeit waren, nach Hause Nachricht zu geben.

§ 19.

Diese Verordnung tritt mit dem Tage ihrer Verkündung in Kraft.

Die Bundesr.Bek. ist unter dem 19. April 1916 im Reichsgesetzblatt publiziert. Sie gilt für alle Vermißte des Krieges, denn nach dem im Art. 158 des EG. z. BGB. angenommenen Rechtsstandpunkte findet neues Todeserklärungsrecht auf alle später erfolgenden Todeserklärungen Anwendung. Das Einführungsgesetz spricht allerdings nur für die Rechtsanwendung des BGB., aber dieser Rechtsstandpunkt ist auch von der Bundesr.Bek. stillschweigend zugrunde gelegt. In den Worten des § 1 der Bundesr.Bek. ist mit der Erwähnung, daß die Bundesr.Bek. auf alle Anwendung finde, welche während des Krieges vermißt sind, auch ausdrücklich dieser Standpunkt angedeutet worden.

Art. 161 kann nach dem Wesen der Sache auf dem Boden der Bundesr.Bek. nicht in Betracht kommen.

Anhang.

Allgemeine Verfügung über die Bezüge vermißter Beamten vom 25. April 1916.

Verfügungen vom 24. Dezember 1914 (JMBl. S. 833), 5. Februar und 25. September 1915 (JMBl. S. 23, 216), 29. November 1915 I. 8961.

I. Der § 3 der Bekanntmachung über die Todeserklärung Kriegsverschollener vom 18. April 1916, RGBl. S. 296, verkürzt die Lebensvermutung für die Fälle, in denen der Verschollene seit einem besonderen Kriegsereignisse vermißt wird, an dem er beteiligt war. Hierdurch soll jedoch nichts an den Grundsätzen über Fortzahlung der Bezüge vermißter Beamten an deren Familienangehörige (Nr. IIb der Grundsätze vom 24. Dezember 1914) geändert werden. Die Einstellung der Gehalts- usw. Zahlung ist deshalb nicht ohne weiteres lediglich auf Grund der Tatsache anzuordnen, daß der Beamte bei einem besonderen Kriegsereignisse vermißt worden ist. Die vorgesetzte Dienstbehörde hat vielmehr die vorgeschriebenen Ermittelungen über den Verbleib des Beamten auch künftig anzustellen. Regelmäßig wird, sofern nicht die besonderen Umstände des einzelnen Falles etwas anderes rechtfertigen, für die Zahlung des Gehalts usw. sowie der Gnadenbezüge der Eintritt des Todes des vermißten Beamten nicht zu einem früheren Zeitpunkt anzunehmen sein als auf den letzten Tag des auf das Kriegsereignis folgenden sechsten Kalendermonats.

II. Wird nachträglich ermittelt, daß der Beamte früher verstorben ist, oder wird eine gesetzliche Todesvermutung für einen früheren Zeitpunkt begründet und stellt sich infolgedessen heraus, daß über den Betrag der Hinterbliebenenbezüge hinaus eine Überhebung stattgefunden hat, so ist gemäß Nr. I der Grundsätze vom 24. Dezember 1914 zu prüfen, ob noch eine Bereicherung vorliegt. Nur wenn dies bejaht wird und eine Wiedereinziehung möglich ist, aus besonderen Gründen aber eine Niederschlagung angezeigt erscheint, bedarf es eines Berichts an den Justizminister.

III. Wird die Zahlung des Gehalts gemäß Nr. IIb der Grundsätze vom 24. Dezember 1914 eingestellt, so sind die Familienangehörigen des Beamten regelmäßig auch zur Räumung der Dienstwohnung mit Ablauf der Gnadenzeit zu veranlassen. Solange die Wohnung aber nicht anderweit verwendet werden kann, darf sie den Angehörigen gegen angemessenes Entgelt vorläufig belassen werden, bis der Tod des Beamten gewiß ist oder eine gesetzliche Todesvermutung besteht. Als angemessen kann ein Entgelt angesehen werden, das zu dem Betrage der gesetzlichen Hinterbliebenenbezüge in demselben Verhältnisse steht wie der Wohnungsgeldzuschuß des Beamten zu seinem pensionsfähigen Diensteinkommen.

Soweit die Wohnungen bisher unter anderen Bedingungen belassen sind, behält es dabei für die Vergangenheit sein Bewenden. Vom 1. Mai 1916 ab ist eine Regelung entsprechend Abs. 1 herbeizuführen; eine Räumung ist jedoch ohne Einwilligung der Wohnungsinhaber nicht vor dem 1. Juni 1916 zu verlangen.

Begegnet die Räumung oder die anderweite Regelung Schwierigkeiten, so ist zu berichten.

Berlin, den 25. April 1916.

Der Justizminister.
In Vertretung:
Mügel.

Allgemeine Verfügung vom 13. Juni 1916 über die Todeserklärung Kriegsverschollener.

Allgemeine Verfügung vom 25. April 1916 (JMBl. S. 85).

1. Nachdem die Verordnung des Bundesrats über die Todeserklärung Kriegsverschollener vom 18. April 1916 (RGBl. S. 296) in Kraft getreten ist, wird nachstehend die zu der Verordnung ergangene amtliche Begründung (Deutscher Reichsanzeiger 1916 Nr. 96) zur Kenntnis der Justizbehörden gebracht.

2. Zu § 17 Abs. 1 der Verordnung hat der Herr Kriegsminister die nachstehend abgedruckte Verfügung erlassen (Armee-Verordnungsblatt 1916 S. 191).

3. Hinsichtlich des Begriffs der „obersten Militärverwaltungsbehörde" im § 17 Abs. 2 der Verordnung verweise ich auf den vorletzten Absatz der Begründung. Ersuchen um Auskunft sind unmittelbar zu richten:

„An das Zentralnachweisebureau des Preußischen Kriegsministeriums in Berlin NW 7, Dorotheenstraße 48";

„An das Nachweisebureau des Bayerischen Kriegsministeriums in München";

„An das Nachweisebureau des Sächsischen Kriegsministeriums in Dresden";

„An das Nachweisebureau des Württembergischen Kriegsministeriums in Stuttgart";

„An das Zentralnachweisebureau des Reichs-Marineamts in Berlin W 10, Matthäikirchstraße 9";

„An das Kommando der Schutztruppen in Berlin W 8, Mauerstraße 45/46".

4. Die Amtsgerichte werden angewiesen, Abschrift des entscheidenden Teils des die Todeserklärung aussprechenden

Urteils und des die Aufhebung der Todeserklärung aussprechenden Beschlusses (§ 14 der Verordnung) sowie eines auf Anfechtungsklage ergangenen abändernden Urteils (§ 10 der Verordnung, § 976 ZPO.) derjenigen Militärbehörde mitzuteilen, an welche nach Abs. 3 Ersuchen um Auskunft zu richten sind. Die Mitteilung hat Angabe des Vor- und Familiennamens, des Geburtstages und -ortes sowie des militärischen Dienstgrades des Verschollenen, ferner eine genaue Bezeichnung des Truppenteils zu enthalten, dem der für tot Erklärte zuletzt angehört hat.

5. War der Verschollene ein Beamter des Reichs oder eines Bundesstaats, so ist von jeder Einleitung und Aussetzung des Aufgebotsverfahrens, sowie von der Todeserklärung und ihrer Aufhebung (oben Abs. 4), die vorgesetzte Dienstbehörde oder, wenn diese hinsichtlich eines außerpreußischen Beamten nicht bekannt ist, diejenige Behörde zu benachrichtigen, welcher der Verschollene zuletzt angehört hatte. Mit der Nachricht von der Einleitung des Verfahrens wird zweckmäßig das Ersuchen zu verbinden sein, das Ergebnis der von der Dienstbehörde über den Verbleib des Beamten angestellten Ermittelungen (Allg. Verf. vom 25. April 1916 — JMBl. S. 85) dem Gerichte mitzuteilen.

6. Zweckdienliche Auskunft über den Verschollenen kann möglicherweise auch die Lebensversicherungsgesellschaft, bei welcher der Verschollene versichert war, erteilen. Es empfiehlt sich daher, die Ermittelungen auch darauf zu erstrecken, ob eine solche Versicherung bestand.

Berlin, den 13. Juni 1916.

Der Justizminister.
Dr. Beseler.

Begründung der Verordnung des Bundesrats über die Todeserklärung Kriegsverschollener.

In der Begründung zu § 15 des Bürgerlichen Gesetzbuchs, der die Todeserklärung wegen Kriegsverschollenheit regelt, ist (Amtliche Ausgabe der Motive Bd. 1, S. 39) gesagt, daß die Vorschrift insofern nur von beschränkter Bedeutung sein werde, als erfahrungsgemäß das Bedürfnis dazu dränge, daß nach jedem größeren Kriege besondere Gesetze erlassen würden, durch welche das Verfahren und der Zeitpunkt des Todes in einer den besonderen Verhältnissen entsprechenden Weise geordnet werde. Der gegenwärtige Krieg bestätigt diese Erfahrung. Infolge seiner langen Dauer und der großen Zahl der als Angehörige der bewaffneten Macht an ihm teilnehmenden Personen ist das Bedürfnis einer Sonderregelung bereits während des Krieges hervorgetreten. Die Zahl der im Laufe des Krieges vermißten Heeresangehörigen, von deren Leben keine Nachricht mehr eingetroffen ist, obwohl dies den Umständen nach erwartet werden konnte, und die demnach als verschollen anzusehen sind, beläuft sich auf viele Tausende. Es erscheint untunlich, die Rechtsbeziehungen aller dieser Kriegsverschollenen bis zum Ablauf der im § 15 des Bürgerlichen Gesetzbuchs vorgesehenen Frist von drei Jahren nach dem Friedensschluß oder auch nur bis zu diesem in der Schwebe zu lassen. Vielmehr erweist es sich zur Verhütung erheblicher wirtschaftlicher Schädigungen und zur Sicherung des Rechtsverkehrs als geboten, daß in den Fällen, in denen der Tod eines Kriegsteilnehmers zwar nicht nachgewiesen, aber den Umständen nach so gut wie gewiß ist, die Hinterbliebenen und die sonst in rechtlichen Beziehungen zu dem mutmaßlich Verstorbenen stehenden Personen baldmöglichst in die Rechtslage versetzt werden, die beim Nachweis des Todes für sie eintreten würde. Bei Benutzung des ausgebildeten, auch das Schicksal der Kriegsgefangenen umfassenden Nachrichtendienstes und der bei den verschiedenen amtlichen Auskunftsstellen gesammelten Nachweisungen erscheint die Gefahr, daß der Tod eines Kriegsverschollenen zu Unrecht angenommen werde, auf ein verschwindendes Mindestmaß beschränkt. Dieser Gefahr wird zudem noch begegnet, wenn durch entsprechende Anordnungen dafür gesorgt wird, daß in dem Verfahren auch der Eigenart besonders zweifelhafter Fälle Rechnung getragen werden kann. Wird schließlich die Beseitigung eines trotzdem zu Unrecht ergangenen Ausschlußurteils zweckmäßig erleichtert, so steht der Zulassung der Todeserklärung Kriegsverschollener schon vor Eintritt des Friedenszustandes kein ernstliches Bedenken entgegen.

Der vorliegende Entwurf schlägt daher vor, den in der Öffentlichkeit in zunehmendem Maße hervorgetretenen wirtschaftlichen Schädigungen durch eine Verordnung gemäß § 3 des Gesetzes über die Ermächtigung des Bundesrats zu wirtschaftlichen Maßnahmen vom 4. August 1914 (RGBl. S. 327) abzuhelfen. Seine Vorschriften beschränken sich auf eine zweckentsprechende Ausgestaltung des geltenden Rechts. Unter Wahrung der im Bürgerlichen Gesetzbuch aufgestellten Grundsätze sehen die §§ 1 bis 3 die notwendigen Ergänzungen der materiellen Vorschriften vor. Die §§ 4 bis 17 sollen das als Grundlage beibehaltene Aufgebotsverfahren der Zivilprozeßordnung den besonderen Verhältnissen anpassen, der § 18 regelt die Kosten und der § 19 bestimmt, daß die Verordnung alsbald in Kraft tritt.

Im einzelnen ist zu bemerken:

Der § 1 bestimmt den Kreis der Personen, auf den die Vorschriften der Verordnung Anwendung finden, und ordnet gleichzeitig an, daß und unter welchen Voraussetzungen diese während des gegenwärtigen Krieges in Verschollenheit geratenen Personen für tot erklärt werden können. Während der § 15 des Bürgerlichen Gesetzbuchs die Kriegsverschollenheit allgemein ohne Rücksicht auf einen bestimmten Krieg regelt, begrenzt der § 1 dem Zwecke der Verordnung entsprechend den Kreis einmal dahin, daß nur die Angehörigen der bewaffneten Macht des Deutschen Reichs oder eines mit ihm verbündeten oder befreundeten Staates unter die Vorschrift fallen. Die bewaffnete Macht des Deutschen Reichs setzt sich nach § 2 des Gesetzes, betreffend die Verpflichtung zum Kriegsdienste, vom 9. November 1867 (Bundes-Gesetzbl. S. 131) aus dem Heere, der Marine und dem Landsturm zusammen. Wer zur bewaffneten Macht eines verbündeten oder befreundeten Staates gehört, ergeben die Gesetze dieses Staates. Als Angehörige der bewaffneten Macht gelten auch, wie durch Verweisung auf § 15 des Bürgerlichen Gesetzbuchs klargestellt wird, die Personen, die sich (§ 15 Abs. 2) in einem Amts- oder Dienstverhältnis oder zum Zwecke freiwilliger Hilfeleistung bei der bewaffneten Macht befinden. Darüber hinaus erstreckt der Abs. 2 des § 1, hervorgetretenen Bedürfnissen entsprechend, den Geltungsbereich der Verordnung auf solche Personen, die nicht zur bewaffneten Macht gehören, wenn sie sich bei ihr aufhalten oder ihr gefolgt sind (vergl. § 155 des Militärstrafgesetzbuchs), oder wenn sie, z. B. als Zivilgefangene oder als Geiseln, in die Gewalt des Feindes geraten sind.

Eine weitere Einschränkung erfährt das Anwendungsgebiet der Verordnung dadurch, daß sie für die bezeichneten Personen nur dann gelten soll, wenn sie an dem gegenwärtigen Kriege teilgenommen haben und während desselben vermißt worden sind. Die Begriffe der Teilnahme an dem Kriege und des Vermißtseins sind nach der Verordnung grundsätzlich dieselben wie nach dem Bürgerlichen Gesetzbuche. Bei Personen, die an sich nicht zur bewaffneten Macht gehören, ergibt sich aus den Verhältnissen, die zu ihrer Gleichstellung mit den Angehörigen der bewaffneten Macht führen (z. B. Aufenthalt im Kampfbereiche, Verschleppung oder Internierung durch den Feind) zugleich, worin im Einzelfalle das der Teilnahme am Kriege gleich zu erachtende Tatbestandsmerkmal zu erblicken sein wird. „Während des Krieges vermißt" ist eine Person nicht schon dann, wenn dieser Zustand zeitlich vor Beendigung des Krieges eingetreten ist, vielmehr ist ein sachlicher Zusammenhang des Vermißtseins mit der Teilnahme am Kriege in dem gekennzeichneten Sinne erforderlich. Dieser sachliche Zusammenhang wird häufig auch dann gegeben sein, wenn das Vermißtsein nicht auf dem Kriegsschauplatze, sondern z. B. auf dem Marsche, auf See oder am Orte der Gefangenschaft eingetreten ist. Auch diese Fälle werden von der Verordnung mitumfaßt.

Ist seit dem Eingange der letzten Nachricht von dem Leben einer Person, auf welche die bezeichneten Voraussetzungen zutreffen, einerlei, ob diese Nachricht von ihm selbst oder von einem anderen herrührt, ein Jahr verstrichen, so kann nach den gemachten Erfahrungen nicht mehr damit gerechnet werden, daß der Verschollene noch lebt. Nach Ablauf dieses Zeitraums soll daher das Aufgebotsverfahren zum Zwecke der Todeserklärung eingeleitet werden können. Führt das Verfahren dazu, die Todeserklärung auszusprechen, so muß das ergehende Ausschlußurteil den Zeitpunkt feststellen, der als Zeitpunkt des Todes anzunehmen ist. Entsprechend dem Grundsatze des § 18 Abs. 2, § 14 des Bürgerlichen Gesetzbuchs ist dieser Zeitpunkt in erster Linie nach dem Ergebnisse der veranstalteten

Ermittlungen und in Ermangelung eines solchen Ergebnisses auf den Zeitpunkt zu bestimmen, in dem der Antrag auf Todeserklärung zulässig geworden ist (§ 2 Satz 1). Ergeben die Ermittlungen, daß der Verschollene vor oder nach dem Eingange der letzten Nachricht von seinem Leben an einem besonderen Kriegsereignisse, z. B. einem Gefecht, einer Sprengung, einem Schiffsunfall od. dergl., beteiligt gewesen ist, und daß er seitdem vermißt wird, so spricht die Wahrscheinlichkeit dafür, daß er bei diesem Ereignisse sein Leben verloren hat. Nach dem Vorgang des § 18 Abs. 2, § 17 des Bürgerlichen Gesetzbuchs soll daher in solchen Fällen der Zeitpunkt des Ereignisses als Zeitpunkt des Todes angenommen werden, es sei denn, daß die Ermittlungen die Annahme rechtfertigen, der Verschollene habe das Ereignis überlebt (§ 2 Satz 2); in diesem letzteren Falle bewendet es bei der Regel des Satzes 1.

Die Todeserklärung begründet nach § 18 Abs. 1 des Bürgerlichen Gesetzbuchs die Vermutung, daß der Verschollene in dem in dem Ausschlußurteile bezeichneten Zeitpunkte gestorben sei (vergl. dazu noch § 18 Abs. 3). Der § 3 des Entwurfs sieht entsprechend dem § 19 des Bürgerlichen Gesetzbuchs vor, daß bis zu jenem Zeitpunkt das Fortleben des Verschollenen vermutet wird. Soweit in den §§ 1 bis 3 nichts Abweichendes bestimmt wird, gelten für die Voraussetzungen und die Wirkungen der Todeserklärung die allgemeinen Vorschriften.

Der § 4, mit dem die Verfahrensvorschriften beginnen, enthält an der Spitze die Anordnung, daß für das Verfahren die Vorschriften der Zivilprozeßordnung gelten, soweit nichts anderes bestimmt ist. In Betracht kommen die allgemeinen Bestimmungen über das Aufgebotsverfahren (§§ 946 bis 959) nebst den Ergänzungen und Abweichungen der besonderen Bestimmungen der §§ 960 bis 976 über die Todeserklärung, beide im Rahmen der allgemeinen Vorschriften der Zivilprozeßordnung.

Das Aufgebotsverfahren der Zivilprozeßordnung bedurfte nur weniger Ergänzungen. Der § 5 kürzt die Mindestdauer der Aufgebotsfrist gegenüber den §§ 965, 966 Abs. 2 der Zivilprozeßordnung auf den für ausreichend zu erachtenden Zeitraum von einem Monat ab. Wie nach § 966 Abs. 1 der Zivilprozeßordnung soll auch hier die Bekanntmachung des Aufgebots durch öffentliche Blätter unterbleiben können (§ 6 Abs. 1). Dagegen kann das Gericht behufs Erlangung von Nachrichten aus dem engeren Lebenskreise des Verschollenen die Anheftung des Aufgebots an der Ortstafel der Gemeinde des letzten Wohnsitzes anordnen (§ 6 Abs. 2). Der Lauf der Aufgebotsfrist beginnt in allen Fällen mit der durch § 948 der Zivilprozeßordnung vorgeschriebenen Anheftung an die Gerichtstafel (§ 6 Abs. 3). Wenn eine Landesjustizverwaltung die Erledigung der Aufgebotsanträge für mehrere Amtsgerichtsbezirke einem Amtsgericht überträgt (§ 972 Abs. 1 Satz 1 der Zivilprozeßordnung), so soll dessen Zuständigkeit eine ausschließliche sein und der Antragsteller die Erledigung durch das Heimatgericht des Verschollenen nicht verlangen können (§ 7). Der § 8, der vorschreibt, daß in dem Urteile der Zeitpunkt des Todes nach Maßgabe des § 2 festzustellen ist, entspricht dem § 970 Abs. 2 der Zivilprozeßordnung.

Nach § 970 Abs. 1 der Zivilprozeßordnung ist die Todeserklärung auszusprechen, wenn die zu ihrer Begründung erforderlichen Tatsachen, das sind für Kriegsverschollene des gegenwärtigen Krieges die im § 1 aufgestellten Voraussetzungen, erwiesen sind. Es ist denkbar, daß in Ausnahmefällen gleichwohl die Annahme nicht ausgeschlossen ist, daß das Ausbleiben von Nachrichten auf anderen Gründen beruht und den Schluß auf den Tod des Verschollenen nicht rechtfertigt, z. B. weil er nach der letzten Nachricht die Möglichkeit, weitere Nachrichten zu senden, nicht oder nur in erschwertem oder beschränktem Maße hatte. Dies kann insbesondere dann der Fall sein, wenn die letzte Nachricht aus weit entfernten Gegenden mit schwacher Verkehrsgelegenheit (etwa aus dem Innern Sibiriens oder Afrikas oder von einer Insel der Südsee) gekommen war. Für solche Fälle gewährt der § 9 dem Gerichte die Möglichkeit, das Verfahren auf die Dauer von längstens einem Jahre auszusetzen, wenn nach seiner pflichtmäßigen Beurteilung der Sachlage eine weitere Nachricht über das Leben des Verschollenen nicht ausgeschlossen erscheint. Gegen den Beschluß findet die sofortige Beschwerde statt. Geht vor Ablauf der Frist, für die das Verfahren ausgesetzt ist, eine Nachricht ein, so wird sich die weitere Behandlung nach dem Inhalte der Nachricht richten; andernfalls wird nach Ablauf der Frist das Verfahren von Amts wegen fortgesetzt.

Für die Anfechtung des Ausschlußurteils, die sich gegen die Tatsache der Todeserklärung oder gegen die Feststellung des Zeitpunkts des Todes richten kann (§ 973 der Zivilprozeßordnung), reichen die Vorschriften der Zivilprozeßordnung über die Anfechtungsklage im allgemeinen aus. Sie werden deshalb für anwendbar erklärt (§ 10 Abs. 1); nur wird dem Verschollenen, der die Todeserklärung überlebt hat, die Möglichkeit gegeben, die Anfechtungsklage auch dann noch zu erheben, wenn die sonst dafür gesetzten Fristen verstrichen sind (§ 10 Abs. 2). Daneben erscheint es geboten, für den zuletzt bezeichneten Fall dem Kriegsverschollenen einen einfacheren Weg als den der Anfechtungsklage (§§ 957 ff., 973 ff. der Zivilprozeßordnung) zu eröffnen. Er soll die Aufhebung bei dem Aufgebotsgerichte schriftlich oder zu Protokoll des Gerichtsschreibers beantragen können (§ 11), das Gericht hat dann den Staatsanwalt und denjenigen, der die Todeserklärung erwirkt hat (§ 12), zu hören, von Amts wegen die erforderlichen Ermittelungen zu veranstalten (§ 13 Abs. 1 des Entwurfs, § 968 der Zivilprozeßordnung) und seine Entscheidung, die ohne mündliche Verhandlung erfolgen kann, durch Beschluß zu treffen (§ 14 Satz 1 und 2). Wird festgestellt, daß der Antragsteller der verschollen Gewesene ist, so ist der das Ausschlußurteil aufhebende Beschluß endgültig. Gegen die Zurückweisung des Antrags steht dem Antragsteller die sofortige Beschwerde zu (§ 14 Satz 3, Halbs. 2); wird der Antrag zurückgewiesen, weil die Persönlichkeit des Antragstellers nicht zweifelsfrei als die des für tot Erklärten hat festgestellt werden können, so hat der Beschluß ihn auf den Weg der Anfechtungsklage zu verweisen (§ 13 Abs. 2). Der § 15 stellt die Wirkungen des Antrags und des Beschlusses auf Aufhebung einer Todeserklärung denen der Anfechtungsklage und des Aufhebungsurteils gleich (Abs. 1, 3); nur kann prozessual beim Zusammentreffen von Beschlußantrag und Klage nicht die Verbindung wie nach § 976 Abs. 2 der Zivilprozeßordnung stattfinden, vielmehr ist (Abs. 2) in diesem Falle das Verfahren über die Anfechtungsklage auszusetzen.

Die Frage, ob ein Kriegsverschollener als lebend oder als gestorben anzusehen ist, kann auch öffentliche Interessen berühren. Es geht nicht an, die Wahrung dieser Interessen davon abhängig sein zu lassen, ob ein zum Antrag auf Todeserklärung berechtigter Beteiligter vorhanden ist, und ob er von seiner Antragsbefugnis Gebrauch macht. Erscheint es sonach geboten, die Möglichkeit einer Todeserklärung im öffentlichen Interesse zu schaffen, so empfiehlt es sich, das Antragsrecht der Staatsanwaltschaft zu übertragen, der auch sonst in Sachen der Personenstandsrechte, z. B. bei der Entmündigung, ähnliche Aufgaben zugewiesen sind und deren Mitwirkung in Sachen der Todeserklärung in anderer Hinsicht gleichfalls schon vorgesehen ist (§ 974 Abs. 2 der Zivilprozeßordnung, § 12 des Entwurfs). Entsprechende Erwägungen greifen Platz, wenn Zweifel auftauchen, ob ein für tot Erklärter nicht den Zeitpunkt, auf den sein Tod angenommen worden ist, überlebt hat. Der § 16 will deshalb der Staatsanwaltschaft das Recht und damit gegebenenfalls auch die Pflicht übertragen, die Todeserklärung oder ihre Aufhebung zu beantragen.

Der § 17 enthält zwei Vorschriften über die Beweisaufnahme. Die hauptsächlichsten Hilfsmittel bei der Ermittlung der für die Entscheidung des Gerichts in Betracht kommenden Tatsachen werden in vielen Fällen Wahrnehmungen von Kameraden und Vorgesetzten des Verschollenen sein. Nach den allgemeinen Vorschriften der Zivilprozeßordnung müßten diese als Zeugen vernommen werden, und zwar in der Regel im Wege der Rechtshilfe durch Ersuchen der zuständigen Militärgerichtsbeamten. Es geht jedoch weder an, noch erscheint es erforderlich, die Truppen und die Militärgerichtsbeamten im Felde mit derartigen Ersuchen zu belasten. Zum Nachweise der bei dem Truppenteile des Verschollenen bekannten Tatsachen soll es daher genügen (Abs. 1), wenn der den Vorgängen am nächsten stehende Disziplinarvorgesetzte des Verschollenen, nämlich in der überwiegenden Mehrzahl der Fälle der Kompagnie-, Schwadrons- oder Batterieführer, sie durch eine schriftliche Erklärung gerichtskundig macht. Dabei macht es keinen Unterschied, ob der Vorgesetzte seine Kenntnis aus eigener unmittelbarer Wahrnehmung, aus dienstlichen Meldungen oder aus etwaigen Ermittlungen hat. Zur Kennzeichnung des dienstlichen Charakters dieser Erklärung und zur sicheren Feststellung ihres Ursprunges und ihrer Echtheit wird die Beifügung des Dienstsiegels vorgeschrieben; führt der Disziplinarvorgesetzte kein eigenes Dienstsiegel, so hat er seine Erklärung der nächst vorgesetzten Dienststelle zur Beifügung des Siegels vorzulegen. Die Vorschrift des Abs. 1 ist nur anwendbar, so lange der Truppenteil, dem der Verschollene angehört hat, besteht; ist er aufgelöst, so treten die allgemeinen Vorschriften über die Beweiserhebung ein. Die Frage, ob die durch eine dienstliche Erklärung des Disziplinarvorgesetzten nachgewiesenen Tatsachen zur Begründung der Todeserklärung ausreichen (§ 970 der Zivilprozeßordnung) oder ob daneben noch weitere Ermittlungen erforderlich sind, bleibt nach § 968 der Zivilprozeßordnung dem pflichtmäßigen Ermessen des Gerichts überlassen. Neben den Wahrnehmungen der Kriegsgefährten werden die Nachrichten ein wertvolles Hilfsmittel der Entscheidung bilden, die bei den Nachweisebureaus der deutschen Kriegsministerien, des Reichs-Marineamts und des Kommandos der Schutztruppen zusammenfließen. Auch hier erscheint eine Beweiserhebung in den gewöhnlichen Formen untunlich, auch hier soll daher eine schriftliche formgerechte dienstliche Auskunft der Behörde ausreichen. Die Fassung des Abs. 2 beruht auf der Tatsache, daß die bezeichneten Nachrichtenstellen keine selbständigen Behörden, sondern als Abteilungen der obersten Militärverwaltungsbehörden der deutschen Kontingente, der Marine und der Schutztruppen eingerichtet sind; sie gestattet es, die erleichterte Form der Beweisaufnahme auch dann noch anzuwenden, wenn die zurzeit bestehenden Nachrichtenabteilungen aufgelöst und ihre Geschäfte anderen Abteilungen der betreffenden Behörden zugeteilt sein werden. Die Vorschriften des § 17 sollen in allen nach der Verordnung zu entscheidenden Fällen bei Anträgen auf Todeserklärung, bei Anfechtungsklagen und bei Anträgen auf Aufhebung eines Ausschlußurteils gemäß §§ 11, 16 des Entwurfs angewendet werden.

Für ein durch die Verordnung geregeltes Verfahren sollen Gebühren nicht erhoben werden (§ 18 Abs. 1). Wird eine Todeserklärung ausgesprochen, so können die dem Antragsteller erwachsenen notwendigen Kosten nach § 971 der Zivilprozeßordnung dem Nachlaß auferlegt werden. Es erscheint angemessen, daß das Gericht die Rückerstattung dieser Kosten anordnen kann, wenn die Todeserklärung wieder aufgehoben wird; auch sollen in diesem Falle demjenigen, der die Todeserklärung erwirkt hat, die durch den Antrag auf Aufhebung des Ausschlußurteils dem Antragsteller erwachsenden außergerichtlichen Kosten auferlegt werden können (§ 18 Abs. 2). Über die außergerichtlichen Kosten einer Anfechtungsklage bedarf es keiner besonderen Vorschrift.

Verfügung des Herrn Kriegsministers vom 20. April 1916 über die Mitwirkung der Truppen bei der gerichtlichen Todeserklärung Kriegsverschollener.

(Armee-Verordnungsblatt S. 191).

Der Bundesrat hat am 18. April 1916 eine Verordnung über die Todeserklärung Kriegsverschollener erlassen. Die Verordnung bezweckt, für den gegenwärtigen Krieg das Verfahren zwecks Todeserklärung Kriegsverschollener tunlichst zu vereinfachen.

§ 17 Abs. 1 der Verordnung bestimmt:

In einem Verfahren nach den Vorschriften dieser Verordnung genügt zum Nachweise von Tatsachen, die bei dem Truppenteile des Verschollenen bekannt sind, eine mit dem Dienstsiegel versehene schriftliche Erklärung des militärischen Disziplinarvorgesetzten.

Nach dieser Bestimmung ist zu erwarten, daß von jetzt ab des öfteren an die Truppen von den Gerichten das Ersuchen gerichtet werden wird, eine Erklärung der in der Bestimmung bezeichneten Art abzugeben.

Die Erklärung ist abzugeben von dem nächsten Disziplinarvorgesetzten des Verschollenen. Ist ihm die Tatsache, über die die Erklärung abgegeben werden soll, aus eigener Wahrnehmung bekannt, so hat er die Erklärung ohne weitere Ermittelungen abzugeben. Ist das nicht der Fall, so hat er diejenigen Militärpersonen seines Befehlsbereichs, die von der Tatsache wissen, anzuhören. Auf Grund ihrer Angaben prüft er die Sachlage und gibt nach seiner Überzeugung eine den Umständen entsprechende Erklärung, mit Datum, Unterschrift und Dienstgrad versehen, ab.

Führt der Disziplinarvorgesetzte selbst ein Dienstsiegel, so fügt er einen Abdruck davon seiner Erklärung bei und sendet die Erklärung nebst dem sie veranlassenden Ersuchen dem Gerichte zu. Führt er kein Dienstsiegel, so übersendet er das Ersuchen und seine Erklärung dem nächsten Dienstvorgesetzten, der ein Dienstsiegel führt. Dieser fügt Abdruck seines Dienstsiegels bei und übersendet die Erklärung nebst dem Ersuchen dem Gericht.

Die Erledigung der Ersuchen hat mit tunlichster Beschleunigung zu geschehen.

Im Auftrage:
Hoffmann.

Allgemeine Verfügung vom 31. Oktober 1916 über die vor der Todeserklärung Kriegsverschollener von den Nachweisebureaus einzuholenden Auskünfte.

Allgemeine Verfügung vom 13. Juni 1916 — JMBl. S. 129.

Nach einer Mitteilung des Zentralnachweisebureaus des Preußischen Kriegsministeriums unterlassen es die Amtsgerichte vielfach, vor der Todeserklärung eines Kriegsverschollenen eine Auskunft des zuständigen Nachweisebureaus gemäß § 17 Abs. 2 der Verordnung über die Todeserklärung Kriegsverschollener vom 18. April 1916 (RGBl. S. 296, vergl. Nr. 3 der Allgemeinen Verfügung vom 13. Juni 1916 — JMBl. S. 129 —) einzuholen. Hierdurch sind bereits Unzuträglichkeiten entstanden. Es ist z. B. vorgekommen, daß ein Gericht einen Heeresangehörigen für tot erklärt hat, obwohl sich dieser nach den dem Nachweisebureau vorliegenden Nachrichten tatsächlich in Gefangenschaft befand. Auch sind Verschollene für tot erklärt, deren Tod bereits militärdienstlich festgestellt und dem Nachweisebureau gemeldet war. In diesen Fällen wich mehrfach die militärdienstliche Feststellung des Todestages von der in dem Ausschlußurteil getroffenen ab, was insbesondere dann zu Schwierigkeiten geführt hat, wenn der Sterbefall bereits auf Grund der ersten Feststellung standesamtlich beurkundet war.

Statt unmittelbar bei dem zuständigen Nachweisebureau anzufragen, scheinen die Amtsgerichte häufig als Unterlagen für das Todeserklärungsverfahren die von den Nachweisebureaus den Angehörigen des Verschollenen erteilten Bescheide aus früherer, zum Teil sogar weit zurückliegender Zeit zu benutzen. Zu diesen einfachen Bescheiden an die Angehörigen, die stets ohne Beidrückung des Dienstsiegels erteilt werden, gehören u. a. die Antworten auf die amtlicherseits zur Benutzung für das Publikum bei den Postanstalten vorrätig gehaltenen rosafarbenen Postkarten, ferner sonstige schriftliche Mitteilungen über Vermißte, die einen Hinweis an den Anfragenden auf die Möglichkeit der gerichtlichen Todeserklärung enthalten. Außer diesen Benachrichtigungen erteilt das Zentralnachweisebureau des Preußischen Kriegsministeriums auch an Privatpersonen Bescheinigungen, sogenannte Vermißtbescheinigungen, die mit dem Dienstsiegel versehen werden. In diese werden aber lediglich die militärdienstlichen Meldungen aufgenommen. Auch kennzeichnet der Aufdruck:

„Dient zur Glaubhaftmachung der Kriegsverschollenheit, nicht aber als Auskunft im Sinne des § 17 der Bundesratsverordnung vom 18. April 1916."

ihre beschränkte Zweckbestimmung hinreichend.

Für die Auskünfte dagegen, die das Zentralnachweisebureau des Preußischen Kriegsministeriums auf Grund von § 17 Abs. 2 a. a. O. den Gerichten erteilt, werden Vordrucke benutzt, die die Überschrift „Auskunft in Aufgebotssachen zum Zwecke der Todeserklärung" tragen. Diese Auskünfte enthalten das gesamte Verlustnachrichtenmaterial einschließlich der Auslandsnachrichten, Roten-Kreuz-Mitteilungen und Nachrichten aus privater Quelle erschöpfend. Sie sind in der Regel auch umfassender als die Mitteilungen der Truppenteile.

Den Amtsgerichten wird bei dieser Sachlage empfohlen, vor der Todeserklärung eines Kriegsverschollenen regelmäßig eine Auskunft des zuständigen Nachweisebureaus unmittelbar einzuholen.

Berlin, den 31. Oktober 1916.

Der Justizminister.
Dr. Beseler.

Sachregister.

(Die Ziffern bezeichnen die Seiten).

A.

Druck von A. W. Hayn's Erben (Curt Gerber), Potsdam.

Guttentagsche Sammlung

Deutscher Reichsgesetze.

Text-Ausgaben mit Anmerkungen. Taschenformat.

---

1. **Verfassung des Deutschen Reichs.** Von Dr. **L. von Rönne. 10. Aufl.** von Landrat **P. von Rönne** und Regierungsassessor **von Dobbeler.** 1912. 2 M. 60 Pf.

2. **Strafgesetzbuch** für das Deutsche Reich nebst 20 d. wichtigsten strafrechtlichen Nebengesetze. Von Prof. Dr. **Franz v. Liszt** und Dr. **Ernst Delaquis. 24. Aufl.** 1914. 3 M.

3. **Militärstrafgerichtsordnung** nebst Einführungsgesetz. Von Wirkl. Geheimen Kriegsrat Dr. jur. **A. Romen** und Kriegsgerichtsrat Dr. jur. **Carl Rissom.** 1910. 6 M.

4. **Handelsgesetzbuch vom 10. Mai 1897** unter Ausschluß des Seerechts. **15. Aufl.** Herausgegeben von Geh. Justizrat Prof. Dr. **A. Mosse.** 8°, 1915. 6 M.

5. **Wechselordnung vom 3. Juni 1908. Kommentar** von Justizrat Dr. **J. Stranz** und Rechtsanwalt Dr. **M. Stranz,** und das **Wechselstempelgesetz vom 15. Juli 1909** von Geh. Regierungsrat **P. Loeck. 11. Aufl.** 1913. 4 M.

5a. **Wechselstempelgesetz** apart. **11. Aufl.** 1913. 1 M. 50 Pf.

6. **Reichsgewerbeordnung** nebst Ausführungsbestimmungen. **19. Auflage** von Stadtrat Dr. **Karl Flesch** in Verbindung mit Dr. **Friedr. Hiller** und Dr. **Herm. Luppe.** 1915. 5 M.

7. **Post- und Telegraphen-Gesetzgebung.** Nebst Weltpostvertrag und internationalem Telegraphenvertrag. **6. Aufl. von Geh. Ober-Postrat Dr. M. König. 1908. 4 M.**

8. **Die Reichsgesetze über den Unterstützungswohnsitz, die Freizügigkeit, den Erwerb und Verlust der Bundes- und Staatsangehörigkeit.** Von Geheimrat Dr. **J. Krech,** Mitglied des Bundesamtes für das Heimatwesen. 8. **Aufl.** 1913. 3 M. 60 Pf.

9. Sammlung **kleinerer strafrechtlicher Reichsgesetze.** Von Dr. **R. H. Kriegsmann,** Privatdozent in **Kiel.** 3. **Aufl.** 1910. 4 M.

10. Das **Reichsbeamtengesetz** von **J. Pieper.** 2. **Aufl.** 1901. 4 M. 50 Pf.

Reichsbeamtengesetz von 1907 siehe Nr. 82.

11. **Zivilprozeßordnung mit Gerichtsverfassungsgesetz.** Von **R. Sydow.** Fortgeführt von **L. Busch,** Reichsgerichtsrat, jetzt zugleich mit **A. Busch,** Gerichtsassessor. **14. Aufl.** mit Nachtrag, enth. die Novelle vom 9. Sept. 1915 über die Entlastung der Gerichte. 8⁰. 1913. 8 M. (Nachtrag einzeln 60 Pf.)

12. **Strafprozeßordnung und Gerichtsverfassungsgesetz** nebst den Gesetzen, betr. die Entschädigung der im Wiederaufnahmeverfahren freigesprochenen Personen und die Entschädigung für unschuldig erlittene Untersuchungshaft. Von Dr. **A. Hellweg,** Reichsgerichtsrat. **16. Aufl.** mit Nachtrag, enth. die Bekanntmachung über die Entlastung der Strafgerichte von Professor Dr. **Kohlrausch.** 1912. 3 M.

13. **Konkursordnung und Anfechtungsgesetz.** Von **R. Sydow.** Fortgeführt von **L. Busch. 12. Aufl.** 1916. 3 M. 80 Pf.

14. **Gerichtsverfassungsgesetz** mit Einführungsgesetz. Herausgegeben von **R. Sydow.** Fortgeführt von **L. Busch. 9. Aufl.** 1905. Mit Nachtrag, enthaltend die Novelle vom 1. Juni 1909. 1 M. 50 Pf.

15. **Das Deutsche Gerichtskostengesetz nebst den Gebührenordnungen für Gerichtsvollzieher, Zeugen und Sachverständige.** Mit Nachtrag, enthaltend die Bestimmungen vom 10. Juni 1914. Von **R. Sydow.** Weiter bearbeitet von Reichsgerichtsrat **L. Busch** und Gerichtsassessor **Arno Busch. 9. Aufl.** mit Nachtrag, enth. die Novelle vom 10. Juni 1914. 1912. 2 M. 60 Pf.

16. **Rechtsanwaltsordnung.** Von **R. Sydow. 5. Aufl.** von Justizrat **M. Jacobsohn.** 1907. Mit Nachtrag, enthaltend die Bestimmungen vom 22. Mai 1910. 1 M. 20 Pf.

17. Die **Deutsche Gebührenordnung für Rechtsanwälte und das Preußische Gebührengesetz** vom 27. September/6. Oktober 1899. Von **R. Sydow.** Fortgeführt von **L. Busch** und Amtsrichter **A. Busch. 11. Aufl.** 1914. 3 M.

18. **Reichsstempelgesetz** vom 3. Juli 1913. (Börsen-, Lotterie- [Spiel und Wette], Frachturkunden-, Fahrkarten-, Kraftfahrzeug-, Tantieme-, Scheck- und Grundstücksübertragungssteuer.) Mit den gesamten Ausführungsbestimmungen. **12. Aufl.** von Geh. Regierungsrat **P. Loeck**, mit Nachtrag, enth. das **Frachturkunden- und Warenumsatzstempelgesetz** vom 17. und 26. Juni 1916. 1914. 8°. 9 M. Nachtrag einzeln 1 M. 50 Pf.

19. Die **Seegesetzgebung.** Von Dr. **W. E. Knitschky. 5. Aufl.** bearbeitet von Oberlandesgerichtsrat **Otto Rudorff** in Hamburg. 1913. 8 M.

20. **Krankenversicherungsgesetz.** Von weil. Dr. **E. von Woedtke.** Neue Fassung. Siehe Bd. 107.

21. Die **Konsulargesetzgebung.** Von Professor Dr. **Ph. Zorn. 3. Aufl.** bearbeitet von Reg.-Assessor Dr. **A. Zorn.** 1911. 4 M. 50 Pf.

22. **Patentgesetz.** **Nebst Ausführungsbestimmungen, völkerrechtlichen Verträgen und der Patentanwalts-Ordnung. 7. Aufl.** bearbeitet von **R. Lutter,** Geh. Reg.-Rat im Kaiserl. Patentamt. 1908. 2 M. 80 Pf.

23. **Gewerbe-Unfallversicherungsgesetz.** Von weil. Dr. **E. von Woedtke.** Siehe Bd. 108.

24. **Aktiengesellschaft und Kommanditgesellschaften auf Aktien.** Von Kammergerichtsrat Dr. **H. Keyßner** und Justizrat Dr. **H. Veit Simon. 6. Aufl.** von Amtsrichter **L. Keyßner.** 1911. 3 M.

25. **Brausteuergesetz.** vom 15. Juli 1909. Von **A. Düsse,** Oberzollrevisor. **2. Aufl.** 1910. 3 M.

26. Die Reichsgesetzgebung über **Münz- und Notenbankwesen,** Papiergeld, Prämienpapiere und Reichsschulden. Von Dr. jur. **R. Koch,** Präsident des Reichsbankdirektoriums. **6. Aufl.** 1910. 4 M.

27. Die Gesetzgebung, betr. das **Gesundheitswesen** im Deutschen Reich. Von Dr. jur. **C. Goesch** und Dr. med. **J. Karsten.** 1888. 1 M. 60 Pf.

28. **Bau-Unfallversicherungsgesetz.** Vom 30. Juni 1900. Von **R. Chrzescinski.** Siehe Bd. 108.

29. **Erwerbs- und Wirtschaftsgenossenschaften.** Von **L. Parisius** und Dr. **H. Crüger. 15. neu bearb. Aufl.** von Dr. **H. Crüger.** 1916. 2 M. 60 Pf.

30. **Invalidenversicherungsgesetz** vom 13. Juli 1899. Von weil. **Dr. E. von Woedtke.** Neue Fassung. Siehe Bd. 109.

31. **Gewerbegerichtsgesetz.** Von **Stadtrat L. Mugdan. 7. Aufl.** bearbeitet von **W. Cuno**, Oberbürgermeister zu Hagen i. W. 1911. 2 M. 50 Pf.

32. Reichsgesetz, betr. die **Gesellschaften mit beschränkter Haftung.** Von **L. Parisius** und Dr. **H. Crüger. 13. Aufl.** von Dr. **H. Crüger.** 1914. 2 M.

33. **Vereins- und Versammlungsrecht.** Von Dr. **E. Ball. 2. Aufl.** von Dr. **F. Friedenthal.** 1907. 2 M. 50 Pf.

Reichs-Vereinsgesetz vom 19. April 1908 siehe Nr. 88.

34. Die **Abzahlungsgeschäfte.** Gesetz vom 16. Mai 1894. **3. vermehrte Aufl.** besorgt von Dr. **E. Wilke**, Landgerichtsrat. 1910. 1 M. 25 Pf.

35. Die **Reichs-Eisenbahngesetzgebung.** Von **W. Coermann**, Kaiserl. Amtsrichter. 1895. 2 M. 25 Pf. S. auch Bd. 66.

36. Gesetze, betr. die **privatrechtlichen Verhältnisse der Binnenschiffahrt und der Flößerei.** Von **E. Löwe**, Landgerichtsrat. **5. Aufl.** 1915. 3 M. 60 Pf.

37. Gesetz gegen den **unlauteren Wettbewerb.** Von Justizrat **A. Pinner. 6. Aufl.** 1912. 1 M. 50 Pf.

38/39. **Bürgerliches Gesetzbuch nebst Einführungsgesetz** von Dr. **A. Achilles.** In Verbindung mit Professor Dr. **André**, Kammergerichtsrat **Ritgen**, Reichsgerichtsrat Dr. **Strecker**, Staatsrat Dr. **v. Unzner** herausgegeben von Wirkl. Geh. Ober-Justizrat u. Oberlandesgerichtspräsident **Greiff.** 8. vermehrte **Aufl.** 8°. 1916. 10 M.

40. Gesetz, betr. die **Pflichten der Kaufleute bei Aufbewahrung fremder Wertpapiere (Depotgesetz).** Mit Erläuterungen. Von **F. Lusensky**, Geh. Ober-Regierungsrat. 3. **Aufl.** 1916. 2 M. 25 Pf.

41. **Börsengesetz.** Von Wirkl. Geh. Ober-Regierungsrat **Th. Hemptenmacher. 3. Aufl.** von Syndikus O. Meyer. 1915. 3 M. 60 Pf.

42. **Grundbuchordnung** nebst den preußischen Ausführungsbestimmungen. Mit Einleitung. Von Prof. Dr. **O. Fischer. 6. Aufl.** mit Nachtrag, die Ergänzungen enthaltend. 1912. 2 M.

43. **Zwangsvollstreckung in das unbewegliche Vermögen** im Reiche und in Preußen. Mit Einleitung, Kosten- und Gebührentabellen. Von Dr. **J. Krech** u. Dr. **O. Fischer. 8. Aufl.** bearbeitet von Professor Dr. **O. Fischer.** 1916. 2 M. 80 Pf.

44. Das Reichsgesetz über das **Auswanderungswesen** vom 9. Juni 1897. Von Professor Dr. **Felix Stoerk.** 1899. 2 M. 25 Pf.

45. Das **Entmündigungsrecht** unter Berücksichtigung der für Preußen geltenden Vorschriften nebst der preußischen Justiz-Ministerial-Verfügung vom 28. November 1899. Von Landgerichtsrat Dr. **P. Coll in Cöln.** 1900. 1 M. 50 Pf.

46. Die Gesetze des Reiches und Preußens über die **freiwillige Gerichtsbarkeit.** Von **Herm. Jastrow,** Amtsgerichtsrat. 5. **Aufl.** 1911. 3 M. 60 Pf.

47. Das **deutsche Vormundschaftsrecht** und das preuß. Gesetz über die Fürsorgeerziehung Minderjähriger nebst den dazu gehörigen preußischen Nebengesetzen. Von Oberverwaltungsgerichtsrat **Max Schultzenstein** und Amtsgerichtsrat Dr. **Paul Köhne. 2. Aufl.** 1901. 3 M.

48. Gesetze und Verordnungen, betr. den **Drogen-, Gift- und Farbenhandel** außerhalb der Apotheken. Von Dr. **J. Broh**, Rechtsanwalt. 1899. 1 M. 25 Pf.

49. Deutsche **Kolonialgesetzgebung**. Von Geh. Justizrat Professor Dr. **Philipp Zorn**. 2. Aufl. von Gerichtsassessor Dr. **Sassen**. 1913. 7 M. 50 Pf.

50. Der **Viehkauf** (Viehgewährschaft) nach dem Bürgerlichen Gesetzbuche unter Berücksichtigung des ausländischem Rechts Verordnung betr. die Hauptmängel und Gewährsfristen beim Viehhandel. Von Rechtsanwalt Dr. **H. Stölzle** und Königlichem Regierungs- und Veterinärrat **H. Weiskopf**. 5. Aufl. 1913. 6 M.

51. **Hypothekenbankgesetz** vom 13. Juli 1899. Von Dr. **H. Göppert**. 2. Aufl. Bearbeitet von Geh. Reg.-Rat Dr. **Seidel**. 1911. 2 M. 40 Pf.

52. Gesetz, betreffend die gemeinsamen **Rechte der Besitzer von Schuldverschreibungen**. Von Dr. **Heinrich Göppert**. 2. Aufl. bearbeitet von Amtsrichter Dr. **E. Trendelenburg**. 1915. 1 M. 80 Pf.

53. **Reichspreßgesetz** vom 7. Mai 1874. Mit Kommentar von Erstem Bürgermeister **A. Born**. 1911. 2. Aufl. 2 M.

54. Die **Reichsgesetzgebung über den Verkehr mit Nahrungsmitteln, Genußmitteln und Gebrauchsgegenständen**. Von Dr. **Georg Lebbin**, Nahrungsmittelchemiker in Berlin. 1900. 2 M. 25 Pf.

55. Das **Recht der Beschlagnahme von Lohn- und Gehaltsforderungen**. Von Justizrat **Georg Meyer**. 5. Aufl. 1914. 2 M. 70 Pf.

56. Gesetz, betr. die **Bekämpfung gemeingefährlicher Krankheiten.** Nebst Ausführungsbestimmungen. Von Dr. **Bruno Burkhardt,** Regierungsrat, Mitglied des **Kaiserl.** Gesundheitsamts. 1900. 1 M. 40 Pf.

57. **See-Unfallversicherungsgesetz.** Von Dr. **Max Mittelstein,** Oberlandesgerichtsrat in Hamburg. Siehe Bd. 108.

58. **Das Recht der unehelichen Kinder** nach dem BGB. Von **Hermann Jastrow,** Amtsgerichtsrat. 1901. 1 M. 80 Pf.

59. Reichsgesetz über die **Beurkundung des Personenstandes und die Eheschließung.** Von Dr. **F. Fidler,** Amtsgerichtsrat. 1912. **2. Aufl.** 2 M. 50 Pf.

60. Gesetz, betreffend das **Urheberrecht an Werken der Literatur und der Tonkunst.** Von Geh. Justizrat **Otto Lindemann. 8. Aufl.** 1910. 1 M. 60 Pf.

61. Gesetz über das **Verlagsrecht.** Von Justizrat **E. Heinitz. 2. Aufl.** Bearbeitet von Rechtsanwalt Dr. **Br. Marwitz.** 1911. 1 M. 80 Pf.

62. Gesetz über **private Versicherungsunternehmungen.** Von **H. Könige,** Reichsgerichtsrat. **2. Aufl.** 1910. 4 M. 20 Pf.

63. **Gesetzestafel des Deutschen Reichsrechts.** Systematisch geordnete Nachweisung des z. Z. geltenden Reichsrechts. Von **Hugo Bruhns,** Bürgermeister. 1913. **2. Aufl.** 3 M. 50 Pf.

64. Gesetzsammlung betr. den **Handel mit Drogen und Giften.** Reichsgesetzliche Bestimmungen und Anhang mit den landesgesetzlichen Verordnungen sämtlicher Bundesstaaten. **Von Rechtsanwalt H. Sonnenfeld,** Syndikus der Berliner **Drogisten-Innung. 2. Aufl.** 1912. **4 M.**

65. **Das Weingesetz in der Fassung von 1909.** Mit Ausführungsbestimmungen von Dr. **Georg Lebbin**, Nahrungsmittelchemiker. **2. Aufl.** 1909. 2 M. 50 Pf.

66. Die **Eisenbahn-Gesetzgebung.** Von **W. Pietsch**, Rechnungsrat im Reichs-Eisenbahn-Amt. **2. Aufl.** 1913. 3 M. 60 Pf.

67. **Militär-Strafgesetzbuch für das Deutsche Reich** mit der Novelle vom 8. 8. 1913. Von Wirklichem Geheimen Kriegsrat Dr. **A. Romen** und Kriegsgerichtsrat Dr. **C. Rissom. 2. Aufl.** 1916. 10 M.

68. Das **Fleischbeschaugesetz.** Vom 3. Juni 1900. Von Dr. **Georg Lebbin**, Nahrungsmittelchemiker und Rechtsanwalt Dr. **Georg Baum.** 1903. 4 M.

69. Reichsgesetz **über die Naturalleistungen der bewaffneten Macht im Frieden** nebst den in Preußen geltenden Bestimmungen. Von Landrat Dr. **Walter v. Hippel.** 1903. 1 M. 25 Pf.

70. Das **Reichs-Haftpflichtgesetz**, vom 7. Juni 1871. Von Regierungsrat Dr. **G. Eger.** 1903. 3 M.

71. **Kinderarbeit in gewerblichen Betrieben**, vom 30. März 1903. Von **H. Spangenberg**, Oberverwaltungsgerichtsrat. **2. Aufl.** 1904. 1 M. 60 Pf.

72. **Unfallversicherungsgesetz für Land- und Forstwirtschaft** von weil. Dr. **E. von Woedtke.** Siehe Band 108.

73. **Entschädigung für unschuldig erlittene Verhaftung und Bestrafung.** Nebst Anhang, enthaltend die dazu gehörigen Nebengesetze über Schadensersatz. Von Dr. jur. **A. Romen**, Wirklichem Geheimen Kriegsrat. 1904. 2 M.

74. Die **Kaufmannsgerichte** nebst den preuß. Ausführungsbestimmungen. Von Professor Dr. **Max Apt. 3. Aufl.** 1905. 2 M. Siehe auch Bd. 112.

75. Reichsgesetz über die **Konsulargerichtsbarkeit.** Von Dr. jur. **A. F. Vorwerk,** Rechtsanwalt in Schanghai. 2. Ausgabe, mit dem Schutzgebietsgesetz und der Ausführungsverordnung, betr. die Rechtsverhältnisse in den Schutzgebieten. 1908. 2 M.

76. **Die Rechtshilfe im Verkehr mit den ordentlichen Gerichten nach deutschem Reichsrecht.** Von Landrichter Dr. **A. Friedländer.** 1906. 1 M. 80 Pf.

77. **Das Reichserbschaftssteuergesetz.** Vom 3. Juni 1906. Von **Ulrich Hoffmann,** Rechnungsrat im Königl. Preuß. Finanzministerium. **2. Aufl.** mit Nachtrag, enth. die Bestimmungen v. 3. Juli 1913. 1911. 5 M.

78. **Zigarettensteuergesetz.** Vom 15. Juli 1909. Von Dr. **Cuno,** Regierungsassessor. **2. Aufl.** in Vorbereitung.

79. **Die Militärpensionsgesetze** vom 31. Mai 1906 nebst Ausführungsbestimmungen. Zum Gebrauch für Heer, Marine und Schutztruppe von Dr. jur. **A. Romen,** Wirklicher Geheimer Kriegsrat.
   a) I. Teil: Offizierpensionsgesetz. 1907. 3 M. 50 Pf.
   b) II. Teil: Mannschaftsversorgungsgesetz. 1908, mit Nachtrag, enth. **Kapitalabfindungsgesetz** vom 3. Juli 1916. 3 M. 50 Pf.

80. Reichsgesetzgebung über **gerichtliche Registerführung.** Von **Otto Lindemann, Geh. Justizrat.** 1906. 3 M.

81. Gesetz, betr. **Urheberrecht an Werken der bildenden Künste und der Photographie.** Von Dr. **Ludwig Fuld**, Rechtsanwalt. 1907. 1 M.

82. **Reichsbeamtengesetz** in der Fassung vom 18. Mai 1907 und seine Ergänzungen von Geheimrat Professor Dr. **Adolf Arndt.** 1908. 3 M.

83. Reichsgesetz über **den Versicherungsvertrag** nebst Einführungsgesetz. Von Dr. **Paul Hager** und Dr. **E. Bruck. 3. vermehrte und verbesserte Auflage.** 1913. 6 M.

84. **Sammlung kleinerer privatrechtlicher Reichsgesetze** von Oberlandesgerichtsrat **Georg Müller.** 1908. 6 M. 50 Pf.

85. **Scheckgesetz** mit Einleitung usw. Von Prof. Dr. **Max Apt. 5. Aufl.** Mit Postscheckordnung vom 6. Nov. 1908 und im Anhang „Besteuerung **des** Schecks". 1909. 2 M.

86. **Die Auslieferungsverträge des Deutschen Reiches** von Landrichter **A. Cohn.** 1908. 4 M.

87. Gesetz zum **Schutz der Warenbezeichnungen.** Von Geh. Reg.-Rat, Mitglied des Patentamts Dr. **Freund** und Rechtsanwalt **Magnus. 5. Aufl.** 1909. 3 M. 50 Pf.

88. **Vereinsgesetz** vom 19. April 1908. Von Dr. jur. **A. Romen,** Wirkl. Geh. **Kriegsrat. 4.** durch einen Nachtrag, enthaltend die **neuen Bestimmungen** über **Jugendliche und Gewerkschaften,** vermehrte **Aufl.** 1916. 3 M. 50 Pf.
Nachtrag: Einzeln 1 M. 50 Pf.

89. **Vogelschutzgesetz** vom 30. Mai 1908 nebst den das Flugwild betr. Bestimmungen der Preußischen Jagdordnung von Dr. jur. **Leo von Boxberger.** 1908. 1 M.

90. Die Haager Abkommen über das **Internationale Privatrecht.** Von Dr. **G. A. E. Bogeng.** 1908. 2 M. 20 Pf.

91. **Eisenbahn-Verkehrsordnung** vom 23. Dez. 1908. Mit **Ausführungsbestimmungen.** Von Regierungsrat Dr. **Ernst Blume.** 1909. 2 M. 50 Pf.

92. Gesetz, betr. den **Verkehr mit Kraftfahrzeugen.** Von Amtsgerichtsrat **R. Kirchner. 3. Aufl.** 1915. 4 M.

93. Gesetz über die **Sicherung der Bauforderungen** von Justizrat Dr. **E. Harnier. 3. Aufl.** 1912. 1 M. 60 Pf.

94. **Haftpflicht der Reichs- und Staats-Beamten** von Dr. **H. Delius. 2. Aufl.** Mit dem Gesetz über Haftung des Reichs für Beamte vom 22. 5. 1910. 3 M. 50 Pf.

95. Die Berner Uebereinkunft über **internationales Urheberrecht** von Geh. Ob.-Reg.-Rat Dr. **Herm. Dungs.** 1910. 1 M.

96. **Branntweinsteuergesetz** vom 15. Juli 1909. Unter Berücksichtigung der für das Reich erlassenen Ausführungsbestimmungen und Kriegsverordnungen. **1. Aufl.** von Geh. Reg.-Rat **Johs. Nay. 2. Aufl.** bearbeitet von Reg.-Ass. Dr. **K. Kniebe,** Hilfsarbeiter im Reichsamt des Innern. 1916. 4 M.

97. **Schutzgebietsgesetz** nebst Verord. betr. die Rechtsverhältnisse in den Schutzgebieten, dem Gesetz über die Konsulargerichtsbarkeit sowie den Ausführungsbest. Von **Johs. Gerstmeyer,** Wirkl. Legationsrat und vortrag. Rat im Reichskolonialamt. 1910. 3 M.

98. **Sechs Haager Abkommen über Internationales Privatrecht.** Von Geh. Ob.-Reg.-Rat Dr. **Herm. Dungs.** 1910 1 M. 50 Pf.

99. **Die Abkommen der Haager Friedenskonferenz.** Von Dr. jur. **Hans Wehberg.** 1910. 3 M.

100. Gesetz über den **Absatz von Kalisalzen.** Von Geh. Bergrat **Carl Voelkel.** 1910. 2 M. 40 Pf.

101. **Zuwachssteuergesetz** vom 14. Februar 1911. Von Dr. **W. Cuno,** Geheimer Regierungsrat im Reichsschatzamt. 1911. 3 M. 60 Pf.

102. **Urheberrecht an Mustern und Modellen** u. Ges. betr. Schutz v. Gebrauchsmustern von Reg.-Rat **Johs. Neuberg,** Mitgl. d. **K.** Patentamts. 1911. 2 M. 40 Pf.

103. **Reichs-Viehseuchengesetz** vom 26. Juni 1909 nebst Ausführungsvorschriften u. dem preuß. Ausführungsgesetz. Von Landrat Dr. **Walter v. Hippel. 2. Aufl.** 1912. 4 M. 50 Pf.

104. **Versicherungsgesetz** für Angestellte vom 20. Dez. 1911. Von Rechtsanwalt **O. Bernstein** und Dr. **J. Kupferberg. 2. Aufl.** 1912. 3 M. 50 Pf.

105. **Das Geldwesen in den deutschen Schutzgebieten.** Von **W. Hintze,** Geh. Sekretär i. Reichskol.-Amt. 1912. 2 M.

106—109. **Reichs-Versicherungsordnung nebst Einführungsgesetz:** Herausgegeben unter Mitwirkung von Dr. **F. Caspar,** Wirkl. Geh. Rat, Direktor im Reichsamt d. Innern und **A. Spielhagen,** Geh. Ob.-Reg.-Rat, vortr. Rat im Reichsamt d. Innern. **4 Bände.**

- 106. I., V. u. VI. Buch. **Gemeinsame Vorschriften. — Beziehungen der Versicherungsträger zu einander und zu anderen Verpflichteten. — Verfahren.** Von Dr. **K. Lippmann,** Reg.-Rat im Reichsversicherungsamt, Geh. Reg.-Rat Dr. **L. Laß** und Geh. Reg.-Rat **H. Siefart,** vortrag. Räte im Reichsamt des Innern. 1913 6 M.
- 107. II. Buch. **Krankenversicherung.** Von Geh. Reg.-Rat **H. Siefart** und Reg.-Rat Dr. **F. Sitzler.** 1916. 7 M. 50 Pf.
- 108. III. Buch. **Unfallversicherung.** Von Geh. Reg.-Rat **A. Radtke,** Senatsvors. im Reichsvers.-Amt. 1913. 8 M.
- 109. IV. Buch. **Invaliden- und Hinterbliebenenversicherung.** Von Geh. Ober-Reg.-Rat **B. Jaup,** vortrag. Rat im Reichsamt des Innern, und **H. Follmann,** Geh. Reg.-Rat im Reichsversicherungsamt. 1912. Mit Nachtrag. 1914—1916. 4 M.

110. **Wehrbeitragsgesetz** mit Ausführungsbestimmungen. Von Geheimem Ober-Finanzrat **A. Fernow. 2. Aufl.** 1913. 2 M.

111. **Reichs- und Staatsangehörigkeitsgesetz.** Vom 22. Juli 1913. Von Dr. **A. Romen,** Wirklichem Geheimen Kriegsrat. 1913. 2 M. 20 Pf.

112. **Kaufmannsgerichtsgesetz** und die anzuwendenden Bestimmungen des Gewerbegerichtsgesetzes. Von Magistratsrat Dr. **H. Depène,** Vorsitzender des Kaufmannsgerichts Berlin. 1914. 2 M. 60 Pf.

113. **Postscheckgesetz.** Von Oberpostinspektor **J. Weiland.** 1914. 1 M. 50 Pf.

113a. **Postscheckordnung** mit Ausführungsbestimmungen. Von Oberpostinspektor **J. Weiland.** 1914. 1 M. 50 Pf.

114. **Waffengebrauch und Festnahmerecht des Militärs.** Von Dr. **A. Romen,** Wirkl. Geh. Kriegsrat und Dr. **C. Rissom,** Kriegsgerichtsrat. 1914. 2 M.

115. **Das vertragliche Wettbewerbsverbot (Konkurrenzklausel).** Nebst Kommentar zum Gesetz vom 10. Juni 1914. Von Rechtsanwalt Dr. **G. Baum.** 1914. 3 M.

116. **Kriegs-Zivil- und Finanzgesetze** vom 4. August 1914 und den dazu erlassenen Verordnungen und Bekanntmachungen. **3. Aufl.** 1915. 2 M. 40 Pf.

116a. **Kriegs-Zivil- und Finanzgesetze.** Zweite Folge. Das Jahr 1915. 1916. 2 M.

117. **Darlehnskassengesetz** von Rechtsanwalt **Salomon** und Bankvorsteher **Bud.** 1915. 2 M.

118. **Militärhinterbliebenengesetz** von Rechnungsrat **Reh.** 1915. Mit Nachtrag enth. das **Kapitalabfindungsgesetz** vom 11. Juli 1916. 2 M. 50 Pf.

119. **Kriegsleistungsgesetz** von Rechtsanwälten **Heilberg** und **Schäffer.** 1915. 3 M.

120. **Telegraphenwegegesetz** von Postreferendar **Wolf.** 1916. 1 M. 60 Pf.

121. **Direkte Kriegssteuer** von Oberwaltungsgerichtsrat **Mrozek.** 1916. 4 M. 50 Pf.

122. **Das Gesetz über den Belagerungszustand** von Kriegsgerichtsrat Dr. **H. Pürschel.** 1916. 5 M.

123. **Warenumsatzstempel** von Geh. Oberjustizrat **Lindemann** 1916. etwa 2 M.

124. **Todeserklärung Kriegsverschollener** von Prof. Dr. **J. Partsch.** 1916. etwa 2 M. 50 Pf.

Guttentagsche Sammlung

Preußischer Gesetze.

Textausgaben mit Anmerkungen. Taschenformat.

---

1. Die **Verfassungs-Urkunde für den Preußischen** Staat. Mit Einleitung, vollständigem **Kommentar**. Von Prof. Dr. **Adolf Arndt. 7. Aufl.** 1911. **4 M.**

2. Preußische **Beamten-Gesetzgebung.** Enthaltend die wichtigsten Beamtengesetze in Preußen. Von **C. Pfafferoth. 5., neubearb. Aufl.** 1916. 3 M.

3. **Die Aufnahme des Nottestaments** durch die bestellten Urkundspersonen. Anweisung mit Musterbeispielen und Abriß des Erbrechts von Amtsgerichtsrat **C. Kurtz.** 1904. 1 M. 50 Pf.

4. **Gebührenordnung** für **Notare** vom 25. Juli 1910. **4. Aufl.** bearbeitet von Justizrat **Rausnitz.** 1910. 2 M. 20 Pf.

5. Gesetz vom **24. April 1854 (betr. die außerehel. Schwängerung).** Von Dr. **Schulze.** 1873. 75 Pf.
Gültiges Recht siehe: Reichsgesetze Nr. 58.

6. Die Preuß. **Ausführungsgesetze und Verordnungen zu den Reichs-Justizgesetzen.** Von **R. Sydow.** Siehe Seite 24, Busch-Eylau, Ausführungsgesetze.

7, Allg. **Gerichtsordnung** und Preuß. **Konkursordnung.** Von **F. Vierhaus.** Vergriffen.

8, Vormundschaftsordnung. Von **F. Schultzenstein.**
Gültiges Recht siehe: Reichsgesetze Nr. 47,

9. **Die Preußische Grundbuchgesetzgebung.** Von Prof. Dr. **Fischer.** Vergriffen. Siehe: Reichsgesetze Nr. 42.

10. **Einkommensteuergesetz.** Von **A. Fernow,** Geh. Ober-Finanzrat. 8. **Aufl.** 1913. Mit Nachtrag, enth. Gesetz betr. Erhöhung der Zuschläge vom 8. Juli 1916. 5 M.

11. **Gewerbesteuergesetz.** Von **A. Fernow,** Geh. Ober-Finanzrat. 6., **vermehrte Aufl.** 1915. 4 M. 50 Pf.

12. **Allgemeines Berggesetz.** Mit seinen Novellen und Nebengesetzen. 3. **Aufl.,** bearbeitet von den Oberbergräten **Schlüter** und **Hense.** 1913. 7 M. 50 Pf.

13. **Ergänzungssteuergesetz** (Vermögenssteuergesetz). Von **A. Fernow,** Geh. Ober-Finanzrat. 5. **Aufl.** 1914. Mit Nachtrag, enth. Gesetz betr. Erhöhung der Zuschläge vom 8. Juli 1916. 4 M.

14. **Kommunalabgabengesetz.** Vom 14. Juli 1893 und Gesetz wegen Aufhebung direkter Staatssteuern. Von Dr. **F. Adickes,** Oberbürgermeister. 5. **Aufl.** Bearbeitet von Stadtrat Dr. **Woell.** 1911. 2 M. 40 Pf.

15. Die **Kreisordnungen** für den Preußischen Staat. Von **O. Kolisch,** Landgerichtsrat. 1894. 4 M.

16. **Konzessionierung gewerblicher Anlagen.** Preuß. Ausführungs-Anweisung zu §§ 16 u. ff. der Gewerbe-Ordnung. Von Dr. **W. v. Rüdiger,** Geh. Regierungs- u. Gewerberat 2. **Aufl.** 1901. 2 M.

17. **Preußisches Gerichtskostengesetz.** Vom 25. Juli 1910. **Mit Kostentabellen.** Von Dr. **P. Siméon, Kammergerichtsrat,** 7. **Aufl.** 1913. 4 M.

18. Preußisches **Stempelsteuergesetz** vom 30. Juni 1909. Mit sämtlichen Ausführungsbestimmungen. Von **P. Loeck**, Geh. Regierungsrat. 8. **Aufl.** von Regierungsrat **W. Seyffarth.** 8 M.

19. Das **Jagdscheingesetz.** Von **F. Kunze,** Wirklichem Geh. Ober-Regierungsrat. 2. **Aufl.** 1899. 2 M.

20. Die **preußischen Erbschaftssteuergesetze.** Von **U. Hoffmann,** Rechnungsrat im Königl. preuß. Finanzministerium. 1905. 4 M.

(**Reichs**-Erbschaftssteuergesetz s. Reichsgesetze Nr. 77).

21. Gesetz **über die Handelskammern.** Von **F. Lusensky,** Geh. Regierungsrat. 2. **Aufl.** 1909. 3 M.

22. Gesetz, betr. **Anstellung und Versorgung der Kommunalbeamten.** Von Dr. **W. Ledermann.** 2. **Auflage.** Bearbeitet von Dr. **Ludwig Brühl.** 1914. 2 M. 20 Pf.

23. **Ausführungsgesetz zum Bürgerlichen Gesetzbuche.** Von Kammergerichtsrat Dr. **P. Siméon.** 3. **Aufl.** 1914. 2,20 M.

24. Die **Hinterlegungsordnung** nebst Ausführungsbestimmungen. Von Regierungsrat Dr. **Georg Bartels.** 2. **Aufl.** 1908. 2 M.

—, Gesetz vom 21. April 1913 s. Nr. 53.

25. **Preußische Kommunalbeamtengesetzgebung.** Von Magistrats-Assessor Dr. **Fr. Kremski,** Berlin. 1901. 3 M.

26. Gesetze über **das Diensteinkommen der Lehrer und Lehrerinnen, Ruhegehalt und Fürsorge für Hinterbliebene.** Tabelle zur Berechnung der Ruhegehalts-, Witwen- und Waisenbezüge. Von Dr. **Ed. Cremer,** Beigeordneter. 1900. 2 M. 40 Pf.

27. Gesetz, betreffend die **Warenhaussteuer.** Von Geh. Ober-Finanzrat Dr. **G. Strutz.** 1900. 1 M. 20 Pf.

28. Gesetz über die **Fürsorgeerziehung Minderjähriger.** Von Landgerichtsdirektor Dr. **P. F. Aschrott. 2. umgearbeitete Aufl.** 1907. 2 M. 80 Pf.

29. Gesetz, betr. **die ärztlichen Ehrengerichte, das Umlagerecht und die Kassen der Aerztekammern.** Von Amtsgerichtsrat Dr. **F. Fidler.** 1901. 1 M. 50 Pf.

30. **Das Preußische Staatsschuldbuch** und **Reichsschuldbuch.** Von Wirkl. Geh. Ober-Finanzrat **J. Mücke.** 1902. 2 M.

31a. **Die geltenden Preußischen Gesindeordnungen.** Herausgegeben in zwei Bänden von **Stephan Gerhard,** Rechtsanwalt in Berlin.

Band I: Gesindeordnung für die altpreußischen Provinzen vom 8. Nov. 1810, bearbeitet mit ausführlichen Erläuterungen unter Berücksichtigung der Ergänzungsgesetze, der Rechtsverhältnisse der Stellenvermittler und der Reichsversicherungsordnung, sowie die Gesindeordnungen für Neuvorpommern und Rügen und für die Rheinprovinz. **2. Aufl.** 1914. 3 M.

31b. **Band II:** Gesindeordnungen für Hannover, Schleswig-Holstein, Hessen-Nassau und den Regierungsbezirk Hohenzollern. 2 M. 50 Pf.

Siehe **auch** Seite 25: Ratgeber von **Grieben.**

32. **Die Städteordnung für die sechs östlichen Provinzen** Preußens vom 30. Mai 1853. Von Stadtrat Dr. **Walter Ledermann** u. Magistratsrat Dr. **Ludwig Brühl. 2. Aufl.** 1913. 7 M. 50 Pf.

33. **Rentenguts- und Anerbenrechts-Gesetzgebung in Preußen.** Von Landgerichtsrat **M. Peltasohn** und Rechtsanwalt **Bruno Peltasohn.** 1903. 8 M.

34. Sammlung der wichtigsten **preußischen Strafgesetze** nebst Anhang: Gesetz betr. polizeiliche Strafverfügungen vom 23. April 1883. Von **Otto Lindemann**, Geheimen Justizrat. 1912. **2. Aufl.** 3 M. 50 Pf.

35. **Geschäftsordnung für Gerichtsvollzieher.** Von **Emil Exner.** 1904. 3 M. 50 Pf.

36. **Polizeiverordnungen in Preußen.** Von **Otto Lindemann**, Geheimen Justizrat. 1912. **2. Aufl.** 2 M. 50 Pf.

37. Gesetz über die **Enteignung von Grundeigentum** vom 11. Juni 1874. Von Oberlandesgerichtsrat **O. Meyer. 2. Aufl.** 1911. 2 M. 25 Pf.

38. **Kreis- und Provinzial-Abgabengesetz.** Vom 23. April 1906. Von **Fr. Schmidt**, Gemeindevorsteher. 1906. 1 M. 25 Pf.

39. Gesetz, betr. die **Unterhaltung der öffentl. Volksschulen.** Von Dr. **A. Marcks**, Regierungsrat. 1906. 2 M.

40. **Verwaltungsstrafverfahren** bei Zuwiderhandlungen gegen die Zollgesetze und indirekte Reichs- und Landesabgaben. Von Dr. **Richard Katzenstein.** 1907. 3 M. 60 Pf.

41. Die **preußischen Jagdpolizeigesetze.** Von **Fr. Kunze**, Wirkl. Geh. Oberregierungsrat und **R. Kühnemann**, Rechtsanwalt. **2. Aufl.** 1907. 3 M. 60 Pf.

42. Die Gesetzgebung über die **Allgemeine Landesverwaltung** und über die **Zuständigkeit der Verwaltungs- und Verwaltungsgerichtsbehörden.** Von Rechtsanwalt Dr. **Karl Friedrichs.** 1908. 3 M.

43. Gesetz betr. die **Zulassung einer Verschuldungsgrenze** für land- und forstwirtschaftlich benutzte Grundstücke. Von Dr. jur. **R. Leweck**, **Syndikus.** 1908. 2 M. 40 Pf.

44. **Quellenschutzgesetz** nebst den Ausführungsbestimmungen von **Carl Voelkel**, Geheimer Bergrat. 1909. 1 M.

45. **Rechtsverhältnisse der Juden in Preußen** von Dr. jur. **Max Kollenscher**, Rechtsanwalt. 1910. 2 M. 40 Pf.

46. **Austritt aus der Landeskirche** vom 14. Mai 1873. Von Gerichtsassessor **Hrch. Chr. Caro.** 1911. 2 M. 40 Pf.

47. Gesetz, betr. die **Feuerbestattung** von Amtsgerichtsrat Dr. **W. Lohmann.** 1911. 1 M. 50 Pf.

48. **Zweckverbandsgesetz für Groß Berlin** vom 19. Juli 1911 nebst Abdruck des allgemeinen Zweckverbandsgesetzes. Von Magistratsräten Dr. **Ludw. Brühl**, Dr. **Kurt Gordan** und Stadtrat Dr. **Walter Ledermann** in Berlin. 1912. 4 M.

49. **Gesetze gegen die Verunstaltung landschaftlich hervorragender Gegenden** mit Ausführungsanweisungen. Von Regierungsrat **Otto Goldschmidt.** 1912. 2 M. 50 Pf.

50. **Gesetz, betr. die Anlegung und Veränderung von Straßen und Plätzen in Städten und ländlichen Ortschaften** von Oberlandesgerichtsrat **O. Meyer.** 1912. 3 M.

51. **Das preußische Disziplinargesetz für die nichtrichterlichen Beamten** nebst dem Disziplinargesetze für die Privatdozenten. Von Regierungsrat Dr. **Eugen v. Dultzig.** 4 M. 50 Pf.

52. **Preußisches Wassergesetz** v. 7. April 1913 von Rechtsanwalt **Georg Wulff** und Rechtsanwalt **Ferd. Herold.** 1913. 5 M.

53. **Hinterlegungsordnung** v. 21. April 1913. Von **Hagemann**, Landrichter. 2 M. 25 Pf.

54. Gesetz, betr. die **Anlegung von Sparkassenbeständen in Inhaberpapieren** nebst Ausführungsverordnung vom 8. Mai 1913. **Kommentar** von Rechtsanwalt **Herbert Döhring.** 2 M.

Guttentagsche Sammlung
von Textausgaben mit Sachregister ohne Anmerkungen.

Taschenformat, elegant in Leinen gebunden.

Zivilprozeßordnung mit **Gerichtsverfassungsgesetz** und **Einführungsgesetzen.** Neueste Fassung. 2 M.

Konkursordnung mit **Einführungsgesetz. 2. Aufl.** 1915. 1 M.

Bürgerliches Gesetzbuch nebst **Einführungsgesetz.** 10. Abdruck. 2 M. 50 Pf.

Handelsgesetzbuch nebst **Einführungsgesetz** und **Seerecht.** 8. Abdruck. 1910. 1 M. 80 Pf.

Reichsversicherungsordnung von 1911 (Kranken-, Unfall-, Invaliden- u. Hinterbliebenenversicher.). 20—30 Tausend. 2 M.

Militärstrafgerichtsordnung nebst **Einführungsgesetz.** 1 M. 50 Pf.

Militär-Strafgesetzbuch. 2. Aufl. 1916. 1 M. 20 Pf.

Wechselordnung mit Anhang: **Wechselprozeß und Ausführungsanweisung.** 1908. 1 M.

Die Preußischen Ausführungsgesetze zum Bürgerlichen Gesetzbuche und Nebengesetze. 5. Aufl. 1 M. 80 Pf.

Reichsfinanzgesetze von 1909 einschließlich **der Reichsstempelgesetze und des Erbschaftssteuergesetzes.** 1909. 2 M.

Zuwachssteuergesetz vom 14. Februar 1911. 80 Pf. **Ausführungsbestimmungen** dazu 60 Pf.

Versicherungsgesetz für Angestellte vom 20. Dez. 1911. 1 M. 25 Pf.

Strafgesetzbuch. Mit ausführl. Sachregister. 1912. 1 M. 20 Pf.

Strafprozeßordnung. 2. Aufl. 1915. 1 M. 50 Pf.

Wehrbeitrag und Besitzsteuer. Mit ausführl. Sachregister. 1913. 1 M.

Kriegsgewinnsteuer. 60 Pf.

Die Kriegssteuergesetze. 1916. 1 M. 50 Pf.

Die Preußischen Ausführungsgesetze, Verordnungen und ministeriellen Verfügungen zu dem Bürgerlichen Gesetzbuche und den Reichs-Justizgesetzen nebst anderen zugehörigen Gesetzen. Von **L. Busch. 2. Aufl.** von Landrichter **O. Eylau.** 8°. Preis geb. 4 M. 50 Pf.

Preußische Bürgerliche Gesetzsammlung. Sammlung der noch geltenden Landesgesetze privatrechtlichen Inhalts. Herausgegeben von den Gerichtsassessoren **D. Fischer** und Dr. **F. Schroeder.** 8°. 2 Bände Preis geb. in ganz Leinen 20 M.

Erster Band: **Das Allgemeine Landrecht mit den Einführungs-Patenten.** Preis 6 M.

Zweiter Band: **Gesetze von 1778—1902.** Preis 14 M.

Kommentar zum Stellenvermittlergesetz vom 2. Juni 1910 unter besonderer Berücksichtigung des zivilrechtlichen Gesetzesinhaltes mit den Ausführungsbestimmungen für **Preußen, Bayern, Sachsen** von **M. K. Samter,** Amtsgerichtsrat. 1912, Gr.-8°. Preis 4 M., geb. 5 M.

Die Gerichtspraxis. Herausgegeben von Kammergerichtsrat Dr. **Ernst Pape** in Verbindung mit Amtsrichter **E. Armstroff,** Berlin-Lichterfelde, Staatsanwalt Dr. **C. Falk,** Berlin, Kammergerichtsrat **M. Gfrörer,** Berlin, Amtsrichter **Wilh. Häuseler,** Berlin-Weißensee, Amtsgerichtsrat **Georg Krause,** Berlin-Tempelhof, Amtsgerichtsrat **L. Levy,** Charlottenburg, Landrichter Dr. **Max Nadler,** Berlin, Amtsgerichtsrat **H. Riefenstahl,** Berlin. 1914. Gr. 8°. Geb. 18 M. 50 Pf.

Prozeßrechtlicher Schutz der Kriegszeit. Ein Kommentar zum Gesetz vom 4. August 1914, betr. den Schutz der infolge des Krieges an der Wahrnehmung ihrer Rechte behinderten Personen von Landrichter a. D. Dr. **Sieskind. 2. Aufl.** 1915. Preis geb. 3 M.

Die Invaliden- und Hinterbliebenenversicherung nach der **Reichsversicherungsordnung.** Eine systemat. Zusammenstellung der gesetzl. Bestimmungen von Dr. **Richard Freund,** Vorsitzendem der Landes-Versicherungsanstalt Berlin. 1911. 2 M., geb. 3 M.

Wie leitet man eine Versammlung? Geschäftlicher Handweiser für Vorsitzende. Von einem Mitgliede des deutschen Reichstages und des preußischen Abgeordnetenhauses. **2. Aufl.** 1908. kart. 1 M.

Praktischer Ratgeber für Dienstherrschaften nach dem Preuß. Gesinderecht unter Berücksichtigung der neueren Entscheidungen bearbeitet von **H. Grieben,** Verwaltungsdirektor a. D. und Bürgermeister. 1908. 1 M.

Das Recht der Handlungsgehilfen und Handlungslehrlinge, Von Rechtsanwalt **Hugo Horrwitz. 2. Aufl.** Geb. 3 M.

Die Registratur. Von **Hermann Kollrack. 2. Aufl.** 1906. 8°. **Kart.** 1 M. 40 Pf.

Die Pflichten des Waisenrates. Ein praktischer Leitfaden für Waisenräte und Verwaltungsbeamte. Von **F. Baum,** Geh. Justizrat und Vormundschaftsrichter. 8. **vermehrte und verbesserte Auflage.** 1906. 8°. 60 Pf.

Der Vormund, Gegenvormund, Pfleger und Familienrat. Nach dem Bürgerlichen Gesetzbuch, dem Reichsgesetz über die Angelegenheiten der freiwilligen Gerichtsbarkeit und dem Ausführungsgesetz zum BGB. Ein praktischer Leitfaden. Von **F. Baum,** Geh. Justizrat und Vormundschaftsrichter. 1899. 8°. 50 Pf.

Schlagwort-Register.

R. = Nummer der Sammlung Deutscher Reichsgesetze.
P. = Nummer der Sammlung Preußischer Gesetze.
S. = Seite.

Schlagwort-Register. (R. = Reichsgesetz, P. = preuß. Gesetz.)

Schlagwort-Register. (R. = Reichsgesetz, P. = preuß. Gesetz.)

FSC
www.fsc.org
MIX
Papier | Fördert
gute Waldnutzung
FSC® C083411

Kolibri 360 GmbH
Ferdinand-Jühlke-Straße 7
99095 Erfurt, Deutschland
produktsicherheit@kolibri360.de